SOUS LES IMAGES

NOËL !

À ma mère.

Remerciements

À Gaëtan Mootoo, une fois encore, pour son soutien affectueux.

À Khadiga Aglan, virtuose de l'iconographie, pour sa disponibilité et en souvenir de quelques fous rires.

À Claude Hénard pour sa confiance.

À toute l'équipe du Seuil qui a participé à la fabrication de cet ouvrage, pour sa compétence et sa courtoisie sans faille.

ISBN 2-02-053866-0

www.seuil.com

MARTYNE PERROT

SOUS LES IMAGES
NOËL !

SEUIL

SOMMAIRE

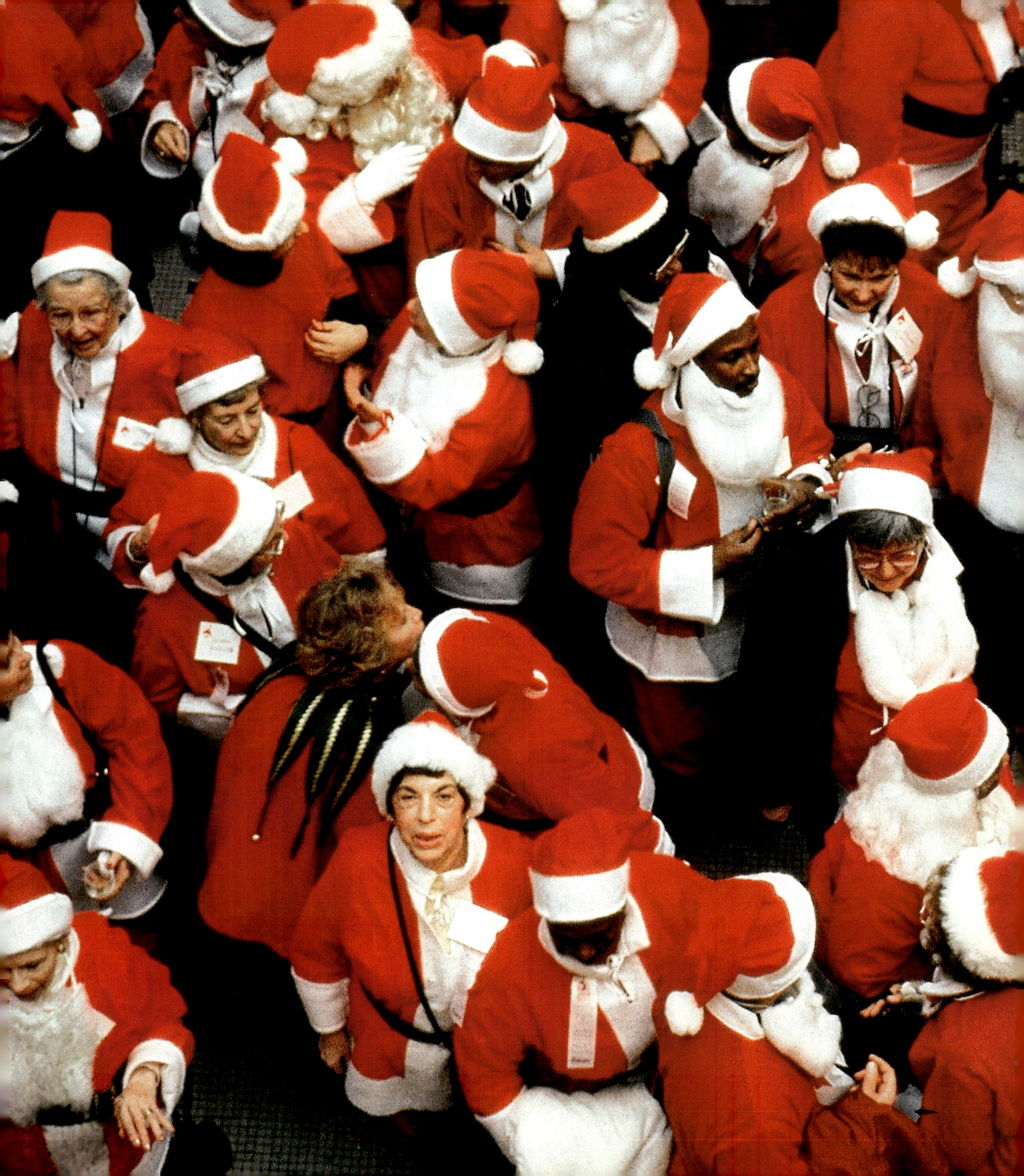

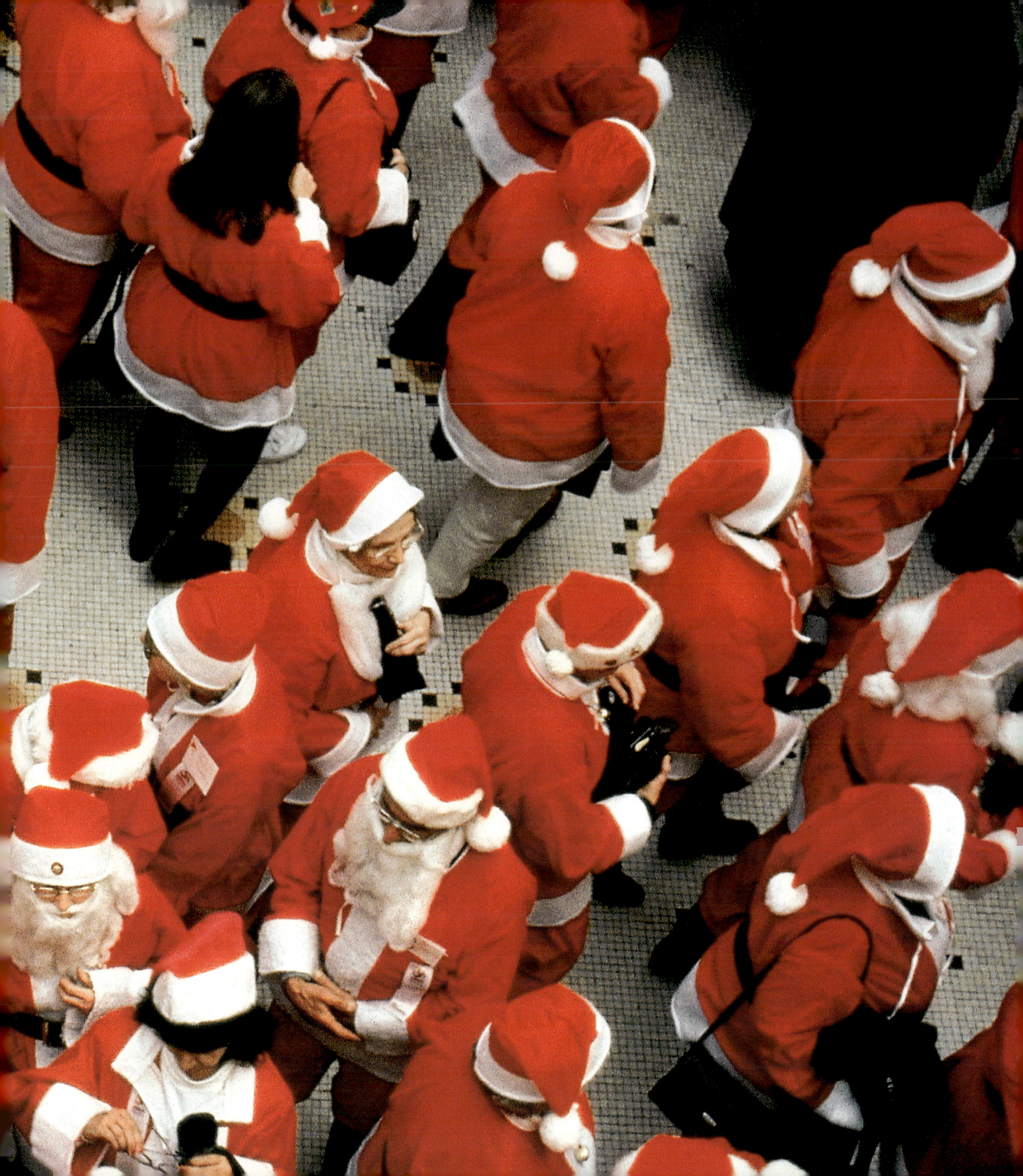

JOYEUX NOËL

La vie est un souvenir d'enfance.
Alexandre Vialatte

Noël : neige et paillettes, lumière et obscurité, recueillement et réjouissances, veillées au coin du feu, légendes, croyances, prodiges, espérance nouvelle, souvenir d'enfance, réveillon en famille, cadeaux, crèche, messe de minuit, charité et dépense, solidarité et solitude. La fête convie deux imageries, païenne et chrétienne, et ce faisant elle convoque aussi quelques paradoxes.

Si Noël inaugure l'ère chrétienne en célébrant la Nativité, elle est aussi la répétition plus ou moins éthérée de cette très ancienne fête de la lumière annoncée, qui mêlait les morts aux vivants.

Mais, sacrée ou païenne, cette fête reste aujourd'hui la célébration saisonnière la plus chargée en symboles, légendes, croyances, traditions car, sous son apparente simplicité, elle appartient en effet à un ensemble rituel complexe dont les deux mille ans d'histoire et la progression géographique de la Méditerranée jusqu'au nord de l'Europe ne peuvent à l'évidence fonder une interprétation univoque, ni un jugement unanime. Aujourd'hui, fidèles ou incroyants, nous l'éprouvons tous néanmoins comme un héritage collectif, une sorte de patrimoine en partage. Objet d'une critique récurrente au cours des siècles, la ferveur et l'enthousiasme l'emportent toujours, en ce troisième millénaire. Nostalgie de l'enfance ou sacrifice annuel nécessaire à la renaissance de la lumière et à la restauration des liens de famille ?

Elle est, sans doute, tout cela à la fois.

Double page précédente : à Paris, en plein quartier Montmartre, le 12 décembre 1997, les Pères Noël se sont rassemblés. Où est le vrai ?

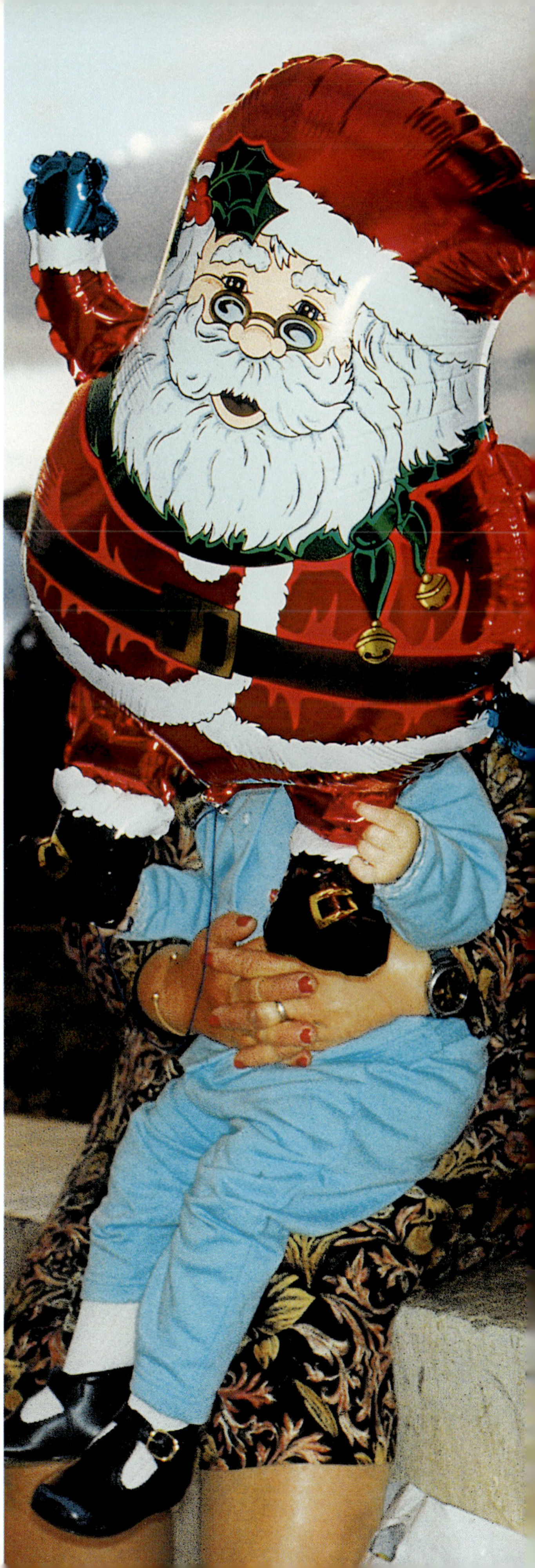

Ci-contre : l'enfant et le Père Noël, un couple monstrueux ? (Madère, 1998.)

NOËL, UNE FÊTE DE L'HIVER

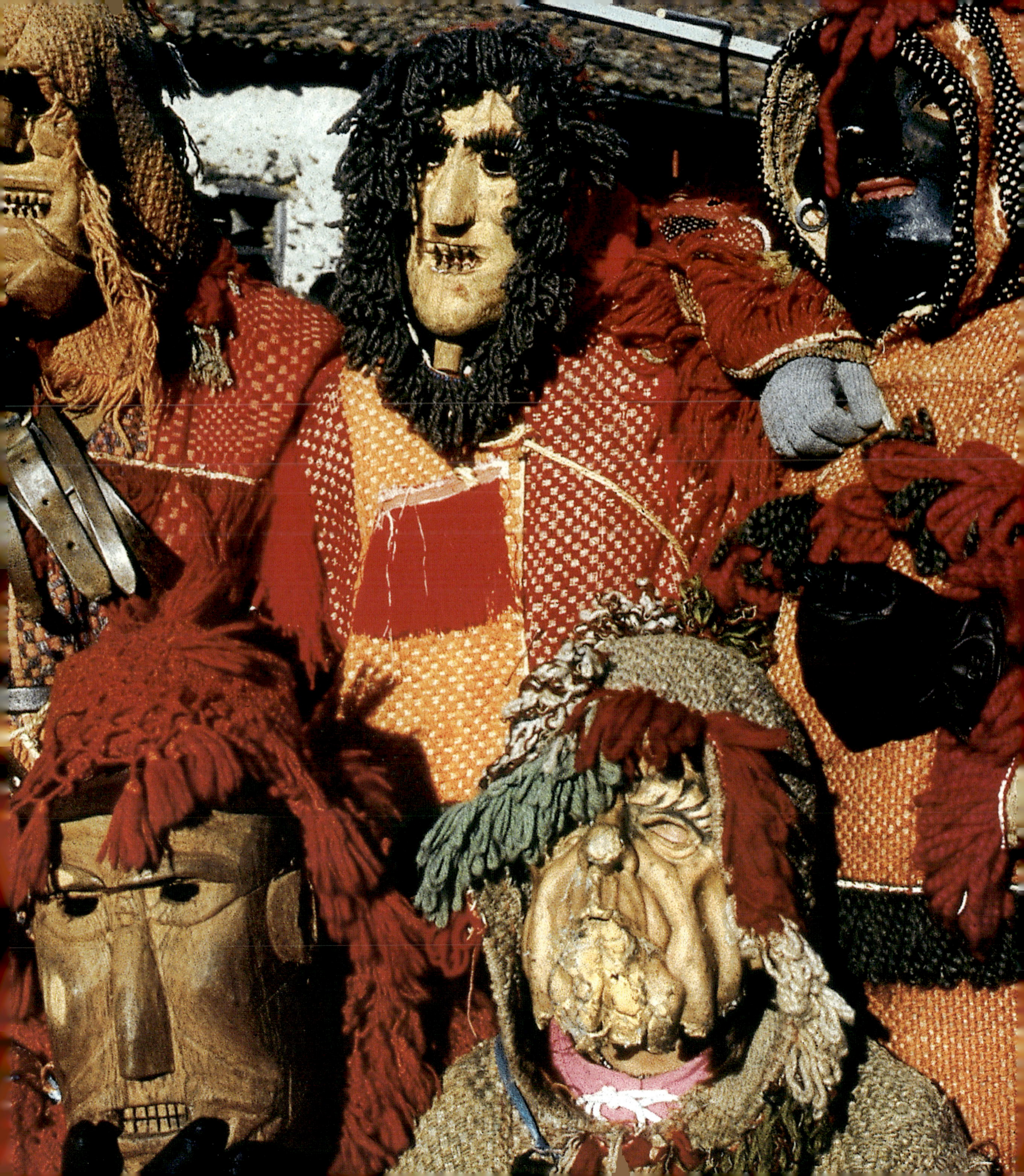

Tant chauffe-t-on le fer qu'il rougit...
Tant crie-l'on Noël qu'il vient.
François Villon

Noël n'a pas toujours été la fête familiale que nous connaissons aujourd'hui. Sous cette forme, elle n'a guère plus d'un siècle et demi, et le Père Noël un peu moins. Au cours de ces deux millénaires, elle a, on s'en doute, connu beaucoup d'autres avatars. Selon le contexte – géographique, religieux, social –, usages et coutumes ont pris des formes originales, spécifiques, bien que la symbolique profonde ait perduré.

Cas exemplaire de pérennité et de syncrétisme, Noël aujourd'hui est le produit très ouvragé d'une histoire au long cours dans laquelle certains motifs ont été privilégiés, d'autres abandonnés : crèche, sapin, guirlandes, sabots devant l'âtre, distributeurs magiques de cadeaux ne sont pas contemporains, ni originaires de la même région, voire du même pays. Ils se sont croisés, parfois exclus, mais souvent agrégés pour repartir plus loin, et émigrer vers d'autres contrées.

Alors Noël est-elle la fête traditionnelle par excellence ? Oui sans doute, mais faite d'un alliage anthropologique unique et non de traditions restées miraculeusement intactes, c'est-à-dire de cette illusion d'authenticité, mère de toutes les mélancolies interprétatives.

Si l'origine des us et coutumes demeure cependant une découverte fondamentale et un savoir irremplaçable, celle-ci ne doit pas servir à nourrir une nostalgie toujours prête à resurgir, et particulièrement à cette époque de l'année. Il s'agit au contraire de montrer l'inventivité rituelle et l'imagination légendaire des hommes et des femmes, face à ce qui fut d'abord une grande inquiétude : l'obscurité, qui s'abat sur l'Europe du Nord en cette période marquée par le solstice d'hiver. Cette transition astronomique responsable de la plus longue nuit de l'année a provoqué un grand cycle de célébrations hivernales et de rituels de régénération, dont Noël est certainement le moment le plus spectaculaire. Son origine saisonnière et cosmique va lui offrir une richesse folklorique sans précédent qui affleure toujours sous la fête chrétienne.

Page précédente : Noël en Espagne.

Ci-contre : les paysans de Tonneins (Lot-et-Garonne) parcourent les champs la nuit de Noël, avec des flambarts – brandons sortis de leur cheminée – qui ont été bénis par le prêtre. (Dessin de Janet-Lange, d'après M., vers 1850, Éd. Fauché, Paris, musée national des Arts et Traditions populaires.)

UNE TERMINOLOGIE AMBIGUË

Cet « affleurement » est assez net lorsqu'on étudie la terminologie, qui reflète bien les deux origines. En France, Noël vient de *novella,* « bonne nouvelle », et de la contraction de *natalis dies*, « le jour de la naissance ». En dialecte alémanique, le mot *Wihnachte,* « les nuits sacrées », désigne toutes les nuits du « cycle des Douze Jours ». Les Anglo-Saxons avec *Christmas* renvoient directement à la « messe du Christ » ou à l'« assemblée du Christ ». Dans les pays germaniques et nordiques, le *Juul* danois, le *Jul* suédois et le *Yuletide* anglais pour la période des Douze Jours semblent dériver d'une racine gothique **heul* et anglo-saxonne **hweal,* signifiant « roue », ce qui renvoie « au symbolisme d'un éternel retour de la lumière[1] ». Le folkloriste Arnold Van Gennep a fait l'inventaire minutieux, en France, des termes locaux. La plupart reprennent la racine **cal/chal* qui vient du latin *calendæ,* « calendes ». **Nat/nad,* « qui reste la racine autour de la Méditerranée, perdure en Espagne et en Italie aujourd'hui où Noël se dit *Natale*, *Navidad*, privilégiant l'idée de naissance ».

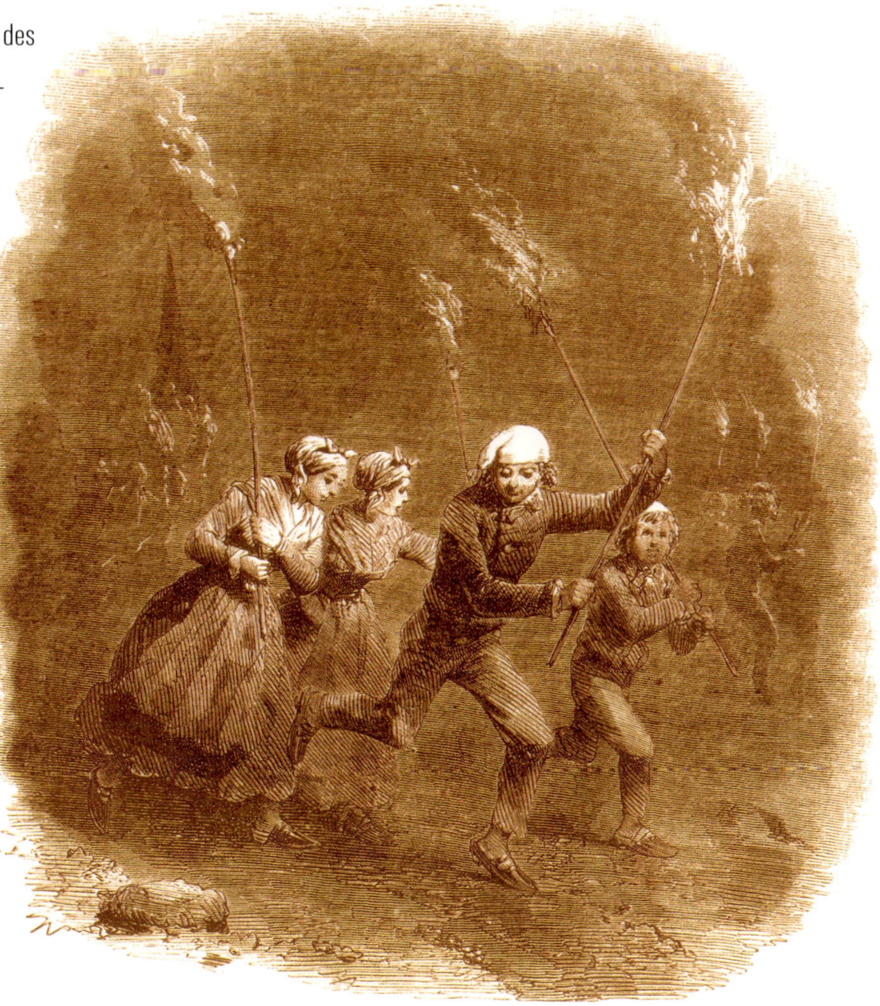

LA GRANDE INQUIÉTUDE DES HOMMES

L'hiver, cette saison froide, celle de la nature endormie, du silence et de l'attente de la renaissance végétale, est un phénomène naturel, à l'origine de croyances en des événements surnaturels. De nombreux récits légendaires lui sont liés et les étranges figures qui le personnifient resurgissent à cette période et parcourent champs et forêts glacées, sur la trace d'enfants plus ou moins sages. Mais dès que la nuit tombe, alors que débutent les « mois noirs » et les « jours angoisseux », c'est-à-dire dès le début de l'automne, d'autres personnages se croisent en chemin, âmes errantes, fantômes, esprits malins…

Depuis le néolithique sans doute, dans nos régions et plus encore dans celles situées plus au nord comme la Scandinavie, les hommes ont craint le non-retour de la lumière tout en étant fascinés par la nuit, porteuse de toutes les fantasmagories.

Or, dans les croyances populaires, la nuit n'appartient jamais vraiment aux vivants, elle se peuple, dès que chute le jour, d'une cohorte d'esprits, de fées, de lutins et de revenants, les uns pouvant jouer le rôle des autres, écrit l'ethnologue Colette Méchin[2], car, « entre ces figures nocturnes, la frontière n'est pas très nette ». On raconte ainsi, poursuit-elle, que « les lavandières de la nuit peuvent être des fées ou des âmes en peine ».

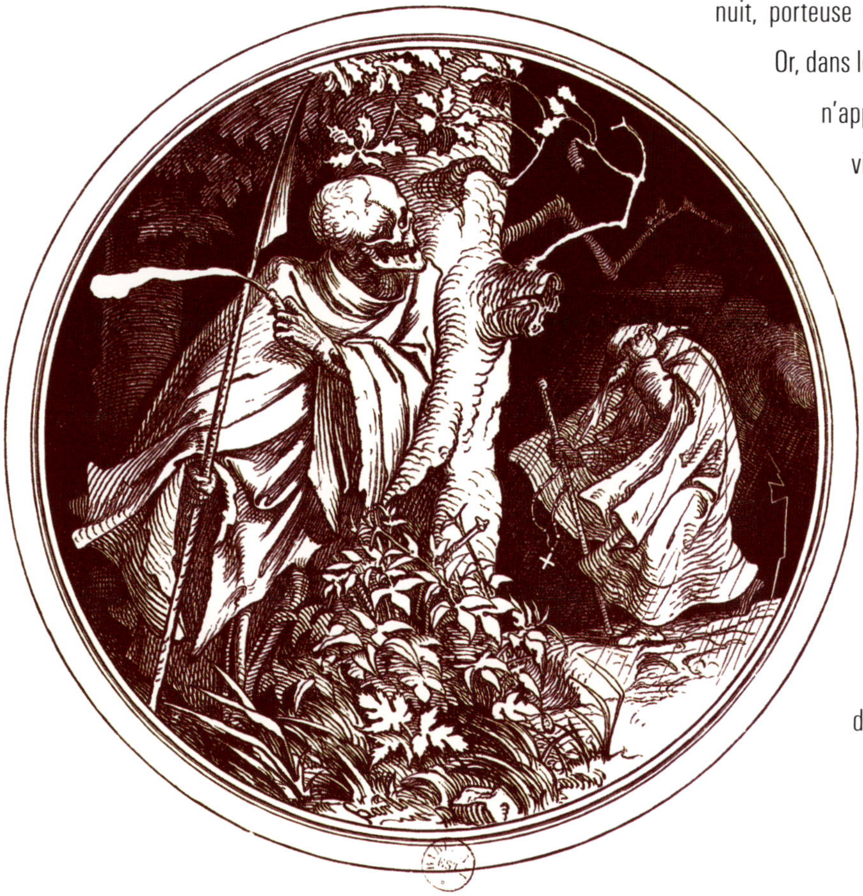

Par les nuits d'hiver, la mort apparaît souvent aux humains ou les guette… (Gravure de Ferdinand Barth, vers 1865, Paris, BnF.)

À cette époque de l'année, les travaux agricoles ont pris fin, hommes et femmes sont à l'intérieur. Ils se livraient autrefois à des occupations très codifiées : le filage pour les femmes, le travail de réparation ou de petite sculpture sur bois pour les hommes. Commencent alors les veillées, mot et moment magiques pour beaucoup d'entre nous, et avec elles débute le récit des contes et légendes merveilleux ou terrifiants, pleins de la vengeance de ces morts rancuniers dont les dernières volontés n'ont pas été respectées. Les jeunes filles en sont très souvent les victimes incrédules, surtout après qu'elles aient tenté de braver ces esprits malveillants. On trouve beaucoup d'exemples dans le folklore régional de cette présence des morts.

Dès la Saint-Martin, c'est-à-dire dès le 11 novembre, les jeunes gens des villages d'Alsace figuraient ces fantômes en creusant une grosse betterave pour imiter une tête de mort. Une bougie placée à l'intérieur devait effrayer les passants et plus encore les passantes.

En Flandres, ce sont les enfants qui allaient de maison en maison avec ces drôles de lanternes, le soir du 10 novembre. En Suisse la *Rabellecht* (rave illuminée) marquait la fin de la dernière récolte de betteraves blanches[3].

HALLOWEEN, LE RETOUR DU REFOULÉ

Contraction de l'expression anglaise *All Saints Even, Halloween,* qui se déroule dans la nuit du 31 octobre au 1er novembre, est une fête irlandaise et écossaise, passée au XIXe siècle par l'Amérique et qui s'impose en France depuis une dizaine d'années par voie de commerce. Malgré quelques levées de boucliers de la part des évêques, elle retrouve en fait une correspondance symbolique profonde avec les coutumes et croyances hivernales selon lesquelles les morts viennent à la rencontre des vivants, et où les enfants quêtaient dans les villages, en clamant des formules incantatoires ou imprécatoires selon l'accueil que leur réservaient les habitants.

Jack O'Lantern, « Jack à la lanterne », est le personnage emblématique et moderne de cette fête qui semble remonter à celle de *Samain*. Jack O'Lantern n'apparaît qu'au XIXe siècle, après que les Irlandais eurent

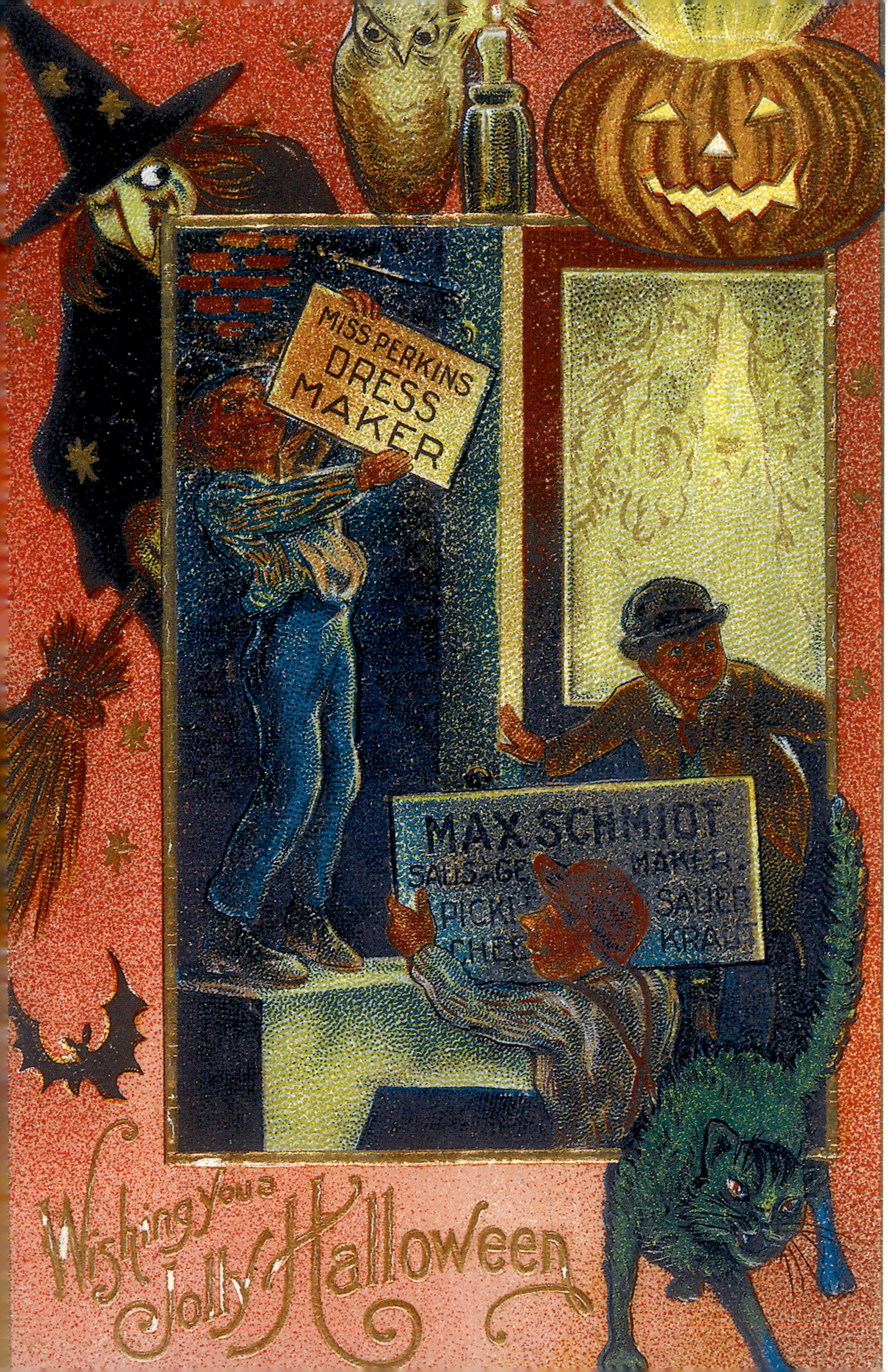
MISS PERKINS
DRESS
MAKER
MAX SCHMIDT
Wishing you a Jolly Halloween

émigré massivement en Amérique pour fuir la grande famine qui sévissait dans leur île au milieu de ce siècle. Les Écossais diffusèrent également Halloween à partir de la Nouvelle-Écosse où ils s'étaient établis. Son masque est une citrouille (en réalité un potiron) évidée, sculptée et illuminée. Bonhomme jovial ou monstre terrifiant, Jack O'Lantern est un Irlandais condamné à errer éternellement sur terre, n'ayant, selon la légende, trouvé sa place ni en enfer ni au paradis. Derrière ce personnage qui impose ses couleurs orange et noire à la fête, les enfants irlandais, écossais et américains suivent en horde joyeuse, grimés et déguisés en fantômes, en sorcières, en diablotins et en squelettes. *Trick or treat*, « une friandise ou une ruse », est la formule magique qui ouvre les portes des habitants. En France, depuis 1995 environ, les gens s'habituent peu à peu à voir ces bandes rieuses tirer les sonnettes sans toujours bien comprendre le sens de ce rite. Mais comme le souligne Jean Markale[4], si les masques de la soirée du 31 octobre ont tant de succès actuellement, c'est bien parce qu'ils correspondaient à des coutumes européennes oubliées ou censurées depuis des siècles.

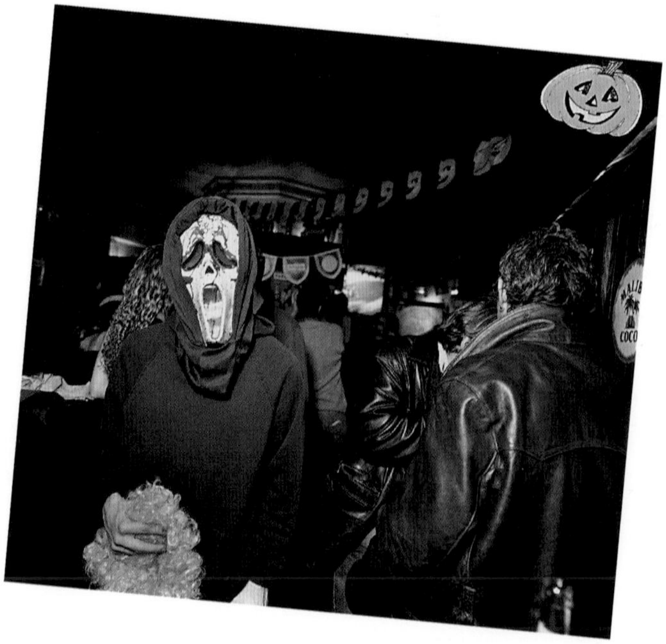

L'AVENT, ESPOIR ET HANTISE

Avent vient du latin *adventus* qui signifie « arrivée », et désigne depuis le xe siècle le début de l'année liturgique pour les chrétiens qui attendent la naissance du Christ. Il commence le premier dimanche qui suit le 26 novembre. Mais cette attente prolonge aussi jusqu'à Noël la période « hantée », dans laquelle des personnages inquiétants, qui sont souvent des voyageurs morts violemment, viennent à la rencontre des vivants, pour les effrayer mais aussi pour leur offrir des cadeaux. Le folkloriste Gérard Leser[5] cite en illustration un extrait des prédications que Geiler de Kaysersberg déclamait dans la cathédrale de Strasbourg au XVIe siècle :

> Ceux qui meurent avant le temps que Dieu leur a fixé, ainsi que ceux qui meurent poignardés, doivent errer longtemps après leur mort jusqu'à ce que vienne le temps que Dieu leur a fixé, et alors Dieu agit avec eux selon

Ci-dessus : Halloween aujourd'hui. Après la légende de Jack O'Lantern, le cinéma fournit d'autres figures plus inquiétantes...

À gauche : une sorcière d'Halloween offre le déguisement, le vendeur, les friandises. (Carte de vœux.)

> sa volonté divine. Ceux qui errent ainsi errent surtout pendant les Quatre Temps, tout particulièrement pendant les Quatre Temps qui précèdent Noël, car c'est le temps le plus sacré.

Dans d'autres régions, comme le Bocage normand, ce sont les sorciers qui ont les pleins pouvoirs. En Picardie errent les loups-garous, surtout au voisinage des forêts. Jusqu'au début du siècle, en Charentes, ils courent pour empêcher les villageois d'aller aux veillées et embrassent les femmes d'un baiser qui les glace, note Van Gennep[6]. La confusion saisit même les animaux car, en Franche-Comté, les coqs se dérèglent et chantent jour et nuit.

Mais l'Avent marque aussi le début de certaines réjouissances, celles des noëls chantés par la jeunesse dans les rues, comme en Bresse par exemple. C'est encore la période où garçons et filles vont se rencontrer à travers chants et amusements collectifs organisés en vue de trouver un futur conjoint. En Provence, les « abbés de jeunesse » faisaient ainsi jouer des aubades aux jeunes filles qu'ils voulaient demander en mariage et chacune d'elles présentait à Noël un gâteau qui était mis aux enchères. Les fonds récoltés payaient la danse des dimanches et jours de fêtes. Les mariages étaient traditionnellement célébrés en janvier et à mardi gras, ce qui devait assurer descendance et prospérité aux nouveaux mariés. L'Avent n'était pas une période favorable, et était donc fortement déconseillé pour se marier.

LES FILEUSES SOUS HAUTE SURVEILLANCE

Cette période est aussi l'objet d'une série d'interdits en liaison symbolique étroite avec l'approche du solstice. Un des plus connus est l'interdiction du filage. En Alsace, la « petite dame de l'Avent » était redoutée par les fileuses, car celles qui s'attardaient voyaient leur quenouille vide se remplir à nouveau. En Suisse romande, il fallait même cacher cet outil sinon la *Tsaôthe Vidhe*, une vieille fée montée sur un cheval aveugle, venait emmêler les étoupes. À Fislis, le soir de Noël, on raconte que les fileuses qui oubliaient de s'arrêter se retrouvaient sous le pouvoir d'une femme nommée *die Hechegaukler*. Celle-ci déposait sur le rebord des fenêtres douze bobines que les fileuses se trouvaient dans l'obligation de remplir dans la nuit, sinon le malheur s'abattrait sur elles. Pour échapper à cette femme de « l'Autre Monde », il fallait filer sur chaque bobine trois fils courts au nom de la sainte Trinité. Dans la mythologie germanique, deux figures importantes, *Holda* et *Perchta,* se confondent presque. La première se manifeste la nuit de Noël, l'autre à l'Épiphanie. Elles sont toutes deux fileuses, mais aussi selon Arnaud d'Apremont, meneuses de la « chasse sauvage ». En dépit de leur aspect inquiétant, elles distribuent des cadeaux aux enfants. Perchta, dite « la Brillante », mais aussi « la Fileuse », est la grande déesse des Germains, « la Frigg/Frigga des régions nordiques, dont l'attribut principal est justement la quenouille. Elle aussi emmêle le chanvre des négligentes surtout au temps de Jul, le Noël scandinave[7] ».

La *Tante Arie* de Franche-Comté rappelle beaucoup Perchta. Elle file sans cesse et ennuie elle aussi les pauvres fileuses qui oublient cet interdit en général expliqué par la symbolique du rouet : son mouvement circulaire doit s'arrêter au moment du solstice d'hiver pour ne pas agir sur l'astre solaire lui-même. L'acte de filer rappelle l'acte créateur du monde, « il devait y avoir comme une contradiction magique à faire tourner cette roue assimilée à la roue solaire, il ne fallait pas la faire tourner trop tôt[8] », écrit Gérard Leser.

Pendant l'Avent et parfois jusqu'au jour de l'an, filer sera interdit pour ne pas entraver le mouvement de renouveau qui s'amorce au moment du solstice d'hiver. (*Illustrated London News,* décembre 1871.)

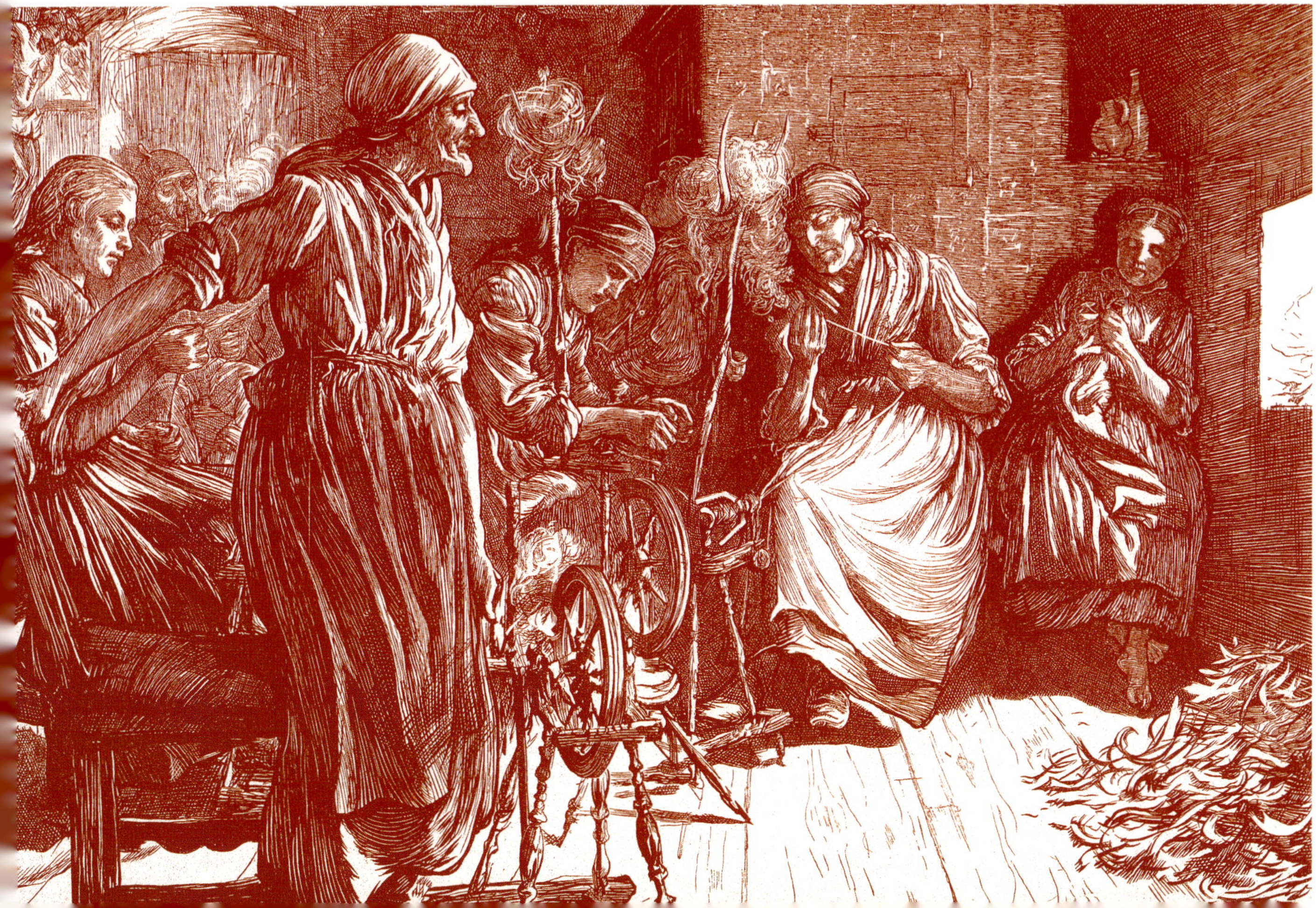

Cette croyance marque bien l'agrégation autour de Noël de coutumes appartenant à la fois à l'hiver, c'est-à-dire à la fin de l'année païenne, et à la liturgie de l'Église chrétienne. Le « cycle des Douze Jours », auquel les douze bobines font écho, ses interdits et ses dangers, y croisent ici la sainte Trinité.

LE CYCLE DES DOUZE JOURS : UN HORS-TEMPS

Noël inaugure ce cycle qui prendra fin à l'Épiphanie. Ses origines, dira Van Gennep, « peuvent être néolithiques, en tout cas préchrétiennes, mais rien ne prouve qu'il ait été universel[9] ».

Il contient tout un ensemble de cérémonies hivernales, et correspond aux cycles des cérémonies du printemps (cycle de Mai et cycle de Pâques) et à un cycle court de la mi-été devenu celui de la Saint-Jean. L'Église primitive l'avait nommé *Dodécaméron*. Le synode de Tours en l'an 57 entérina cette période qui reliait aussi le Noël d'Occident au Noël d'Orient.

Le « cycle des Douze Jours » est souvent perçu comme un « hors-temps », une période en suspens. Rappel des origines de la Création pour certains, il correspond aussi au symbolisme du « Christ-Année » et des douze apôtres, ou encore des douze mois à venir. Cette croyance qui le considère comme une réduction de l'année entière est en fait très ancienne puisqu'on la trouve déjà chez les Aryens de l'époque védique en Inde et de nombreuses superstitions sans rapport avec le christianisme s'y rattachent[10]. James Frazer émit l'hypothèse que cette période intercalaire était destinée à mettre en accord l'année lunaire et l'année solaire, qui connaissent précisément un écart de douze jours.

Ces douze jours marquent donc le passage de la vieille année à la nouvelle. Or il faut expulser la vieille année pour que la nouvelle puisse s'imposer. Cette renaissance annuelle suppose une régression vers une sorte de « chaos cosmique », un passage dangereux. Au cours de cet intermède « extraordinaire », les règles de la vie « ordinaire » ne s'appliquent plus. La loi et la morale y sont en attente. Il s'agit là d'une sorte d'« interrègne, dont le roi de la Fève peut être un symbole », dira James Frazer. Le douzième jour est en effet celui où l'on « tire les Rois » dans plusieurs pays d'Europe.

Les déguisés de l'hiver se retrouvent jusqu'à Carnaval. (Suisse, vallée de Loetschental.)

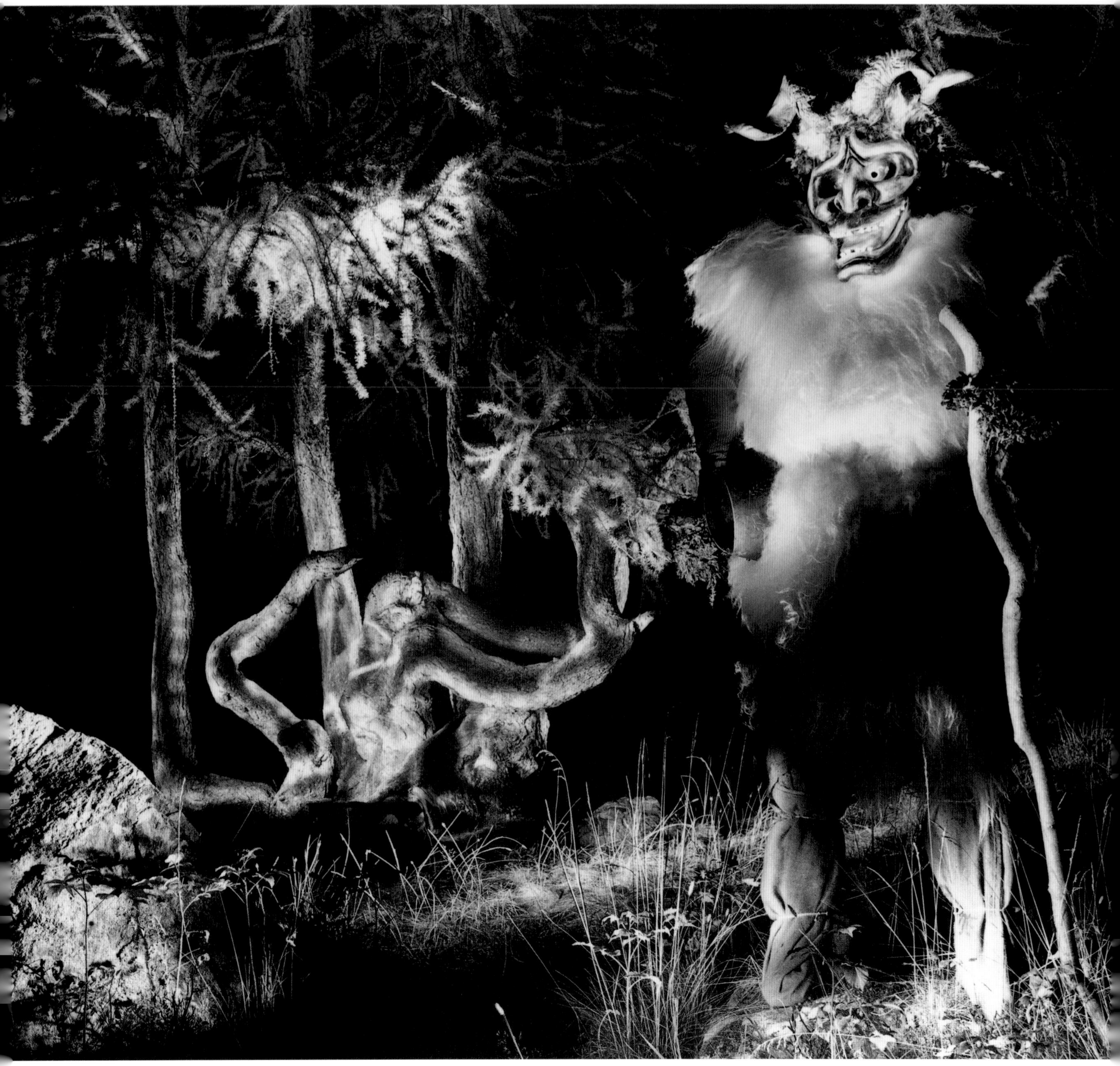

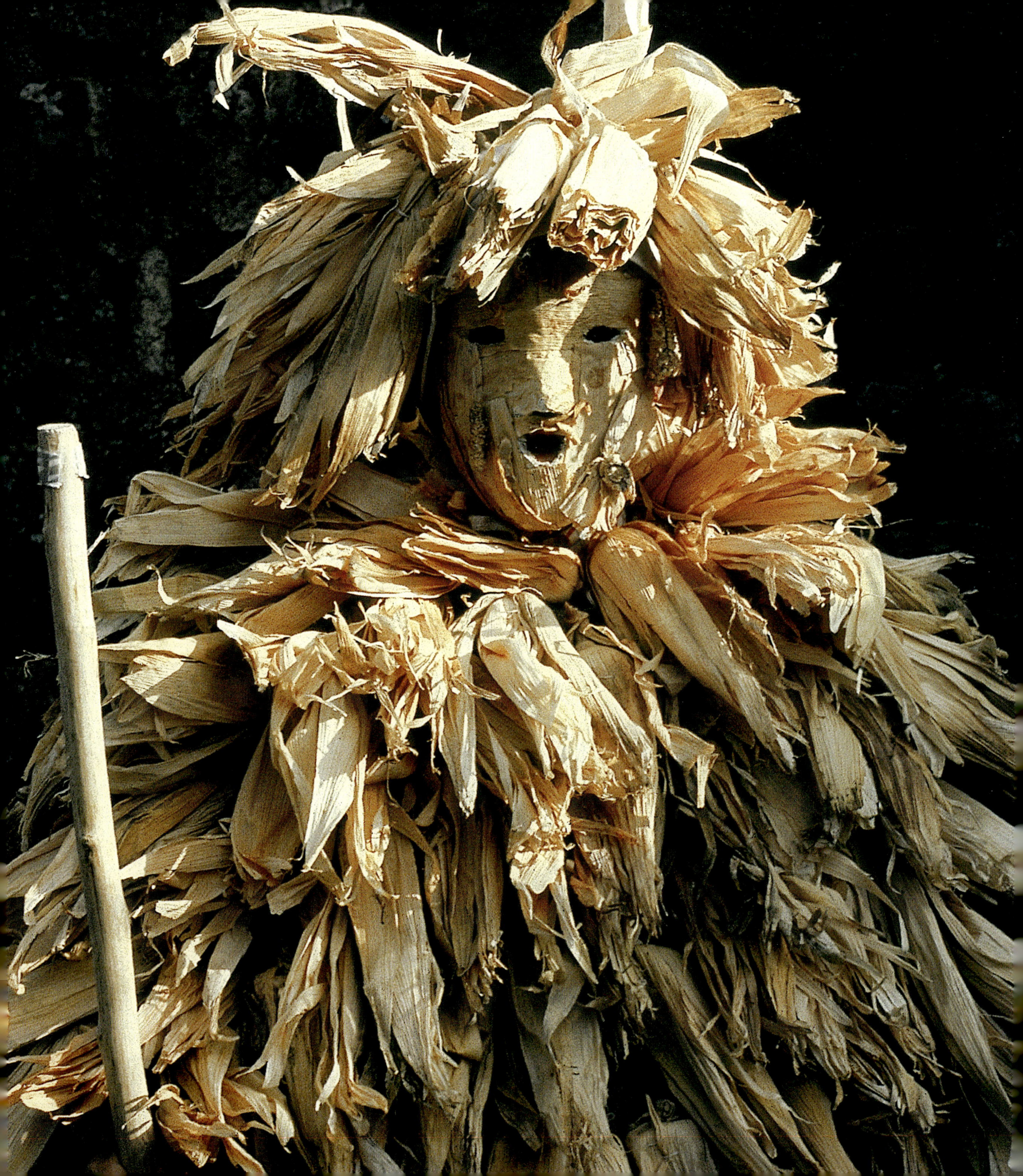

On comprend alors pourquoi cette période est riche en superstitions, en rituels et en prédictions ; celles du temps qu'il fera et de la qualité des récoltes de l'année à venir y sont particulièrement présentes. Étroitement lié aux conditions agricoles et climatiques, le cycle est resté « bien plus complet et plus païen que chrétien dans les pays slaves, comme la Lituanie et la Grande-Bretagne, et certaines régions des Balkans[11] ». En Moldavie, en Slovaquie par exemple, les festivités durent précisément douze jours et sont marquées par les défilés des « masques » des « déguisés de l'hiver ». Ours, diable, anges, hommes sauvages déambulent dans les rues des villages. Ces personnages sont de très archaïques figures de l'hiver que l'on retrouvera à carnaval dans tout l'arc alpin[12].

À gauche : personnification de la nature prête à renaître. Noël en Espagne.

Ci-dessous : l'Homme ensauvagé, une figure archaïque de la grande nuit hivernale. Noël en Espagne.

LA CHASSE SAUVAGE OU LA NUIT DES TEMPS

Le Chasseur sauvage hante le cycle des Douze Jours. Il conduit une armée furieuse, une horde infernale. Lorsqu'elle passe dans le ciel d'hiver, la chasse sauvage fait gémir le vent et craquer les murs des maisons.

Ce cortège s'appelle parfois « armée du vent », « armée du diable », « chasse de nuit », « chasse des moines » ou encore « menée d'Hellequin »[13]. L'armée avance dans un fracas démoniaque ; cliquetis d'armes, cris d'oiseaux, aboiements de chiens la précèdent et l'annoncent. Ceux qui entendent parfois dans ce vacarme prononcer leur nom et répondent sont entraînés par les revenants, et passent une nuit d'épouvante. Parmi ces revenants figurent les enfants morts sans baptême, des guerriers laissés sans vie sur les champs de bataille, des hommes tués violemment, qui n'ont pas reçu les saints sacrements, toute une population sans sépulture condamnée à errer jusqu'à la nuit des temps. On a parfois rapproché ce Chasseur sauvage d'Odin/Wodan, dieu qui figure au sommet du panthéon germanique. Maître de la mort et de la guerre, il règne sur une armée de guerriers jeunes et masqués[14].

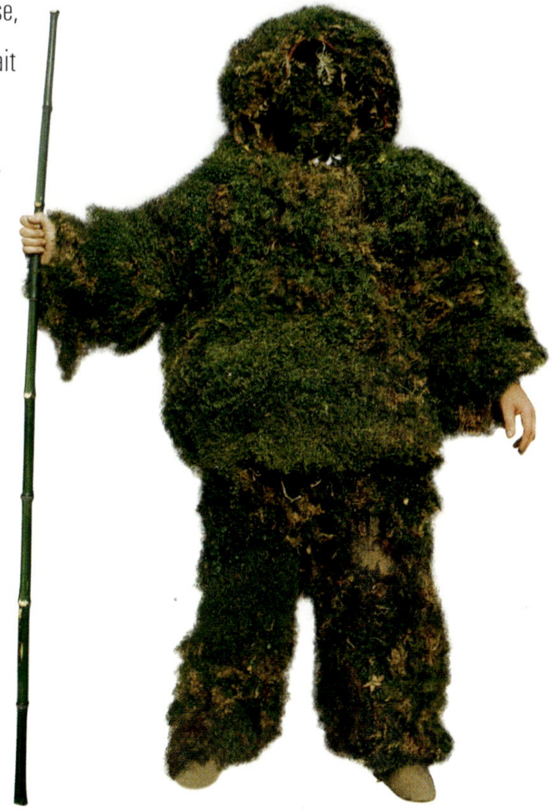

Une des premières mentions de cette horde date du XIe siècle, en Bretagne où Orderic Vitalis relate l'apparition des *herchelins*. Au XIIIe siècle le Picard Adam de la Halle parle également de la *mesnie hellequin*. En Alsace, un texte du XIIe siècle de Daniel Specklin, cité par Gérard Leser, évoque ces fantômes terribles qui traversaient l'Alsace et une partie des régions germaniques :

> En l'an 1123, on vit à toutes les extrémités [...] des fantômes terribles, de jour comme de nuit, il y en avait, dix, vingt, cent, quatre cents et cinq cents en même temps, ils étaient harnachés, certains étaient en pièces, comme s'ils avaient été tués pendant une guerre. Ils disaient qu'ils n'étaient pas des fantômes, mais des âmes de ceux qui avaient été tués [...], les chevaux, les armures, tout était de feu. Ils suppliaient instamment qu'on leur vienne en aide avec des messes, des sacrifices, des prières et des aumônes[15].

Des descriptions datant du début du XVIe siècle tendent à prouver que certains cortèges existaient à cette période, figurant les revenants et fantômes par l'intermédiaire des « masqués ». Accompagnés de fifres et de tambourins, ils défilaient dans les rues des villages. Le Jul nordique connaît les mêmes passages de chasse sauvage car c'est une « date propice aux ouvertures entre mondes des vivants et des morts[16] ». Dans l'ouest de l'Angleterre c'est *Herne* le chasseur cornu qui mène la danse.

LA NUIT DE NOËL, CRAINTE ET SÉRÉNITÉ

La nuit de Noël offre un florilège de croyances populaires héritées elles aussi de la nuit païenne. Elle achève l'Avent mais garde encore ses esprits fantastiques. Les sorciers sont puissants et le diable court la campagne. Le feu et la bûche, premiers et derniers symboles païens, auraient eu pour fonction de les éloigner comme la lumière, l'obscurité.

> Traditionnellement, et dans toute l'Europe, une croyance générale veut que, la nuit de Noël, les démons, les esprits, les sorcières soient les maîtres, ou bien que les âmes du purgatoire errent par les forêts et les champs, et l'un des buts de la bûche de Noël est manifestement de tenir ces esprits et ces âmes éloignés des maisons[17].

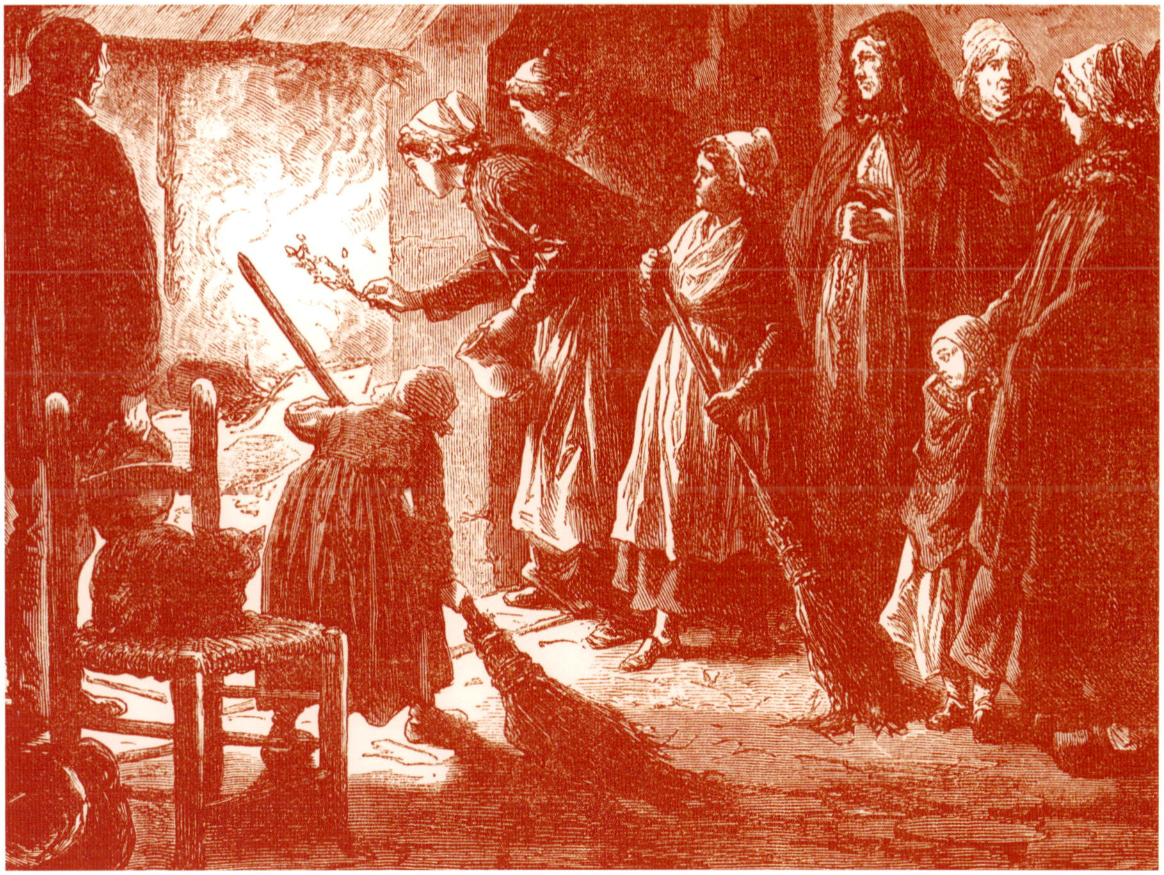

Beaucoup de légendes très localisées mettent en scène cette présence inquiétante. En Bretagne, *Anaon,* les membres de la société des morts organisée comme celle des vivants, défilent par les routes en longues processions. Ils chantent avec des voix douces et légères les cantiques de la Nativité[18]. À Obernai, en Alsace, un capucin est condamné à revenir sous forme d'un fantôme cette même nuit, car de son vivant il n'a pas dit les trois messes prescrites ce jour-là. *Les Trois Messes basses*, le conte d'Alphonse Daudet, reprendra ce thème. Dom Balaguere, chapelain de sires de Trinquelage, est pris d'une folle impatience, au cours de la nuit de Noël, en entendant le diable - sous les traits du sacristain Carrigou - lui décrire le menu du réveillon qui l'attend au château. Il escamote la troisième messe, se précipite à

Veille de Noël en Touraine. Le père est allé prendre dans la grange la grosse bûche, la *terfou* qui doit durer trois jours. La maîtresse de maison la bénit avec la branche de buis des Rameaux. (*L'Illustration*, fin XIXe siècle.)

table et meurt d'indigestion. Sa punition consistera à dire trois cents messes de Noël en présence de pécheurs comme lui.

Dans le Puy-de-Dôme, entre les douze coups de minuit et leur répétition, la Mort galope sur un cheval noir et marque ceux qui mourront dans l'année. En Loire-Atlantique, le *charrizot* apparaît cette même nuit, c'est une charrette à bœufs qui s'arrête et dont l'essieu crie devant la maison de la personne qui mourra dans l'année. En Franche-Comté, le « peureux » ferme toutes les ouvertures de la maison afin que les esprits et les ombres ne puissent s'y introduire.

Les enfants sont les premiers menacés, ils risquent d'être *quitchés*, serrés, étouffés par la *breycho* (sorcière) qui peut souffler dessus ou dire « les paroles qu'il faut » pour « donner le mal ». En Seine-et-Oise, un mauvais génie se promène à minuit la nuit de Noël et jette à terre les enfants au berceau pendant que les mères sont à l'office[19].

Le feu et la lumière sont là pour rassurer et apprivoiser la nuit. Dans plusieurs régions, on rallume tous les jours la bûche de Noël jusqu'au 31 décembre. Dans certains villages d'Auvergne, si elle s'éteint la nuit de Noël, c'est un mauvais présage, surtout pour les troupeaux de moutons[20]. Les *flambarts* (morceaux de bois blanc sans écorce) de l'Orléanais ou du Lot-et-Garonne sont allumés et promenés en courant en une sorte de procession la veille de Noël autour de l'église (illustration p. 15). Des torches sont prises pour se rendre en groupe à la messe de minuit, conjurant aussi tout mauvais esprit qui serait tenté de se mettre en travers du chemin.

Ces légendes et leurs pratiques conséquentes abondent. Elles sont l'exact négatif de celles qui font de cette même nuit, en vertu de son caractère sacré, une protection contre les pouvoirs maléfiques, une « nuit sans malignité » qui rassure le soldat Marcellus dans *Hamlet* :

> Il y en a qui disent que toujours à l'époque
> Où est célébrée la naissance du Sauveur
> L'oiseau de l'aurore chante tout le long de la nuit.
> Alors, dit-on aucun esprit n'ose errer dans l'espace
> Les nuits sont sans malignité. Nulle planète ne peut nuire[21].

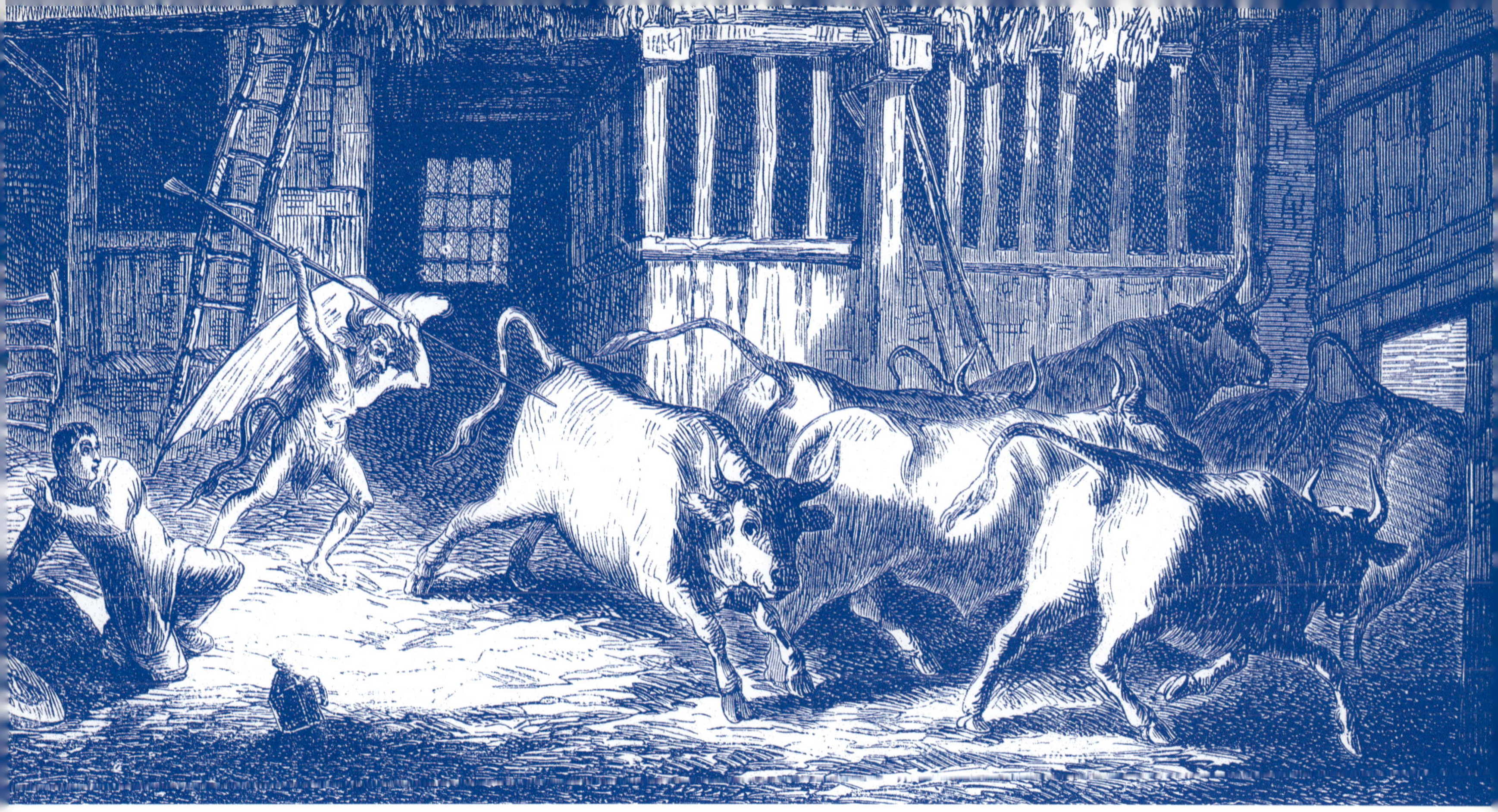

PRODIGES ET MERVEILLES

Les pierres qui tournent, les animaux qui parlent, les branches de cerisier qui fleurissent montrent que la nature est en effet devenue prodigieuse. Des thèmes récurrents ont été relevés par les folkloristes, celui des animaux - en général des bœufs qui dialoguent ou conversent avec l'âne, en souvenir de Bethléem - est un des plus connus. Les animaux qui s'agenouillent pendant la messe de minuit sont en revanche un motif plus rare. Mais dans les deux cas, malheur à qui les observe, sa curiosité sera toujours punie et parfois par la mort.

Naître la nuit de Noël donne des pouvoirs extraordinaires aux enfants sur les sorciers, qu'ils sont capables, eux seuls, de neutraliser. Ils peuvent aussi lier conversation avec les âmes des morts. Ils sont pour cette raison, dira Van Gennep, « le trait d'union entre les deux mondes ». La nuit de Noël est aussi propice à l'avènement de phénomènes miraculeux, exceptionnels. Cette nuit-là, l'enfant pauvre et orphelin gagne « le royaume des cieux », comme la petite fille aux allumettes de H. C. Andersen, ou retrouve la place qu'il avait perdue dans le monde des vivants, comme Cosette des *Misérables*.

La nuit de Noël, dans le Berry, si le fermier ne prend pas de précautions magiques, le démon viendra et fera sortir les bêtes de l'étable. (Dessin de Maurice Sand illustrant un texte de George Sand, *L'Illustration*, 25 décembre 1852.)

Tout événement prend, cette nuit-là, un caractère exceptionnel. Le bonheur y est plus fort, le malheur plus puissant, le solitaire plus délaissé, la souffrance plus révoltante, et le pauvre plus démuni. À l'opposé, l'ordinaire, le banal et le quotidien sont comme frappés d'éblouissement.

Le cinéma, de même que la littérature, a beaucoup joué sur ce ressort dramatique particulier et constant. *La vie est belle* de Franck Capra (*It's a Wonderful Life*, USA, 1946) - « film culte » des Américains et souvent rediffusé le jour de Noël -, donne à son héros la révélation de son importance pour les autres après qu'il en a sérieusement douté et songé à mettre fin à ses jours. Le film de Sandrine Veysset *Y aura-t-il de la neige à Noël ?* (France, 1996) « sauve » aussi cette même nuit la mère et ses nombreux enfants d'une fin annoncée par le découragement. Comme un dernier sursaut, l'envie de vivre est de retour tandis que la fenêtre s'ouvre sur un paysage où tombe la neige.

NATIVITÉ ET RENAISSANCE DE LA LUMIÈRE

Noël, fête de la Nativité, reste d'abord une fête de la lumière attendue puis retrouvée, une fête de la renaissance, et derrière la cérémonie chrétienne se devinent toujours des coutumes païennes plus anciennes, liées aux cultes solaires et à celui de la Mère-Déesse.

La date de la naissance de Jésus est restée longtemps incertaine. Les premiers chrétiens ne s'intéressaient pas à l'incarnation, seules la mort et la résurrection retenaient leur attention.

Les deux seuls évangélistes qui l'évoquent, Luc et Matthieu, ne donnent pas d'indication calendaire précise. Les premières communautés chrétiennes trouvèrent que l'équinoxe du printemps était plus appropriée. La date du 6 janvier, aujourd'hui fête de l'Épiphanie (du grec *epiphaneia*, manifestation divine), fut retenue car elle était associée au baptême du Christ, c'est-à-dire à la « naissance divine ». Les chrétiens d'Orient et notamment les coptes d'Égypte, en adoptant cette date, reprenaient celle de l'Opet, fête solaire pharaonique qui commémorait la renaissance d'Amon-Rê (le Soleil)[22]. L'Église arménienne fête encore aujourd'hui Noël le 6 janvier.

UN CHOIX POLITIQUE

La conversion de Constantin, premier empereur chrétien, inaugure une religion d'État à laquelle beaucoup vont se rallier par peur ou par conformisme. C'est à la fin de son règne, en 336, que la date du 25 décembre fut officiellement fixée pour Noël. Ce choix semble avoir obéi à deux objectifs : éliminer les cultes païens et unifier l'Empire à l'aide d'une religion plus organisée.

Un siècle auparavant, sous le règne d'Aurélien (270-275) deux cultes orientaux rivalisaient avec le christianisme émergent : celui de *Sol Invictus* (le Soleil invaincu) qui fut la religion officielle – l'empereur se déclarait en effet l'incarnation vivante du dieu Soleil – et le culte de Mithra, dieu persan, importé par les légionnaires romains à leur retour d'Asie Mineure. Mithra est un héros primordial, un dieu rédempteur qui conduit un char solaire et triomphe de la nuit et du froid, ce qui a permis de l'identifier à *Sol Invictus*. Mithra tuant un taureau sur ordre du Soleil, le sang de la bête sacrifiée répandu sur le sol va permettre à la nature de renaître. Le mithraïsme fut le plus dangereux concurrent du christianisme. Les premiers chrétiens étaient en effet très attirés par ce culte, d'autant plus que beaucoup de similitudes existaient entre les deux, dans les rituels et les croyances. Mithra naît dans une grotte le 25 décembre à minuit, et les récits de sa naissance mettent en scène des bergers. En outre les mithraïstes sacralisaient le dimanche et l'oblation du pain.

LA TENDRESSE DE LA MADONE

Le culte de Mithra au IIIe siècle était prêt à conquérir le monde gréco-latin, mais sa grande faiblesse, l'absence d'élément féminin, lui fut fatale. Cette religion était en effet essentiellement masculine, militaire et aristocratique. Ce fut, si l'on peut dire, la chance du christianisme, qui emprunta aux religions orientales les figures féminines d'Isis, la « madone bienveillante », Cybèle, Rhéa... et Marie fut élevée au rang d'une « déesse mère, mère de Dieu, reine des cieux », dit Ernest Jones. La « mariolâtrie » croissante, le couple mère-enfant ressemblant à Isis et Horus, donna à la Nativité et à ses circonstances toute son importance[23].

On pourrait même se demander, poursuit Jones, «si le christianisme aurait survécu s'il n'avait pas institué la fête de Noël avec tout ce qu'elle signifie». Le 25 décembre, qui correspond dans le calendrier julien au solstice d'hiver, marque le début de la renaissance du soleil puisque les jours commencent à allonger... Cette idée de renaissance du soleil facilitait la comparaison avec un enfant nouveau-né...

L'Église de Rome critiquera sévèrement ces chrétiens qui associaient encore Noël avec la renaissance du Soleil. Toutes les prédications insistent alors sur le Christ «nouveau Soleil», le Messie à venir est le «Soleil de Justice». Chez Malachie. la lumière est encore au cœur de l'annonce d'Isaïe: «le Verbe comme Lumière du monde».

Saint Augustin exhortait les chrétiens à ne pas adorer le Soleil ce jour-là mais Celui qui l'a créé. Longtemps l'Église dut tenir compte des rites païens pour amener les populations à la conversion. La pratique chrétienne n'est parfois que la traduction de la pratique païenne, ainsi en est-il de l'encens et de la lumière des lampes et des cierges, qui les encadrent l'une et l'autre. À partir du IVe siècle, la fête de Noël se diffuse depuis Rome dans toute la chrétienté. De nombreuses Églises d'Orient continuent à la célébrer le 6 janvier. L'accord des coutumes finit par avoir lieu, et le 25 décembre commémora la naissance du Christ et le 6 janvier l'Épiphanie. En 532, le canoniste Denys le Petit s'adonna à de savants calculs dont il tira la conclusion suivante: Jésus était né en 754 après la fondation de Rome, cette naissance inaugurait l'an I de notre ère.

NOËL DES FOUS, NOËL DU PEUPLE

À partir du VIIIe siècle, Noël augmenta en magnificence. Mais les Noëls médiévaux lui apportèrent une nouvelle dimension théâtrale et carnavalesque présentant des analogies frappantes avec les antiques saturnales romaines, ces *libertas decembris,* chantées par Horace, qui célébraient le règne de Saturne et se déroulaient entre le 17 et le 24 décembre.

La fin de l'année était alors vouée à la licence la plus effrénée, l'ordre hiérarchique était systématiquement inversé et les esclaves prenaient la place des maîtres. Le roi des saturnales, un jeune soldat tiré au sort, clôturait la fête en se donnant la mort, après avoir goûté à tous les plaisirs pendant trente jours. La fête des Fous médiévale, elle, se déroulait la semaine qui suivait Noël et donnait lieu à un cortège ainsi qu'au sacre de l'« évêque des fous » ou du « pape des fous ». La hiérarchie ecclésiale y était tournée en dérision et une messe parodique était célébrée dans l'église. Rapidement, la fête des Fous dégénéra en beuverie. Maurice Vloberg décrit, dans un style très suggestif, les « débordements » qui la caractérisaient :

> Que l'on se figure un cortège de carnaval en possession du sanctuaire s'y livrant à toutes les bouffonneries, à toutes les insanités de mimiques, de rire, de danse, tandis que devant le tabernacle et le Dieu qui y réside s'accomplissaient les saints rites. Chez les figurants du bas clergé, c'était à qui prendrait le masque le plus hideux, le visage le plus affreusement barbouillé de suie, le travesti le plus pervers. Des morceaux de vieilles savates fumaient dans les encensoirs, empestant le chœur et les nefs. On ne respectait même pas la nappe du sacrifice : tout près du célébrant et de son calice, les fous étalaient du boudin et des saucisses, jouaient aux cartes ou à la marelle[24].

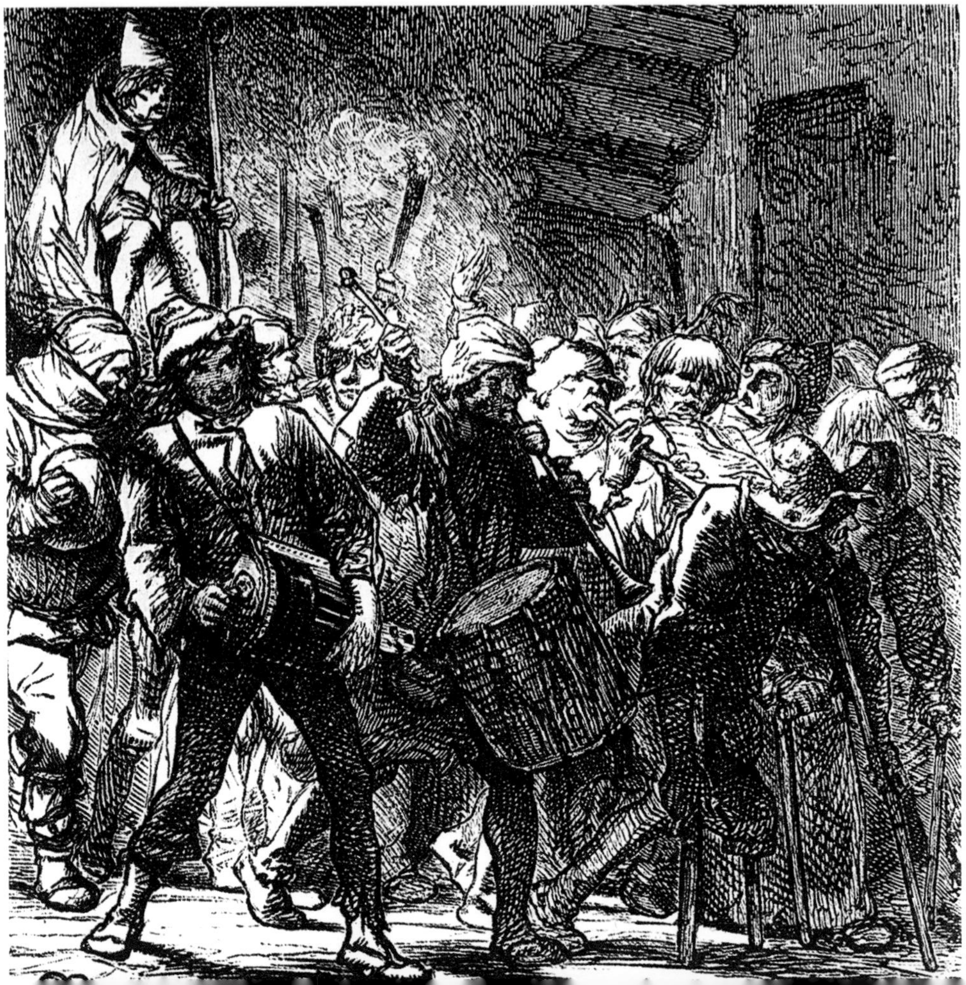

Porté en triomphe dans les rues, l'évêque des fous est suivi par une procession de joyeux drilles. (Dessin de Gustave Brion, vers 1878, pour illustrer *Notre-Dame de Paris,* de Victor Hugo.)

Maurice Vloberg rappelle néanmoins que la fête des Fous n'a pas atteint partout ni toujours de tels excès ! Ces déchaînements populaires ont survécu longtemps, malgré les condamnations répétées des conciles et des synodes. Dans une lettre circulaire de 1444, la faculté parisienne de théologie indique aux évêques de France des mesures pour restreindre ces manifestations « impies ». Ses arguments eurent plus de force que la censure : curieusement en avance pour l'époque, ils étaient fondés sur la fonction exutoire : « Les tonneaux trop pleins crèveraient si on ne leur ouvrait la bonde ou le fosset. »

En 1435, le concile de Bâle l'interdira quand même très officiellement, mais il faudra attendre le concile de Trente et surtout la Réforme protestante pour que cette interdiction soit efficace [25].

Lors de la nuit de Noël de l'an 1456, François Villon avait sans doute profité de cette ambiance débridée pour dérober cinq cents écus au collège de Navarre, avec l'aide de quelques compères. C'est à lui que l'on doit cet adage, devenu un classique : « Tant crie-l'on Noël qu'il vient. »

LES MYSTÈRES UN SPECTACLE À LA PORTÉE DE TOUS

Aux XIVe et XVe siècles furent présentés dans toute la France les mystères de la Nativité. La crèche surtout se prêtait à des mises en scène pittoresques. À Paris, à Toulon, à Nevers, sur le parvis des belles cathédrales, ces jeux de la Nativité étaient destinés, si l'on en croit la requête présentée en 1550 par un certain Jean de Rigauville, à « émouvoir les cœurs et esprits des personnes, même des enfants, envers Dieu et la benoîte Vierge Marie ».

« Naissance et enfance de Jésus constituaient l'essentiel de ces pièces », écrit Vloberg ; puis on reconstitua la vie complète du Christ lors des grandes passions qui pouvaient durer une journée ou deux. Les trouvères s'inspirant des Évangiles apocryphes chantaient toute la geste de la vie du Sauveur ou en découpaient une période.

Les spectateurs étaient captivés par les décors et le jeu des acteurs, et chacun trouvait dans « ce théâtre liturgique une façon d'extérioriser sa foi [26] » :

En Italie entre le XVe et le XVIe siècle apparaissent les premières crèches au sens moderne du terme. Les crèches napolitaines aux personnages richement ornés restent un modèle du style baroque. Elles seront demandées dans toute l'Europe.

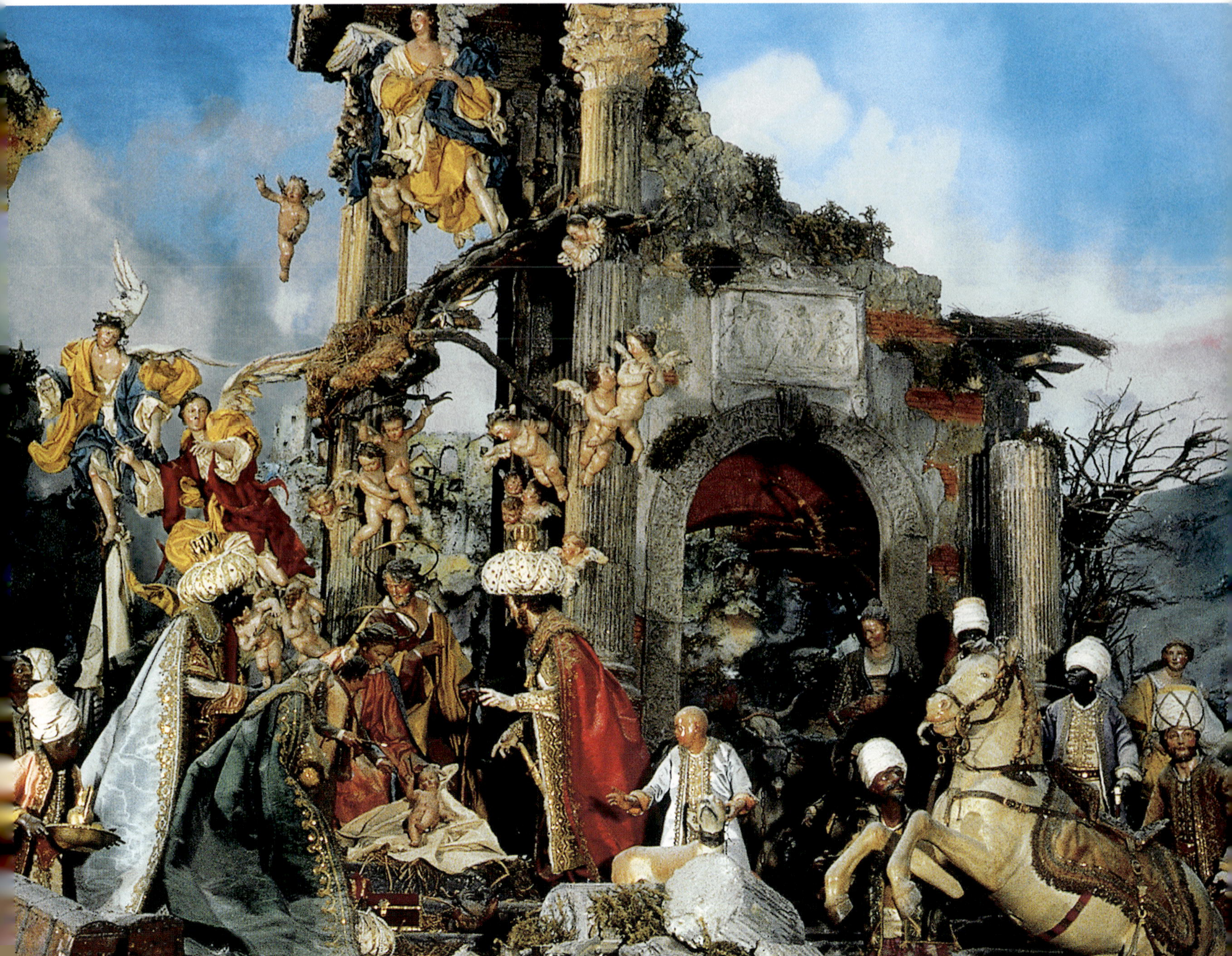

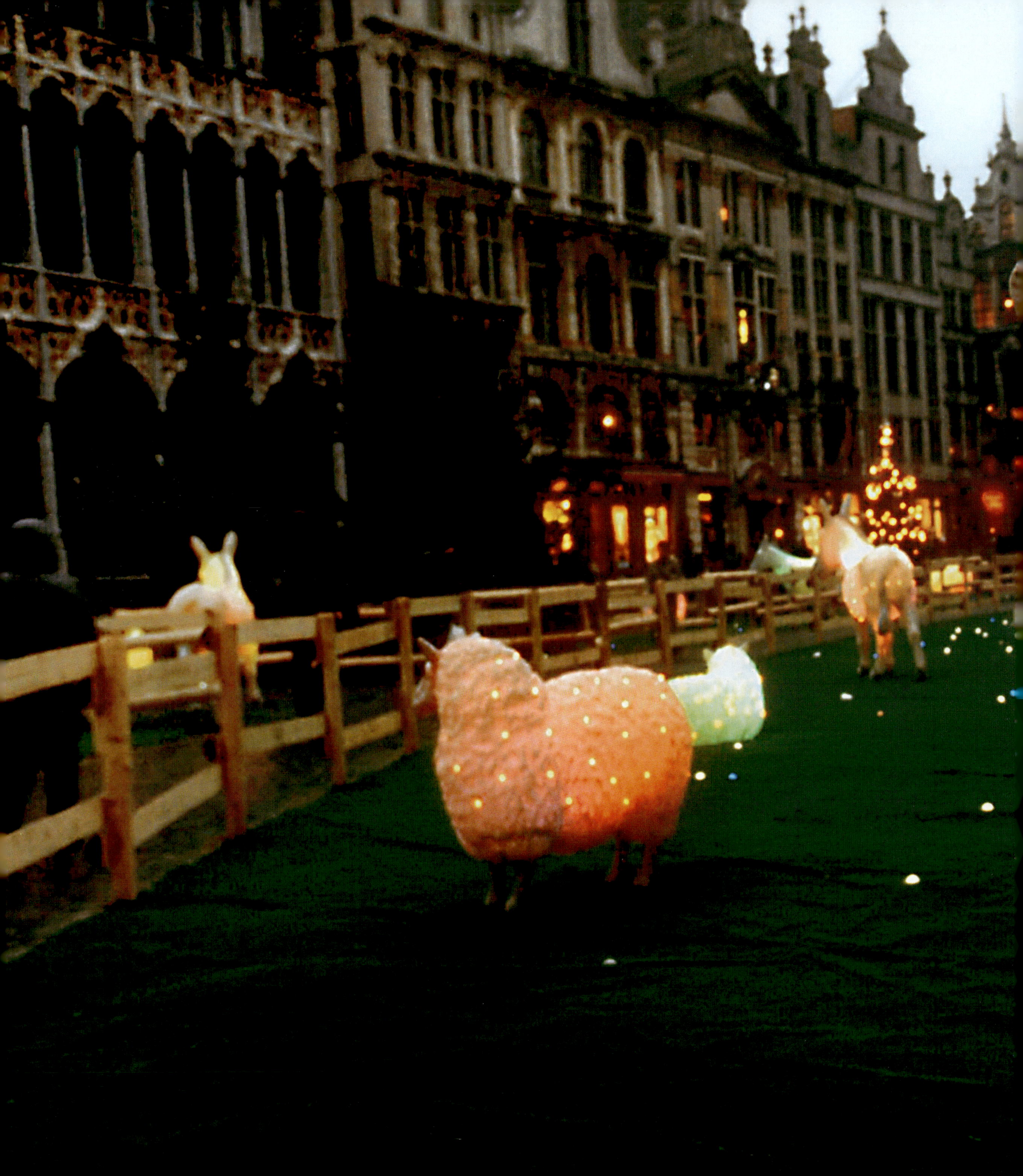

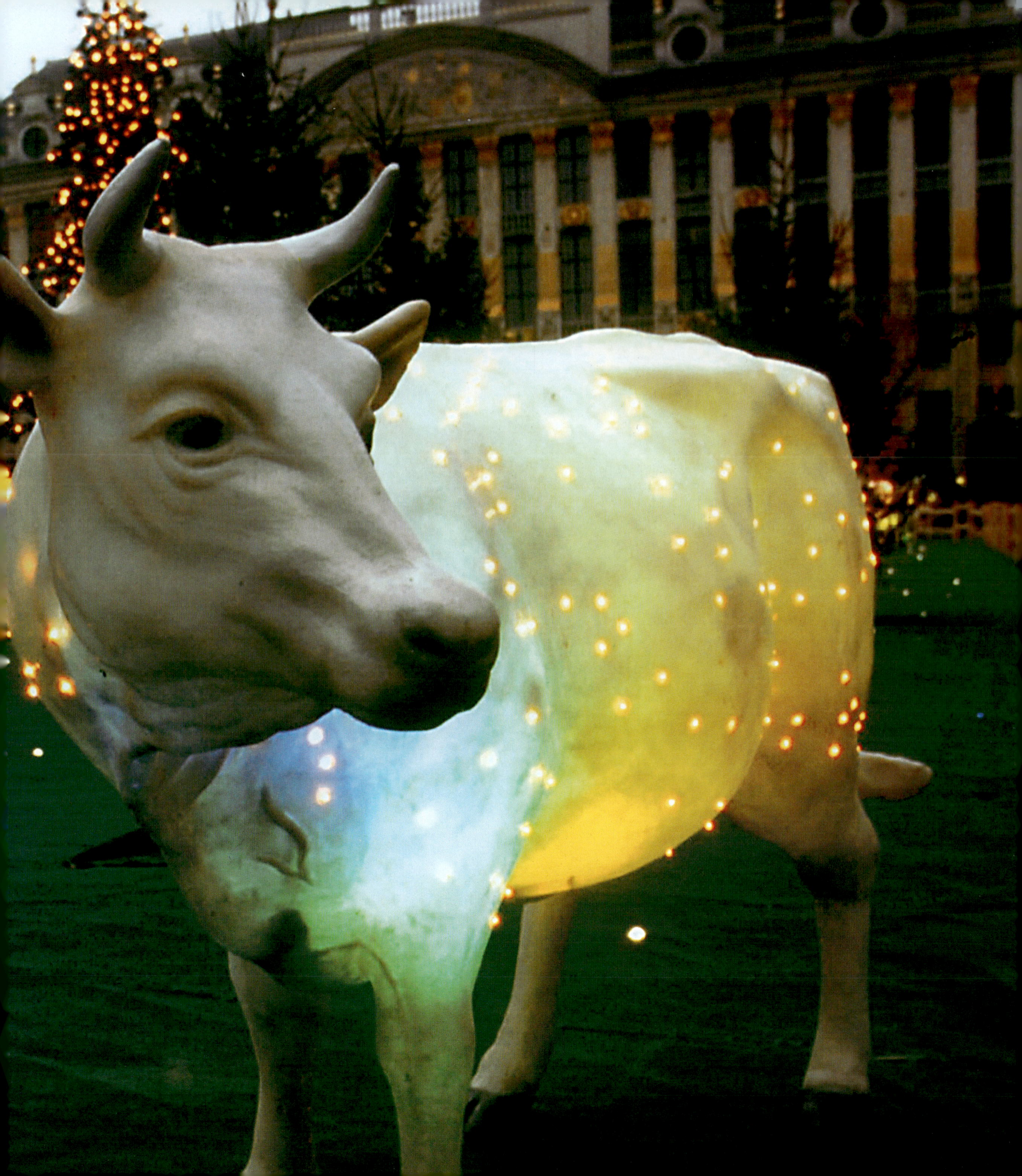

Ces décors citadins ou champêtres s'alignaient entre un paradis éclatant d'or et d'azur et de vermillon, et un enfer caverneux actionné dans une « fosserie ». Le souterrain d'enfer était « une grande gueulle se cloant et ouvrant quand besoin était », c'est-à-dire donnant aux diables entrée sur la scène, et se refermant sur eux à leur sortie.

Aux grands mystères succédèrent les pastorales, des sortes de « sous-mystères », note Vloberg, « dans le genre des bergeries et jeux rustiques qui survécurent du XVIe siècle à nos jours ». L'élément bucolique domine avec « pasteurs et pastourelles ». Elles se jouaient dans les granges en plein air, dans les chapelles de campagne.

À la fin du XVIIe siècle, de petits théâtres proposaient ces pastorales avec des marionnettes actionnées par un mécanisme intérieur ou par des ficelles. En Provence, en Franche-Comté, en Bretagne, à Paris, le peuple s'enthousiasme. Le spectacle était accompagné de musique et de cantiques. « Les places sont à très bas prix », mentionnait l'annonce du 6 janvier 1776 pour le petit spectacle de la rue de la Bûcherie, appelé évidemment *La Crèche*[27].

De nos jours, les crèches vivantes sont à l'honneur dans les associations charitables comme dans les foires de Noël ou même le Club Méditerranée. Sur la place de l'hôtel de ville de Paris, non loin de Notre-Dame et de son parvis légendaire, se dresse depuis quelques années une crèche géante exposée par un pays étranger. On fait la queue pour la visiter et, sous la tente qui l'abrite, une soufflerie d'air chaud réconforte les spectateurs patients.

En décembre 2000, à l'intérieur de Notre-Dame était proposée une sorte de « son et lumière » sur la Nativité. Les « Nativités scéniques » n'ont plus de « dévots trouvères » pour les chanter, comme au XVe siècle, mais elles bénéficient aujourd'hui des dernières découvertes technologiques et l'on se presse tout autant dans le froid de décembre pour les admirer.

Double page précédente : décorations de Noël sur la Grand-Place de Bruxelles. La crèche peut aussi devenir une « installation » urbaine.

À droite : à Madère, le vendeur de Coca-Cola a inventé une crèche au cœur de la marchandise. Sait-il que le Père Noël a vanté cette marque dans les années 1930 ?

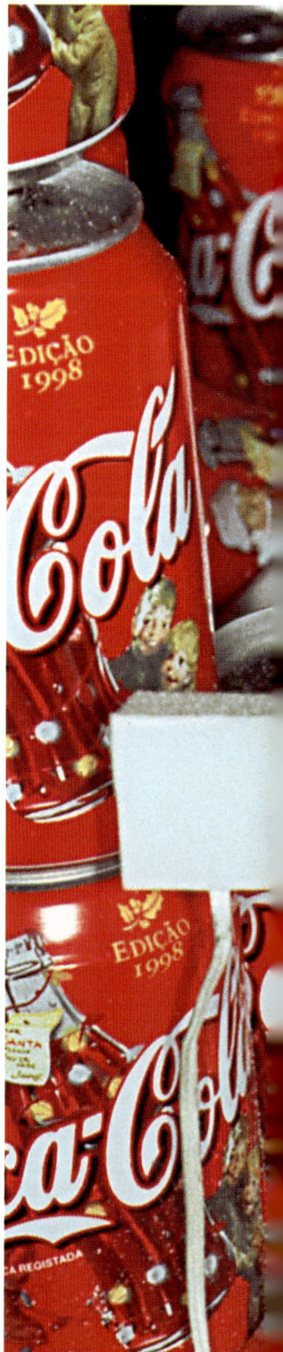

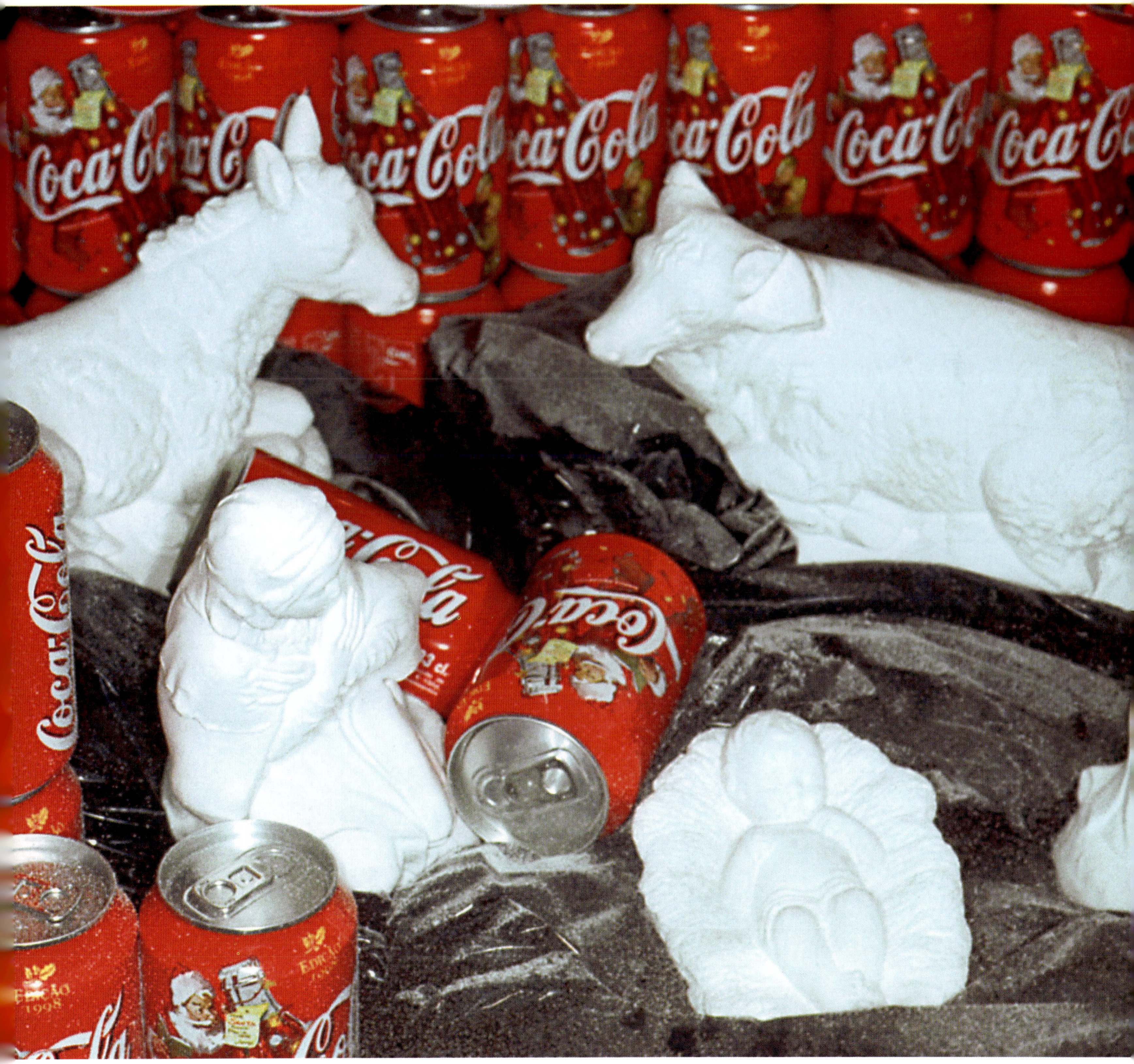
Coca-Cola
EDIÇÃO 1998

NOËL PRÈS DU NID

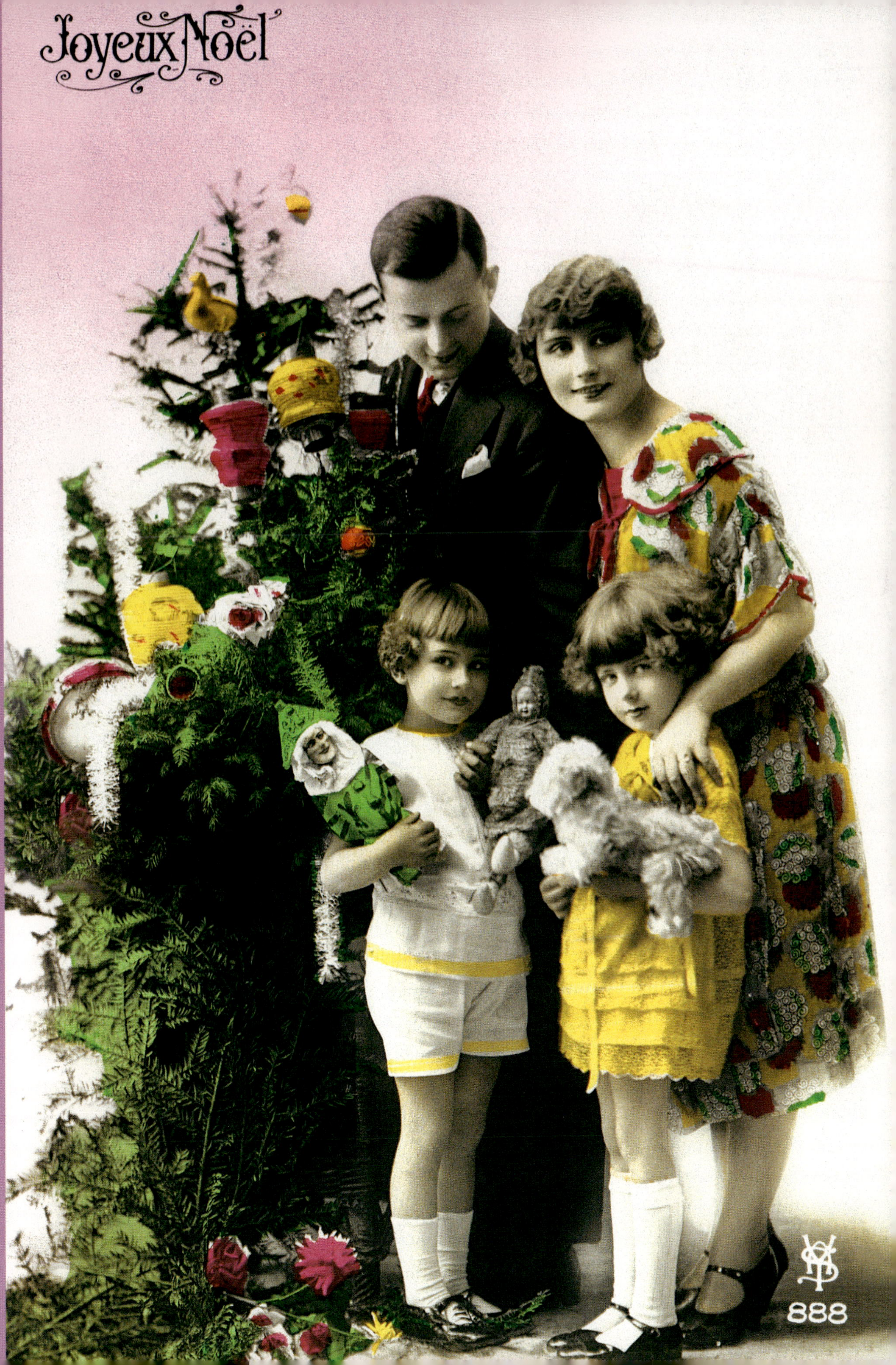
Joyeux Noël
888

La fête de famille de Noël, dont nous voulons parler, n'est pas une simple agrégation de parents invités depuis huit ou quinze jours, [...] c'est une réunion annuelle de tous les membres de la famille qui peuvent en faire partie, jeunes ou vieux, riches ou pauvres et dont deux mois auparavant tous les enfants attendent le retour avec la fièvre de l'impatience.
Charles Dickens, *Esquisses pour Boz* (1836)[28]

Noël avec les tiens, Pâques avec les autres.
Proverbe italien

Page précédente : carte de vœux, vers 1925. La famille réunie devant le sapin : Noël est devenu une image du bonheur domestique.

À droite : dinde et boudin noir sont à l'honneur de ce repas de Noël qui réunit toutes les générations d'une famille française bourgeoise. (« Bombance de Noël, le réveillon en famille », *Le Petit Journal*, 29 décembre 1907.)

Ci-dessous : la veillée de Noël en Provence. Le plus jeune enfant, la main guidée par celle de l'aïeul, bénit la table. La succession des générations est assurée. (21 décembre 1913.)

Au milieu du XIXe siècle, Noël devient un des grands rassemblements annuels de la famille, ce qui n'était pas le cas jusqu'alors. La responsable de cette mutation est l'Angleterre victorienne. La bourgeoisie, en plein essor, se réapproprie la fête trouvant là une célébration à sa mesure. Effectuant un véritable « transfert du rituel religieux au rituel familial[29] », Noël permet d'exalter et de mettre en scène cette fameuse *privacy* qui va bientôt fasciner l'Europe entière et les États-Unis. L'enfant est alors placé au centre du cercle de famille, symbole de son avenir et de ses espoirs de réussite.

À la même époque, beaucoup de traditions régionales et nationales, de motifs décoratifs sont aussi en quelque sorte « privatisées », fixant pour longtemps ce modèle victorien dont la bourgeoise française, notamment, va raffoler. L'Allemagne jouera également un rôle important comme source d'inspiration décorative et garante de l'authenticité des traditions. Le sapin, les chaussettes pendues au manteau de la cheminée, les couronnes de l'Avent, les cartes de Noël se diffusent dans toute l'Europe et, d'emprunt en emprunt, finissent par construire un décor hautement syncrétique, celui que nous connaissons encore aujourd'hui.

« L'esprit de Noël » se confond donc désormais avec « l'esprit de famille » qui souffle alors sur toute l'Europe. L'imagerie datant de cette période est éloquente et prolifique. On ne compte plus les gravures mettant en scène la famille réunie autour d'un dîner de réveillon, ou bien les mères guettant avec émotion la découverte émerveillée des cadeaux par leurs enfants. Les parents comme les grands-parents sont toujours représentés près de l'arbre, tandis que la gouvernante un peu en retrait retient doucement l'enfant afin qu'il ne se précipite pas trop. Une de ces illustrations deviendra célèbre, ici et outre-Atlantique, celle de la reine Victoria et de son époux le prince Albert de Saxe entourés de leurs cinq enfants, debout auprès de la table sur laquelle se dresse le sapin décoré et illuminé.

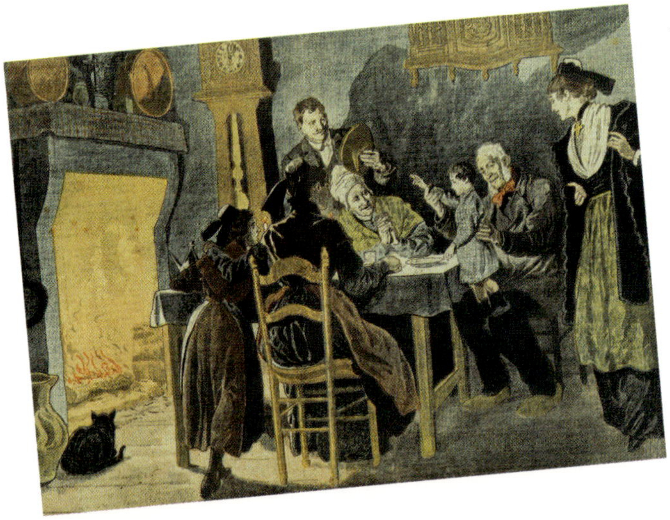

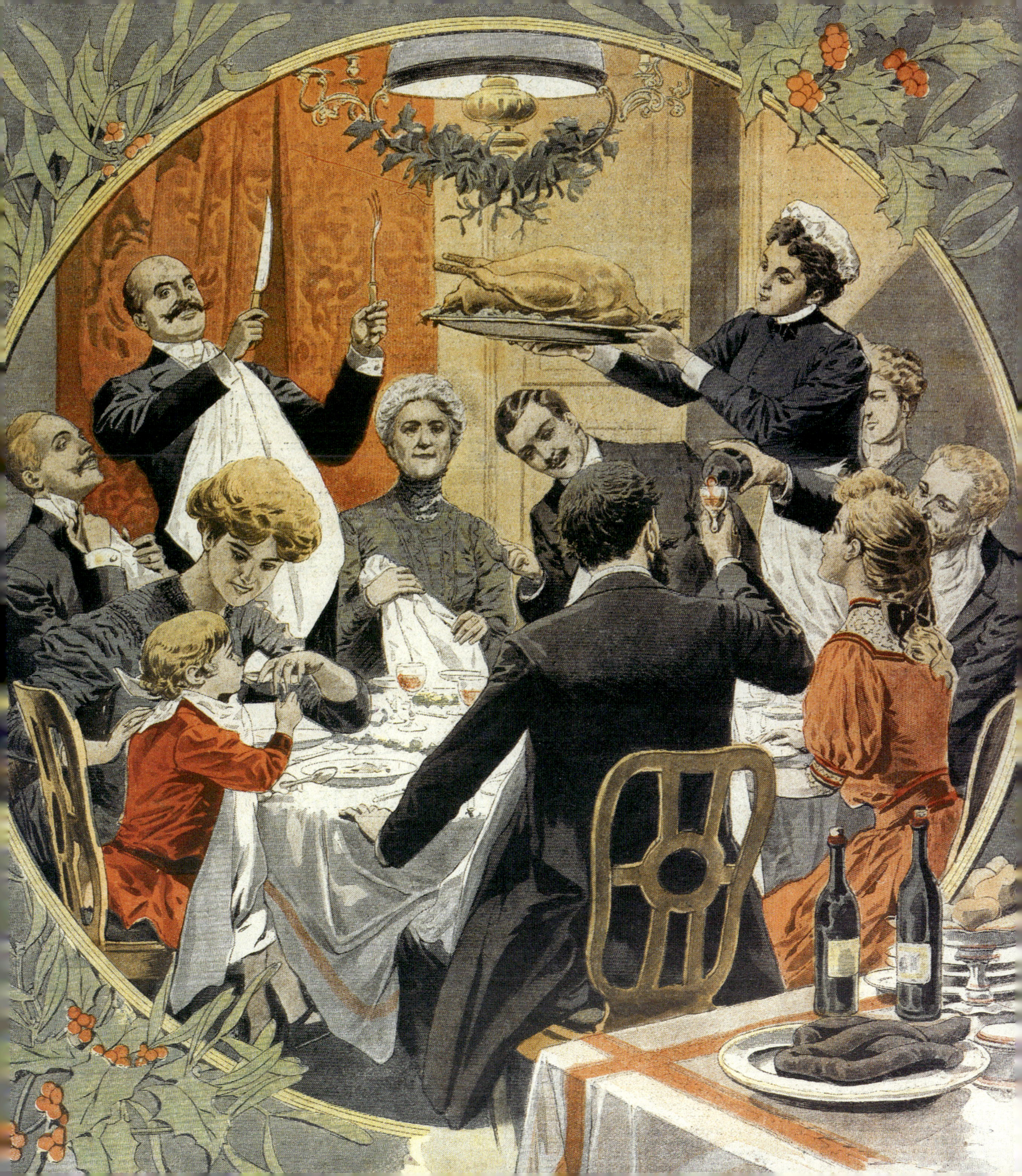

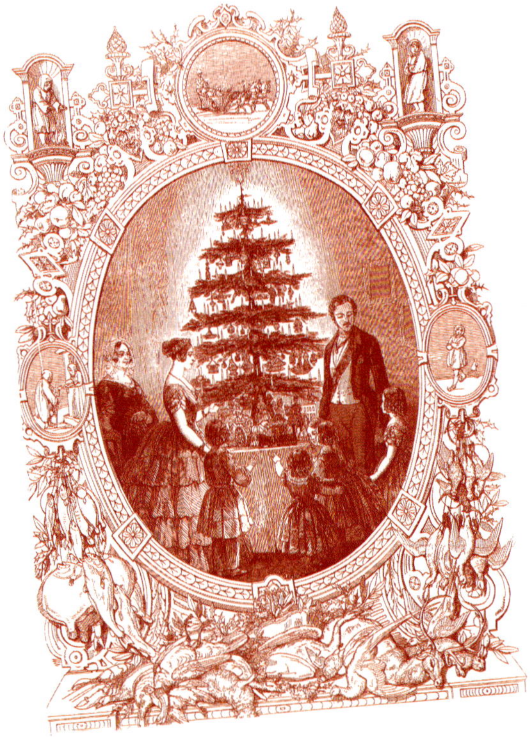

Pour la première fois, le souverain officialise la fête, qui est devenue familiale comme l'est devenu le style de la reine Victoria qui se présente d'abord comme une épouse et une mère accomplie, rompant en cela avec la période précédente où la licence était autorisée pour le monarque, voire reconnue.

En 1841, Victoria, surnommée « le bouton de rose de l'Angleterre », fera dresser à Windsor un sapin illuminé. À Paris, c'est Hélène de Mecklembourg, belle-fille de Louis-Philippe et d'origine allemande, qui en 1837 avait fait ériger au milieu du jardin des Tuileries le premier grand sapin public de Paris. Celui que Dickens appelait « le joli petit jouet allemand » avait déjà commencé sa croisade domestique...

Au milieu du XIXe siècle le foyer devient en effet un refuge, un véritable rempart contre les dangers de la ville qui se développe et s'industrialise, et Noël lui sert d'allégorie. En 1843, un certain H. C. Horsley fabrique la première carte de vœux connue : deux scènes de charité encadrent un dîner de famille où toutes les générations sont réunies. Tout est dit et tout commence !

En réalité il existe des désaccords quant au « père » de la carte de vœux. À partir de 1840, le peintre W. C. T. Dobson et le graveur W. M. E. Degley sont aussi en concurrence. Mais c'est à partir de 1860 que la pratique d'envoyer des cartes à Noël se développe vraiment.

La France bourgeoise est sous le charme de ce modèle victorien, véhiculé notamment par les dandys, les Miss qui s'occupent des enfants dans les bonnes familles[30], les journaux, comme *L'Illustration* qui traduit rapidement les articles parus dans l'*Illustrated London Review.* Pour les ménagères parisiennes, le *pudding,* la décoration des magasins londoniens et celle des maisons anglaises sont bien connus dès la fin du XIXe siècle.

Si l'Angleterre est à la mode et la crée en partie, l'Allemagne est une référence constante, elle aussi. En 1849, *Le Journal des jeunes filles* se plaint déjà que les Français ne savent pas exploiter « l'atmosphère magique de Noël » et envie aux Germaniques « cette réunion de plusieurs générations autour du foyer, celui des grands-parents en particulier ». La nostalgie fait déjà partie intégrante du discours comme de l'imagerie. Elle sera la fidèle compagne de Noël, et l'Allemagne garante de l'authenticité de « la » tradition :

Ci-dessus : en 1841, la reine Victoria et son époux Albert de Saxe donnent le coup d'envoi du nouveau Noël familial. (D'après J. L. Williams, *Arbre de Noël au château des Windsor.*)

À droite : la première carte de Noël et du nouvel An, dessinée par l'Anglais J. C. Horsley en 1843, et coloriée par Henry Cole en 1846. Famille, enfance et charité forment la nouvelle « trinité » sociale de la fête de Noël.

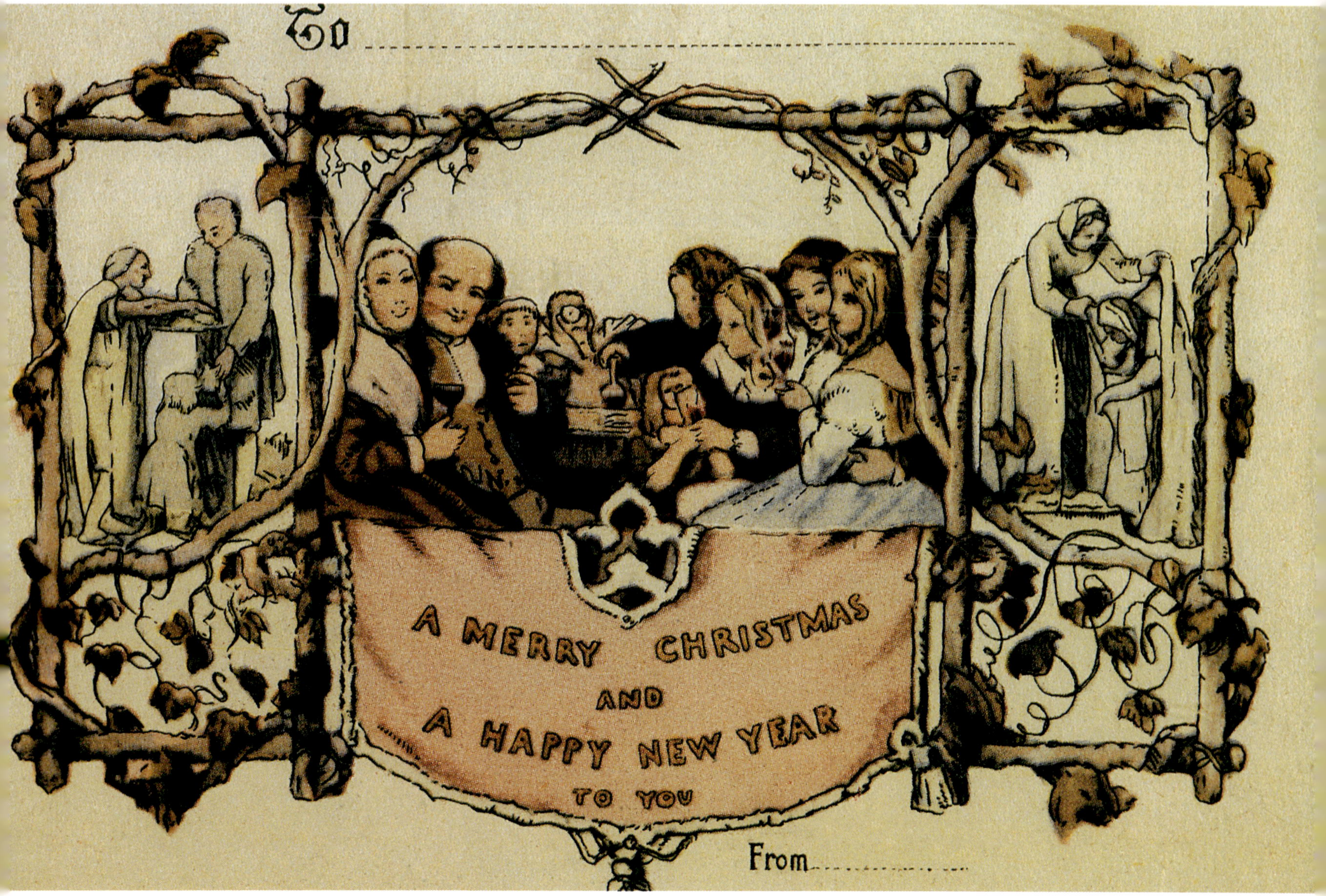
To
A MERRY CHRISTMAS
AND
A HAPPY NEW YEAR
TO YOU
From

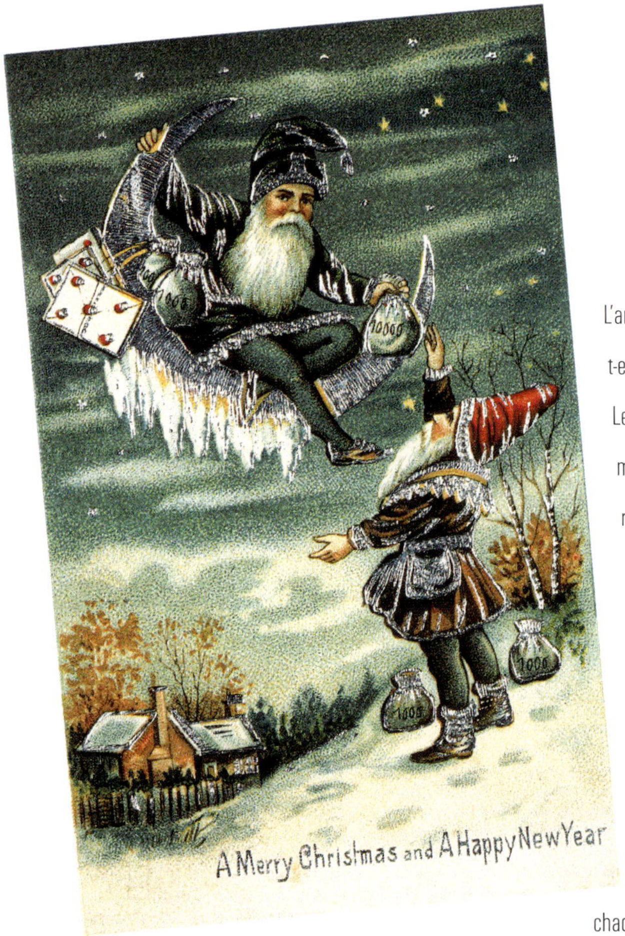

L'arbre est dressé dans un lieu secret chargé de bonbons et de joujoux. Aussi la veille de Noël s'appelle-t-elle « l'heureuse soirée ». Tous les enfants de l'Allemagne riches et pauvres ont leur Christbaum. Les cadeaux qu'ils reçoivent varient d'importance et de valeur selon la fortune de leur famille mais ils éprouvent tous la même surprise et la même joie. À défaut d'autre, l'égalité du bonheur règne parmi eux[31]...

Du point de vue de la diffusion de certains motifs folkloriques, la fête suédoise de Jul fait aussi l'objet de descriptions minutieuses :

Noël est la plus grande fête de l'année, les amis, les parents ont la coutume de se réunir à quelque distance qu'ils se trouvent l'un de l'autre. Plusieurs jours à l'avance, la maîtresse de maison a brassé elle-même la bière de Noël (julöl), elle a pétri les gâteaux d'orge et de froment, assaisonné avec habileté le cochon de lait. La maison est nettoyée avec soin, le plancher parsemé de petites branches de sapin qui répandent une fraîche odeur, chaque meuble est frotté, luisant. La table est recouverte d'une nappe rude mais très propre. Entre les doubles fenêtres dont peu de maisons sont dépourvues, on place sur des flocons de laine blanche des fleurs artificielles comme pour associer les riantes couleurs du printemps au pâle aspect de l'hiver, vertes guirlandes de rameaux de sapin le long des murs. Les traîneaux, les clochettes, les invités arrivent en manteau d'ours ; un frère marié avec sa jeune famille, un enfant chéri qui arrive de l'université, un ami qu'on n'avait pas vu depuis longtemps, la fête dure plusieurs jours. Puis les convives s'en vont l'un après l'autre avec regret et les braves habitants retombent dans leur isolement[32].

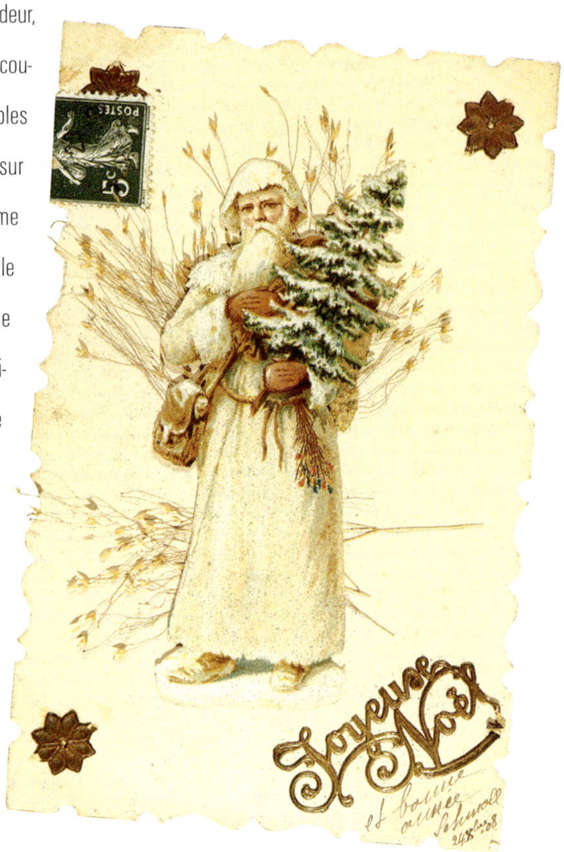

Ci-dessus : carte de Noël, époque victorienne. Au milieu du XIXe siècle naît en Angleterre cette nouvelle pratique : l'envoi de cartes de Noël aux amis et parents proches. En 1880, 5 millions de cartes de Noël et de lettres furent envoyées !

Ci-contre : carte postale française, 1908. En France, la mode des cartes de Noël fut moins suivie que celle des cartes de nouvel An. On notera que le Père Noël est vêtu de blanc, le rouge n'étant pas encore une convention esthétique.

CHARLES DICKENS UN « PASSEUR » DE GÉNIE

C'est à un écrivain célèbre, Charles Dickens, que revient le mérite d'avoir saisi, sinon inventé, « l'esprit de Noël » dans son fameux *Christmas Carol*. Paru exactement le 17 décembre 1843, il connut un succès aussi vif qu'immédiat en Angleterre, mais aussi en France et en Amérique, où l'auteur assura plusieurs lectures publiques auxquelles assistèrent des foules passionnées et compatissantes. Peu après la parution, mille sept cents personnes, à Birmingham, affrontèrent une tempête de neige pour venir l'écouter. La seconde lecture attira deux mille ouvriers attentifs et émus au Birmingham and Midland Institute. Le souci d'éducation de la classe ouvrière qu'avait Dickens était comblé. À l'étranger ses « tournées » furent triomphales. On sait qu'en 1866 un riche industriel de Boston, Mr Fairbanks, sortit si ému d'une de ces fameuses lectures qu'il fit de Noël un jour férié dans toutes ses usines et offrit l'année suivante à chacun de ses ouvriers une dinde en cadeau[33].

Charles Dickens au cours d'une lecture publique d'*Un conte de Noël*, qui attirait des foules de spectateurs enthousiastes, à Londres, Boston et Paris. (Artiste anonyme, dessin publié dans *The English Bodley family*, de Horace E. Scudder, 1883.)

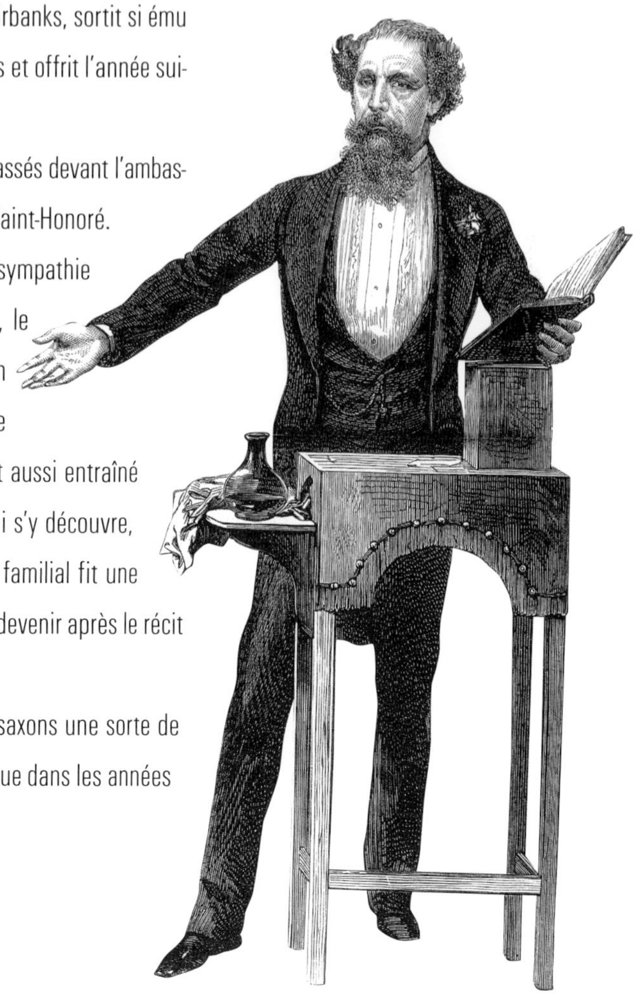

À Paris, en 1856 et 1863, l'obstacle de la langue ne découragea pas les Parisiens massés devant l'ambassade d'Angleterre, dont les applaudissements s'entendirent tout le long de la rue Saint-Honoré.

Sorte de parabole ou encore de fable sociale, mettant en scène cette force de « la sympathie et [de] la compréhension » que Dickens préconisait pour transformer la société, le conte plut à des publics aussi variés que les chrétiens ou les matérialistes. L'écrivain et journaliste W. M. Thackeray affirma avec son humour habituel que « si le livre avait beaucoup contribué au développement de l'hospitalité en Angleterre, il avait aussi entraîné un horrible massacre de dindes de Noël[34] ». Plus encore que la critique sociale qui s'y découvre, l'évocation de cet « esprit de Noël » fait de charité, de compassion et de bonheur familial fit une grande partie de son succès : « Le conte a transcendé ses origines historiques pour devenir après le récit de la Nativité, la plus célèbre des histoires de Noël[35]. »

La lecture de *A Christmas Carol* le soir de Noël était devenue dans les pays anglo-saxons une sorte de nouveau rituel qui persista bien après la mort de Dickens. Pour l'anecdote, on sait que dans les années

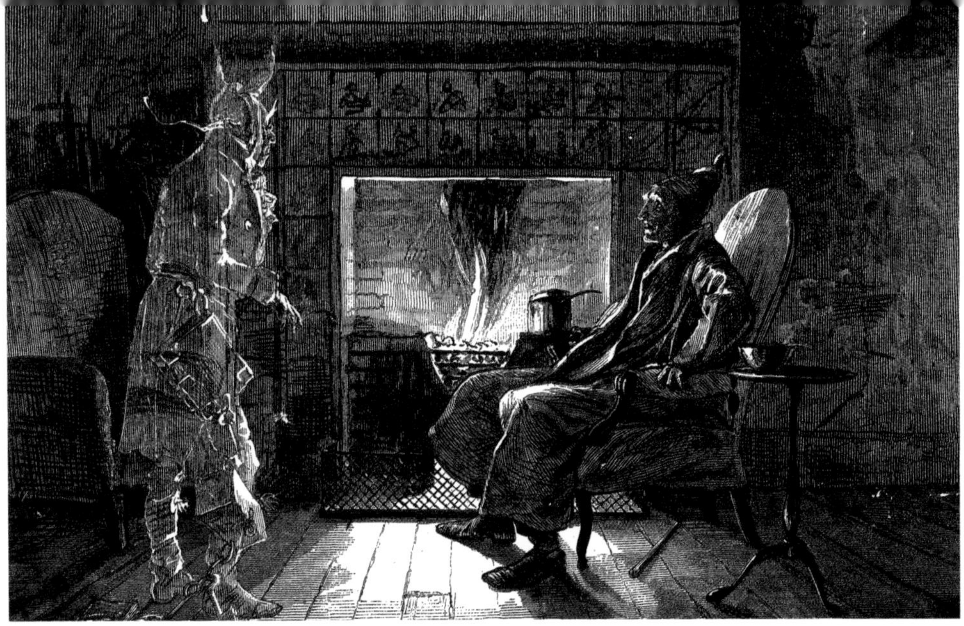

Un des trois fantômes de Noël rend visite à Scrooge, usurier solitaire et misanthrope, personnage clef d'*Un conte de Noël* de Dickens. Grâce à ces « esprits » du passé, du présent et du futur, Scrooge finira par se convertir à la « philosophie de Noël ». (Illustration d'*Un conte de Noël*, de Charles Dickens.)

1930 le président Roosevelt avait pris l'habitude de le lire à voix haute à sa famille toutes les veilles de Noël. De nombreuses adaptations cinématographiques existent. La première est anglaise et muette, et date de 1901, sous le titre de *Scrooge* ou de *Marley's Ghost*. On en comptera plus d'une quinzaine, en incluant les adaptations télévisées[36]. En France, où ces films sont moins connus, son succès littéraire n'est toujours pas démenti. On compte aujourd'hui neuf éditions du *Conte de Noël* dont cinq de poche. Quatre étaient épuisées en 1998 !

LE BONHEUR SIMPLE DES CRATCHIT

Si le temps de Noël s'affirme de plus en plus comme celui de l'ouverture aux autres et du partage, Ebenezer Scrooge, personnage central du conte, en incarne le symétrique négatif, la misanthropie et l'avarice. Infâme usurier, il exploite son employé Bob Cratchit, mais un renversement équitable aura lieu la nuit de Noël.

Les Cratchit sont pauvres mais heureux, car « s'ils n'ont rien de remarquable, ne sont ni beaux, ni élégants, écrit Dickens, ils ont en revanche la conscience d'être heureux ensemble, reconnaissants et pleins d'affection les uns pour les autres[37] ». Scrooge, lui, est riche mais solitaire. Il déteste Noël et rêve de faire bouillir « dans l'eau de leur propre pudding » tous les idiots qui le fêtent. Il sera tourmenté par les trois « fantômes de Noël » représentant le passé, le présent et le futur. Ceux-ci vont le soumettre à des songes qui sont autant d'épreuves, de retour sur le passé et de vision de l'avenir. À la fin du conte, Scrooge se convertira à la « philosophie de Noël » dont on trouve une définition exprimée par son neveu au début du livre :

À droite : Tom Cratchit marche dans une rue de Londres, son dernier fils, infirme – le fragile Tim – sur l'épaule, heureux d'aller fêter Noël en famille. La fête, désormais, fera une place de plus en plus grande à l'enfant. (Illustration de Hazel Frazee pour *Un conte de Noël* de Charles Dickens, 1922.)

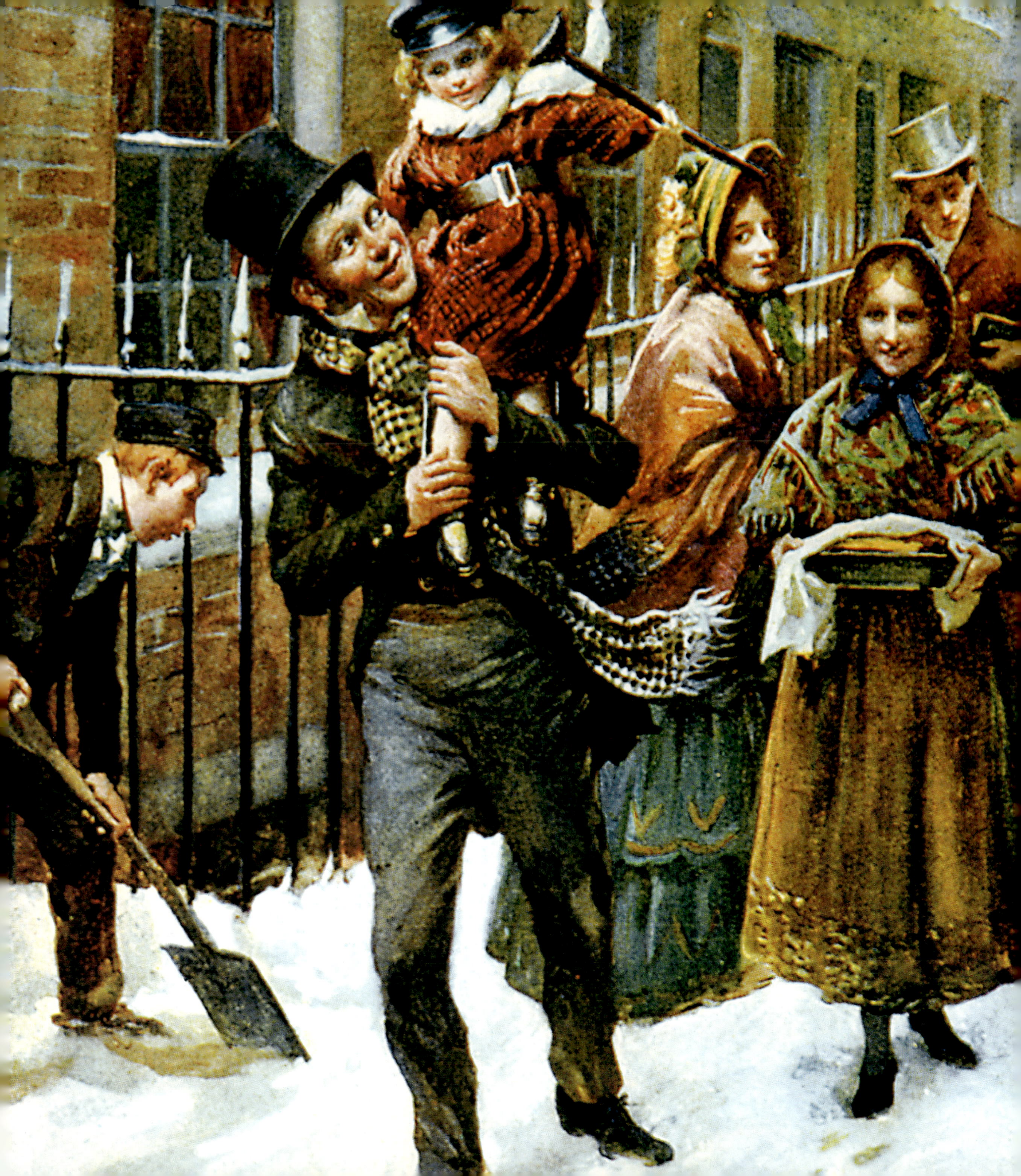

> J'ai toujours considéré cette période comme une bonne période, oui, sans parler du respect qu'exigent de nous son nom et son origine sacrés, si tant est que tout ce qui touche à Noël ne se réduise de toutes façons à cela. Oui, dis-je, c'est une bonne période : une période agréable de bonté, de pardon et de charité ; le seul moment que je connaisse, dans tout le calendrier de l'année, où hommes et femmes semblent consentir à ouvrir librement leur cœur endurci et à considérer leurs subalternes comme de vrais compagnons, en route comme eux vers la tombe, et non comme une catégorie d'êtres à part, en route vers quelque autre destination. Et donc, mon oncle, bien que Noël n'ait jamais déposé une once d'or ou d'argent dans ma poche, j'estime qu'il m'a en effet procuré du bien et continuera de le faire ; et tout ce que je dis, c'est : « Que Dieu bénisse Noël ! »

Éloge de la compassion et de la charité, cette défense et illustration de Noël devient également un éloge de la famille que tous, du bourgeois à l'ouvrier, doivent désormais prendre pour cadre de la célébration. Le dîner des Cratchit reste de ce point de vue un morceau d'anthologie, et devint dès ce moment le modèle du réveillon familial modeste et chaleureux qui séduisit la société victorienne. À ce repas ne manque pas le célèbre *pudding* surmonté d'une branche de houx et baignant dans un quart de pinte de brandy, « dont personne n'aurait osé dire qu'il était bien petit pour une si grande famille ».

Le bonheur d'« être ensemble » fait oublier la misère, la maladie, la famine, tous ces maux engendrés par l'industrialisation brutale et qui sont incarnés par les différents personnages du récit.

Le réveillon en famille devint dès lors un devoir moral, une nouvelle norme, et est toujours décrit comme un moment de joie et de retrouvailles.

> Le soir du 25 décembre a lieu un dîner où tous les membres de la famille sont réunis autour de la table. Les enfants ont la permission de porter la main à tous les plats et de manger à discrétion, et ils en profitent[38] !

Ici il s'agit d'un Noël provençal, mais l'accent est essentiellement mis par l'auteur sur son caractère chaleureux :

> Cet intérieur ainsi éclairé et animé avait un charme de gaieté et de bien-être en contraste avec la rigueur de la saison et donnait un nouveau prix à cette atmosphère si chaude, à ce foyer ami, à ce toit paternel si fécond en souvenirs, à cette table hospitalière qui nous réunissait ainsi chaque année à pareil soir pour retremper nos âmes aux saintes douceurs des affections de la famille[39].

En 1846, un article de la même revue insiste sur l'aspect familial :

> La seule coutume que le temps ait respectée, la réunion de famille, ce qu'elle est aujourd'hui, constate-t-il, le plus illustre romancier de l'Angleterre, Dickens, s'est chargé de nous l'apprendre qui, dès les *Esquisses de Boz*, traduit en français très rapidement, la définit comme le plus joyeux des trois cent soixante-cinq jours de l'année.

Dickens est donc reconnu comme le détenteur de la « vraie » tradition de Noël. Il fut en réalité un « passeur » de ce Noël victorien qui réaffirmait avec force « les valeurs de la famille, l'innocence joyeuse de l'enfance, [...] la chaleur humaine, la charité et la régénération morale[40] ».

À partir de cette époque, la fête rompt définitivement avec les anciennes réjouissances populaires où l'on boit et l'on danse entre aimables convives comme le font les joyeux compagnons de Mr Picwick. Désormais l'on se doit de célébrer Noël avec retenue et discrétion. Les *Christmas parties* comme les soupers mondains, les chants et les bals sont alors critiqués. Citons cet article de *L'Illustration* du 4 janvier 1844 :

> Le protestantisme mérite les mêmes reproches que le catholicisme. L'entente cordiale règne entre la France et l'Angleterre. Les réveillons de Paris sont aussi blâmables que les Christmas ou les Carol parties de Londres. Les messes de Notre-Dame aussi insuffisantes que les services de St Paul.

À Londres, en 1825, un journaliste de la revue *Gentleman's* déclarait :

> Noël est aussi négligé que le savoir-vivre. Seule la middle class lui attache quelque importance. Quant au peuple, très vite il fait dégénérer cette fête en beuverie et en débauche.

NOËL, UNE OBLIGATION FAMILIALE, UN DEVOIR MORAL

Ce repli familial est en effet le point de départ d'une opération de moralisation sociale par Noël interposé. La fête bourgeoise se donne en exemple à tous les milieux et aux plus pauvres par le biais de la charité et des bonnes œuvres. Fêter Noël devient peu à peu un signe d'intégration sociale, un devoir moral... La description d'un Noël en Provence précédemment citée est symptomatique de ce mouvement

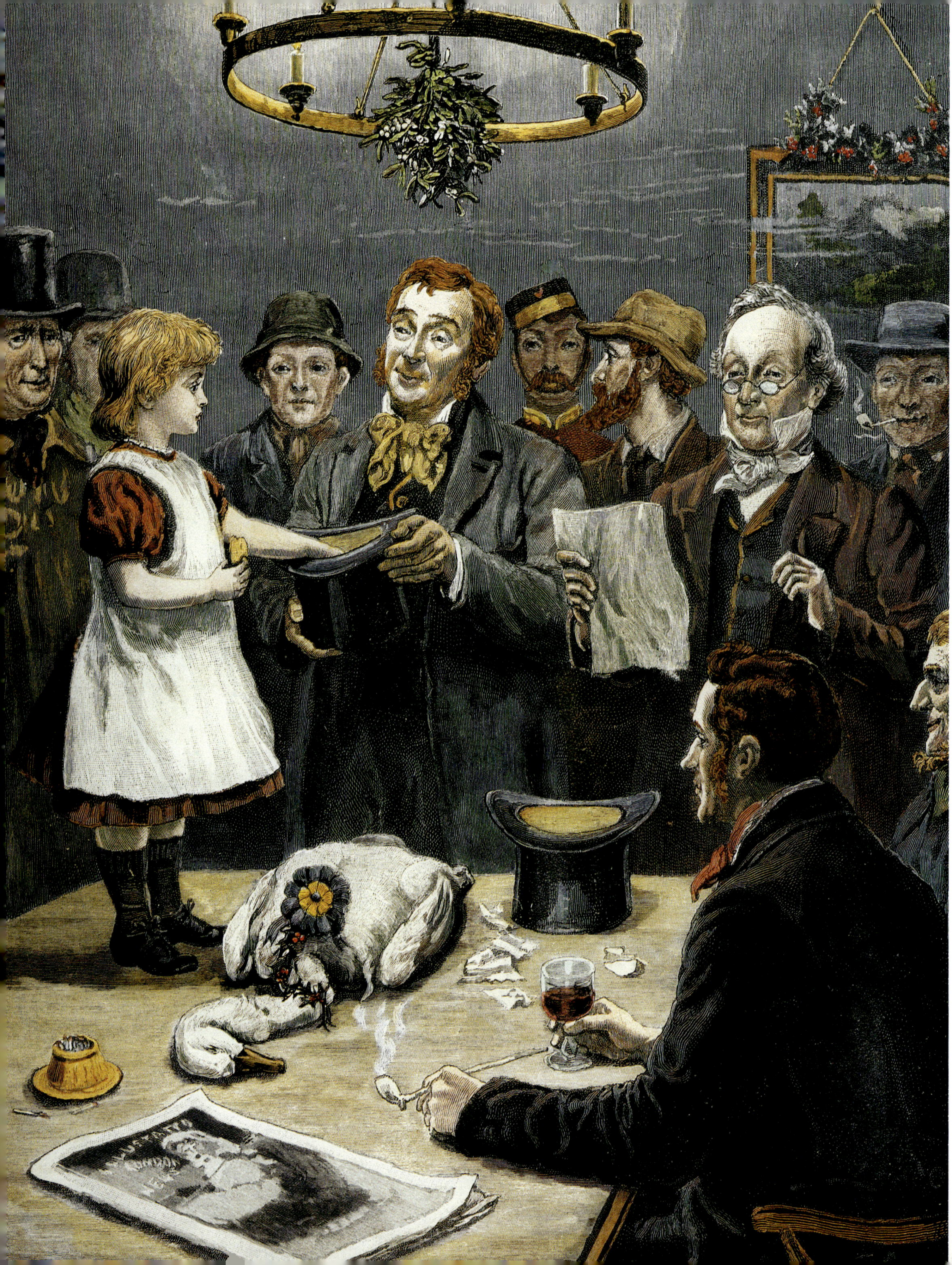

irréversible. Au passage, elle nous indique que s'impose progressivement la fameuse dinde de Noël, c'est-à-dire le plat traditionnel du réveillon anglais, qui a aussi conquis la campagne française :

> Cette fois ce n'est plus la morue salée que la Hollande nous expédie qui fume à la place d'honneur dans un cadre de carènes. C'est la dinde classique, nourrie par les épeautres de nos champs. Ne croyez pas que vous assistiez à une fête de bourgeois. Oh non, depuis le négociant jusqu'au paysan qui déjeune dans un sillon, avec du pain noir et de l'eau, chacun ce soir-là mange la dinde... Il est impossible de vous dire combien de privations les pauvres travailleurs s'imposent pour arriver à économiser le prix d'une dinde.

Celle-ci, poursuit le journaliste,

> [...] n'est pas une dérision comme la poule au pot de chaque dimanche. Les femmes du peuple à Marseille surtout sont tellement convaincues que l'absence de dinde serait une calamité pour la famille, que souvent pour se procurer cette pièce indispensable, elles portent en gage leurs bijoux les plus chers et à défaut de bijoux, jusqu'aux couvertures de leur lit. Et il faut avoir beaucoup de courage pour se défaire de ce meuble en plein hiver même en Provence[41].

Toute famille, quelle que soit sa condition, se doit donc de fêter Noël. En Angleterre, les victoriens charitables mais plus pragmatiques encore inventèrent alors une sorte d'épargne, les *Christmas goose club,* qui ouvraient en septembre et permettaient, à raison de deux ou trois *pence* par mois, de s'offrir l'oie ou la bouteille de spiritueux nécessaires à un réveillon digne de ce nom. Le dessinateur Phiz a

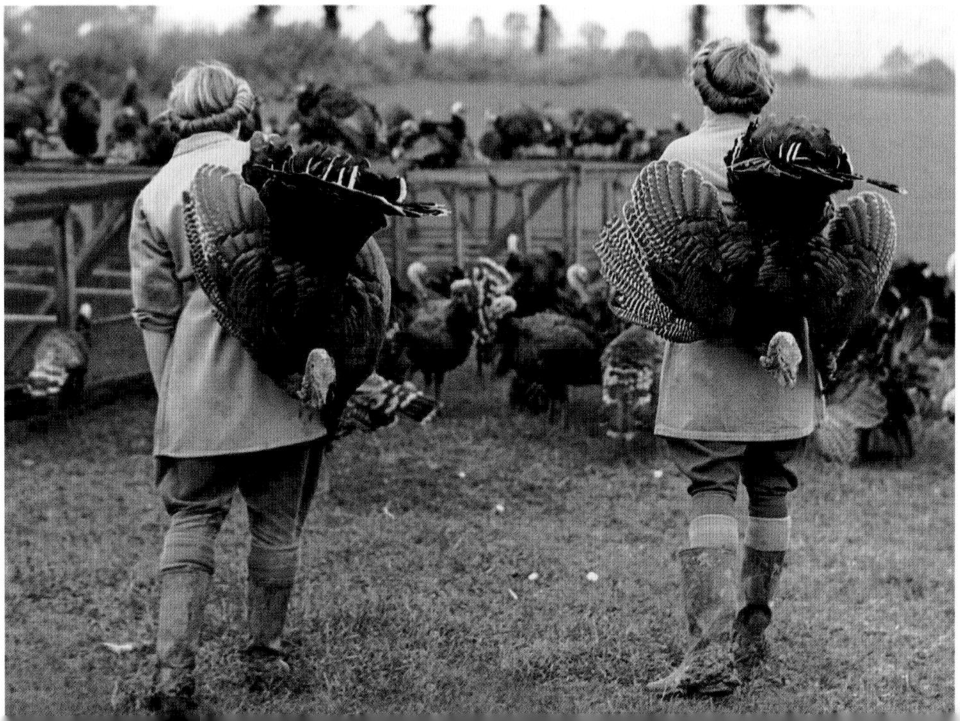

À gauche : tirage du numéro gagnant lors d'une tombola. Les *Christmas club* et les *Goose club,* sorte d'épargne populaire, permettaient aux plus modestes d'obtenir une dinde pour réveillonner dignement. (Illustration de S. T. Dadd, *Illustrated London News*, 24 décembre 1887.)

Ci-contre : en pleine guerre, deux jeunes fermières du Sussex regroupent les dindes de leur élevage pour les envoyer sur un marché de Londres, afin qu'elles soient consommées lors du réveillon de décembre 1944.

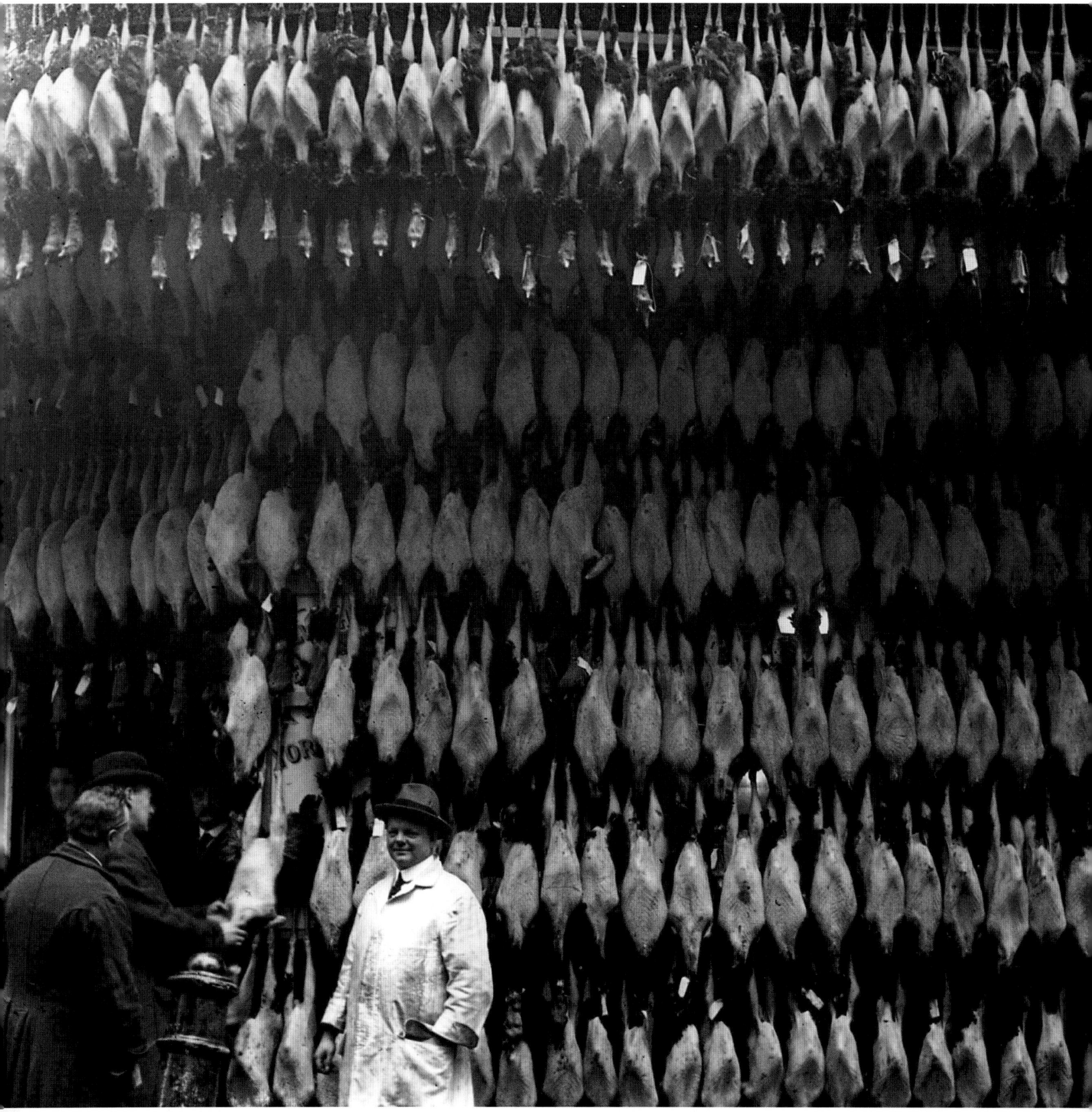

immortalisé ces scènes picaresques où l'on découvre chaque épargnant – il s'agissait d'ailleurs surtout des femmes du peuple – venant récupérer son dû (*Punch,* 1850). Dans certaines usines, une retenue sur le salaire était automatiquement prélevée. L'oie de Noël était aussi parfois le premier lot d'une tombola. Enfin, au début du siècle, ces volatiles furent mis aux enchères sur les grands marchés de Londres.

À la fin du XIXe siècle, l'esprit de Noël a soufflé sur toute l'Europe. En 1895, c'est-à-dire environ un demi-siècle après l'Angleterre, *L'Illustration* offre à ses lecteurs une Nativité en couverture, et en 1900 elle inaugure un « spécial Noël » richement imagé qui peut s'offrir comme cadeau. À l'instar des États-Unis et de l'Angleterre, la France donne désormais la priorité à Noël sur le nouvel an.

Étalage de dindes à la devanture d'un boucher de Londres, fin prêtes pour Noël, 20 décembre 1919.

LES GRANDS-PARENTS À L'HONNEUR[42]

Noël est une scène privilégiée où s'exprime la complicité entre aïeux et petits-enfants. Face à l'enfant, l'aïeul est celui qui réunit la famille, qui « contemple cette génération blonde d'enfants aimables destinée à remplacer celle qui s'éteignait comme le fruit remplace la fleur », écrit avec lyrisme pour *L'Illustration* un certain Aurélius Zampa en 1852. « Et elle les revoyait tous réunis un soir à la veillée de Noël et les flacons circulaient... » Plus loin l'auteur se souvient de sa grand-mère qui « l'abrita sous sa mante » et, le prenant par la main, ouvrait le chemin vers la messe de minuit. Au XIXe siècle, l'histoire de l'enfance et celle de la vieillesse offrent une curieuse symétrie, dira Philippe Ariès, et, à Noël, cette symétrie est mise en lumière. L'aïeul et l'enfant sont les deux chaînons nécessaires pour refermer le cercle de famille et, le jour de Noël, ils président aux festivités. Dans *Esquisses de Boz*[43] les grands-parents sont devenus trop âgés pour organiser eux-mêmes la fête, mais ils sont là néanmoins, bien installés de chaque côté du feu tels deux chenets vivants. La grand-mère porte « un grand bonnet de soie couleur d'ardoise », le grand-père « un jabot magnifiquement plissé et une cravate blanche », ils sont « entourés des enfants de l'oncle George (leur fils) et une quantité innombrable de petits cousins sont, eux, assis en face de la cheminée » pour y attendre l'arrivée de visiteurs toujours impatiemment désirés. La famille est là, déployée à leurs pieds, comme un arbre généalogique vivant où chacun tient son rang. L'aïeul

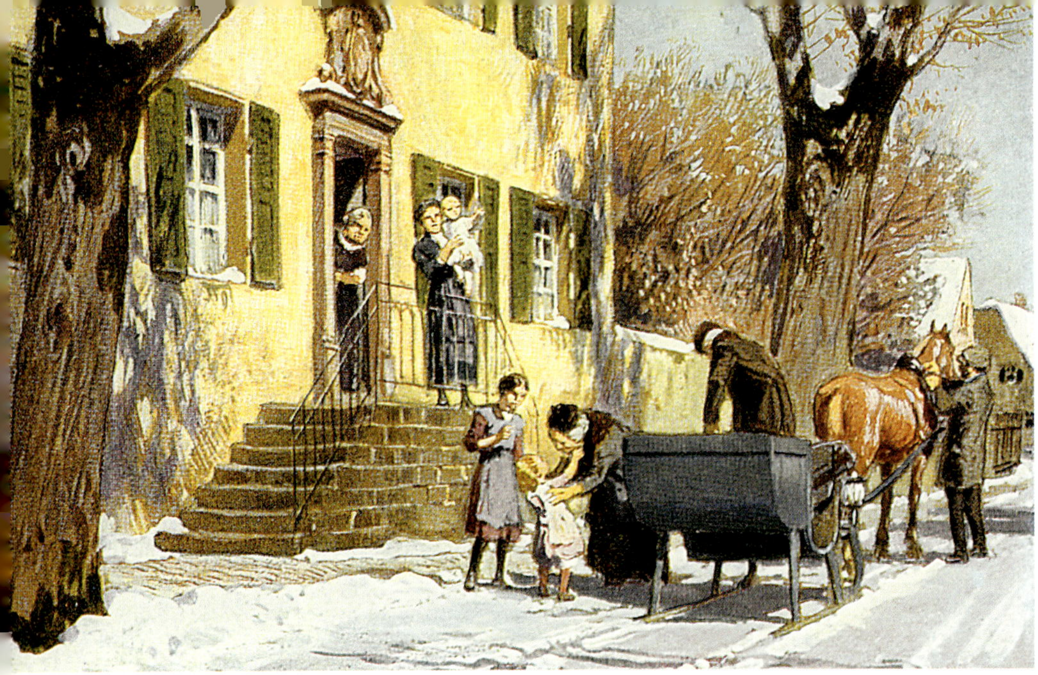

offre une légitimité supplémentaire à la fête. Il en garantit d'une certaine manière l'« authenticité ». C'est aussi souvent lui qui approvisionne la famille, car à cette période il retrouve ses anciennes fonctions nourricières.

> [...] l'âge a amené les infirmités : renonçant donc à leur train de maison, ils (les grands-parents) se sont mis en pension chez l'oncle George, de sorte que la réunion a toujours lieu chez l'oncle George ; mais la grand-maman y envoie la majeure partie des meilleures choses, et le grand-papa veut toujours se rendre à pied en tremblotant jusqu'au marché de Newgate pour y acheter la dinde, et il fait porter son emplette en triomphe derrière lui par un commissionnaire, auquel il ne manque jamais de donner, outre le prix convenu, un verre de liqueur, en lui recommandant de porter ce toast [...].

Dans *Le Grand Meaulnes*, Alain-Fournier décrit l'arrivée des grands-parents au moment de Noël :

> Tous les ans, nous allions les chercher quelques jours avant Noël, à la gare au train de 4 h 02. Ils avaient pour nous voir traversé tout le département, chargés de ballots de châtaignes et de victuailles pour Noël, enveloppées dans des serviettes. Dès qu'ils avaient passé tous les deux, emmitouflés, souriants et un peu interdits, le seuil de la maison, nous fermions sur eux toutes les portes, et c'était une grande semaine de plaisir qui commençait[44].

Songeons aux contes les plus célèbres, l'aïeul y a toujours un rôle de protecteur et de confident. Il remplace le parent absent et console. *La Petite Fille aux allumettes*, de Hans Christian Andersen, est sans doute de ce point de vue le plus emblématique d'entre eux[45]. Il fait partie des contes très populaires de cette période de l'année, et met en vis-à-vis une figure pathétique de l'imagerie de l'enfance malheureuse et la grand-mère défunte, « la seule personne qui eût été bonne pour elle ».

> De nouveau elle frotta une allumette contre le mur ; elle éclaira à la ronde et dans cette lueur, il y avait la vieille grand-mère, bien claire, toute brillante, douce et bénie. Jamais la grand-mère n'avait été si belle, si grande. Elle prit la petite fille sur son bras et elles s'envolèrent dans cette splendeur et cette joie, bien haut, bien haut, là où il n'y avait pas de froid, pas de faim, pas d'angoisse... Elles étaient auprès de Dieu.

Ci-dessus : visite des grands-parents. Ils sont venus en calèche, apportant victuailles et friandises pour assurer leurs enfants et petits-enfants de leur tendresse. (Carte postale, vers 1910, d'après une aquarelle de Paul Hey.)

À droite : un arbre de Noël apparaît à la petite fille aux allumettes. Noël est un révélateur puissant de l'inégalité sociale à travers l'enfance pauvre et solitaire. L'héroïne d'Andersen est emblématique de ces « sans famille », laissés pour compte de l'urbanisation et de l'industrialisation naissantes. (Illustration d'Arthur Rackham pour le conte de Hans Andersen, collection Rackham.)

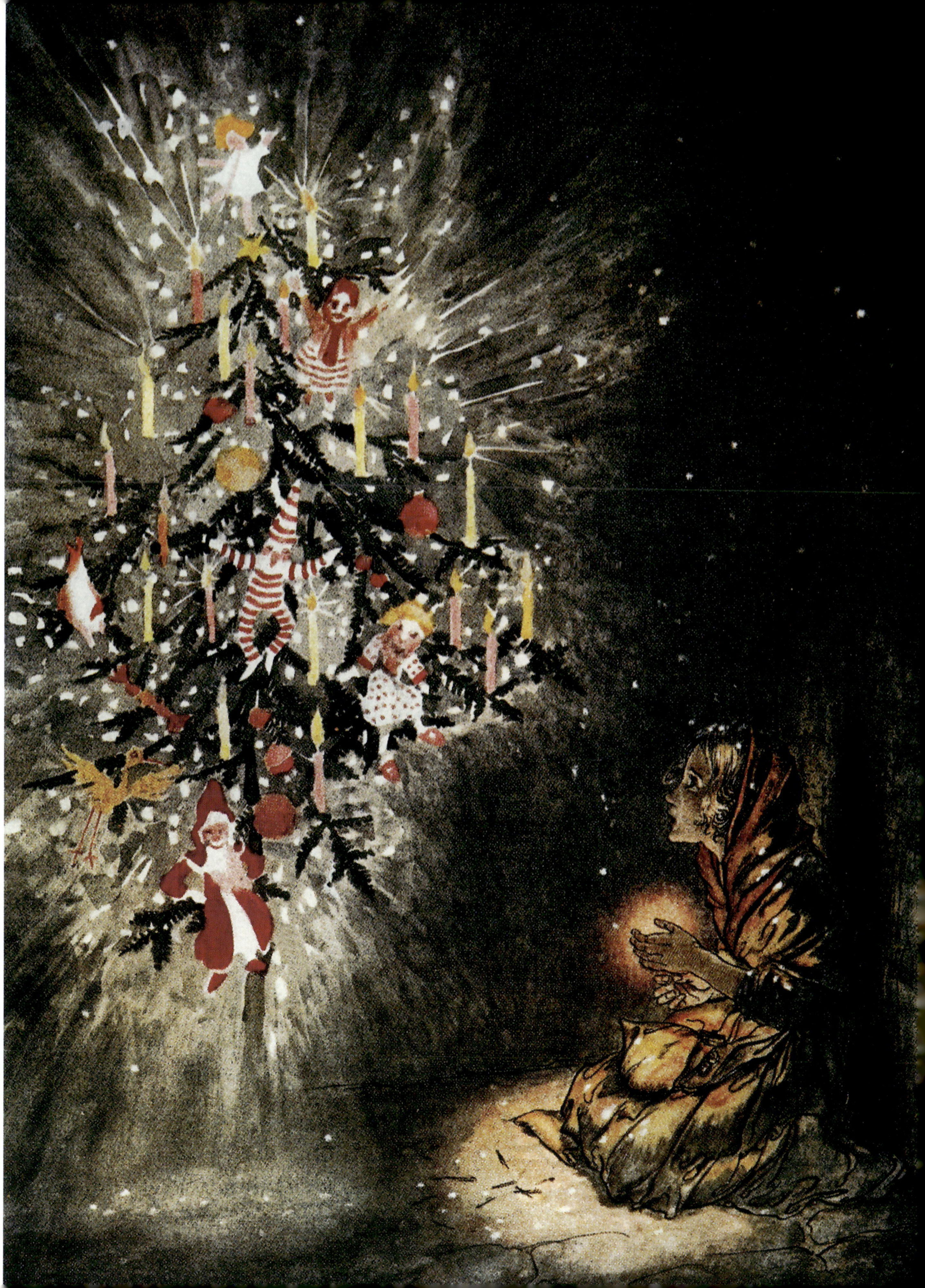

Dans de nombreux écrits l'aïeul est présent pour adoucir la cruauté du destin. Il fait le lien entre deux mondes, celui des vivants et celui des morts auquel il appartient déjà parfois comme chez H. C. Andersen, il est l'intermédiaire, l'intercesseur et l'espoir d'une rédemption sociale.

Dans l'un des *Contes flamands* de Camille Lemonnier (1844-1913) intitulé « Fleur de Blé[46] », la grand-mère, bonne-maman Jans, est celle qui, au cours de la nuit de la Saint-Nicolas, veille sur les derniers instants de sa petite-fille... Le père pâtissier est occupé à fabriquer les bonshommes de pâte, ceux que les enfants achètent. La grand-mère commente ce qui se passe à l'extérieur, pour égayer sa petite-fille, enfermée à l'intérieur par la maladie, elle assure le dernier lien...

> « Bonne-maman, ça sent bien bon ; est-ce que saint Nicolas est déjà venu ? – Non, mon enfant répondit bonne-maman Jans en remettant les petits bras de l'enfant dans le lit, saint Nicolas n'est pas encore venu mais il passe dans la ville et c'est ça qui sent bon... »

Quelques heures plus tard, lorsque Fleur de Blé meurt, la grand-mère qui l'a veillée toute la nuit pleure comme... une enfant :

> Bonne-maman Jans avait laissé tomber son tricot sur ses genoux et dormait près du feu, ses lunettes sur son nez. Mais ni papa Jans ni maman Jans ne songeaient au sommeil : tous deux se tenaient devant le lit, les mains jointes, n'osant plus se regarder, de peur de se montrer leurs larmes [...]. La bonne dame s'éveilla, elle s'étonna d'abord que le vicaire fût encore là, mais sitôt qu'elle eut vu papa Jans et maman Jans à genoux près de Fleur de Blé, elle tira son grand mouchoir à carreaux et se mit à pleurer dedans, avec des gémissements de petit enfant.

Le grand-parent est aussi un rempart contre l'injustice sociale, souvent le dernier, l'ultime refuge. Le jeune Vannka de la nouvelle d'Anton Tchekhov est un orphelin malheureux placé chez un cordonnier à Moscou. Il y est fort maltraité, mal nourri et battu. Alors, pour Noël, il décide de faire « un bout de lettre » à son « cher petit grand-père Constantin Makaritch », qui vit loin de là dans un hameau perdu où il est veilleur de nuit, alcoolique et joyeux luron. Vannka n'a plus que lui. Il lui demande instamment de l'accueillir, de le sortir de cette vie trop injuste, en échange de quoi il s'engage à le nourrir et à prier pour son âme après sa mort.

> Alors, le malheureux Vannka se souvient des Noëls passés où son grand-père allait toujours dans la forêt et l'emmenait avec lui. C'était le bon temps !
> Tout craquait, la glace, le grand-père et Vannka. Le grand-père, avant de couper l'arbre, fumait une pipe, prenait une longue prise et se moquait de Vannka qui tremblait de froid [...][47].

Cette lettre, on le devine, n'arrivera jamais. Dans cette nouvelle, le grand-père ne pourra pas jouer son rôle protecteur contre le monde extérieur qui se confond avec la grande ville, Moscou, où, la veille de Noël, « les enfants ne vont pas de porte en porte avec une étoile » et où l'on n'a pas permis pas à Vannka de « chanter dans le chœur ».

Cette figure littéraire de l'aïeul est spécifique du XIXe siècle, elle émerge en même temps que le nouveau souci de l'enfance et celui-ci concerne surtout l'enfance vagabonde, errante, orpheline que l'industrialisation brutale en Angleterre, puis en France a laissée dans la rue. Rémi de *Sans famille*[48], Cosette des *Misérables*[49], le petit joueur de violon[50] sont les nouveaux héros de récits où Noël marque l'acmé du désespoir.

Les aïeux sont des figures romanesques symétriques et complémentaires de celles des enfants. Sans eux, l'enfant « sans famille » serait définitivement perdu et, « en famille », le cercle ne pourrait pas vraiment se clore.

LA FAMILLE FAIT DE LA RÉSISTANCE À NOËL

Depuis que les sondages existent, c'est-à-dire depuis les lendemains de la Seconde Guerre mondiale, les Français plébiscitent Noël. Sur ce point, la France est consensuelle, ce qui peut étonner tous ceux qui fêtent Noël sur le mode de la contrainte familiale. Les Français aiment Noël parce qu'il est justement une fête de famille. L'engouement perdure ainsi depuis qu'un tout premier sondage, en 1948, le révélait comme « la plus grande fête de l'année ». C'était en tant que « fête de famille » – y compris chez les chrétiens – qu'il était encore plébiscité les années qui suivirent. La période post-soixante-

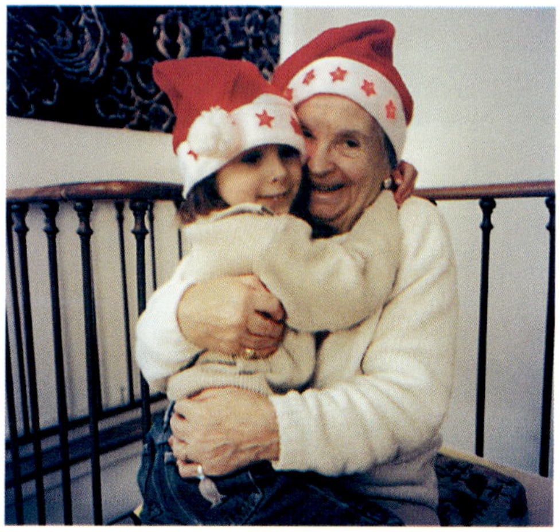

Les grands-parents ferment le cercle de famille autour de l'enfant. (Paris, 2002.)

huitarde, pourtant peu favorable à l'amour des rites et des traditions, ne le déqualifiait pas, la grande majorité des gens interrogés déclarait en effet toujours « aimer le merveilleux ». Aujourd'hui, Noël est toujours la fête préférée des Français. Lors de la dernière année du XXe siècle, Noël était encore pour la majorité des gens une fête de famille bien avant d'être une fête religieuse.

Mais paradoxalement, et pour les mêmes raisons, Noël est aussi une fête qui irrite et inquiète. À une époque où les familles se « recomposent », où le parent seul est une espèce en voie de développement, on comprend que l'imagerie très XIXe siècle de l'harmonie familiale à laquelle la fête renvoie puisse créer ce soir-là quelques tensions au pied du sapin. « Faire Noël en famille » est devenu une constante sinon une règle ; Van Gennep en attribuait l'expression aux paysans dont elle reflétait, disait-il, « le sentiment de cohésion familiale ». Aujourd'hui, cette pratique domine toutes les autres et ne pas faire « réveillon en famille », c'est en général être plutôt seul qu'entre amis. La réunion amicale sera en fait reportée à la Saint-Sylvestre où petits-enfants et grands-parents sont à nouveau réunis mais sans la génération intermédiaire. Celle-là est partie fêter la nouvelle année, enfin « délestée » des embarras familiaux.

L'esprit de Noël s'accommode donc bien du « nouvel esprit de famille », selon l'expression qui sert de titre au livre de Claudine Attias-Donfut, Nicole Lapierre et Martine Segalen, car, si « les couples sont fragiles et les individus individualistes, les liens entre générations sont plus étroits que jamais[51] ». Si le modèle bourgeois de la famille du XIXe siècle a disparu, les liens et la solidarité entre générations sont fortement mis au jour à Noël. Que dire des couples séparés qui se retrouvent malgré tout ce jour-là pour ne pas décevoir les enfants ? Parfois c'est un véritable « marathon » qui attend le parent divorcé, remarié, cumulant enfants et belles-familles ! Il n'est pas rare aujourd'hui de « faire » trois réveillons ou d'en déplacer la date pour que « toute » la famille soit réunie. Tant d'efforts pour « réussir le réveillon » ! On l'a vu, cette « réussite » est devenue, depuis un siècle et demi, un devoir moral qui résiste encore et toujours malgré les apparences.

La bûche, dessert devenu « traditionnel » grâce au génie créatif d'un pâtissier parisien du début du siècle, s'est imposée dans toutes les familles françaises. Celle-ci attend sagement l'heure solennelle, ornée de *playmobils*, bien au frais dans un réfrigérateur.

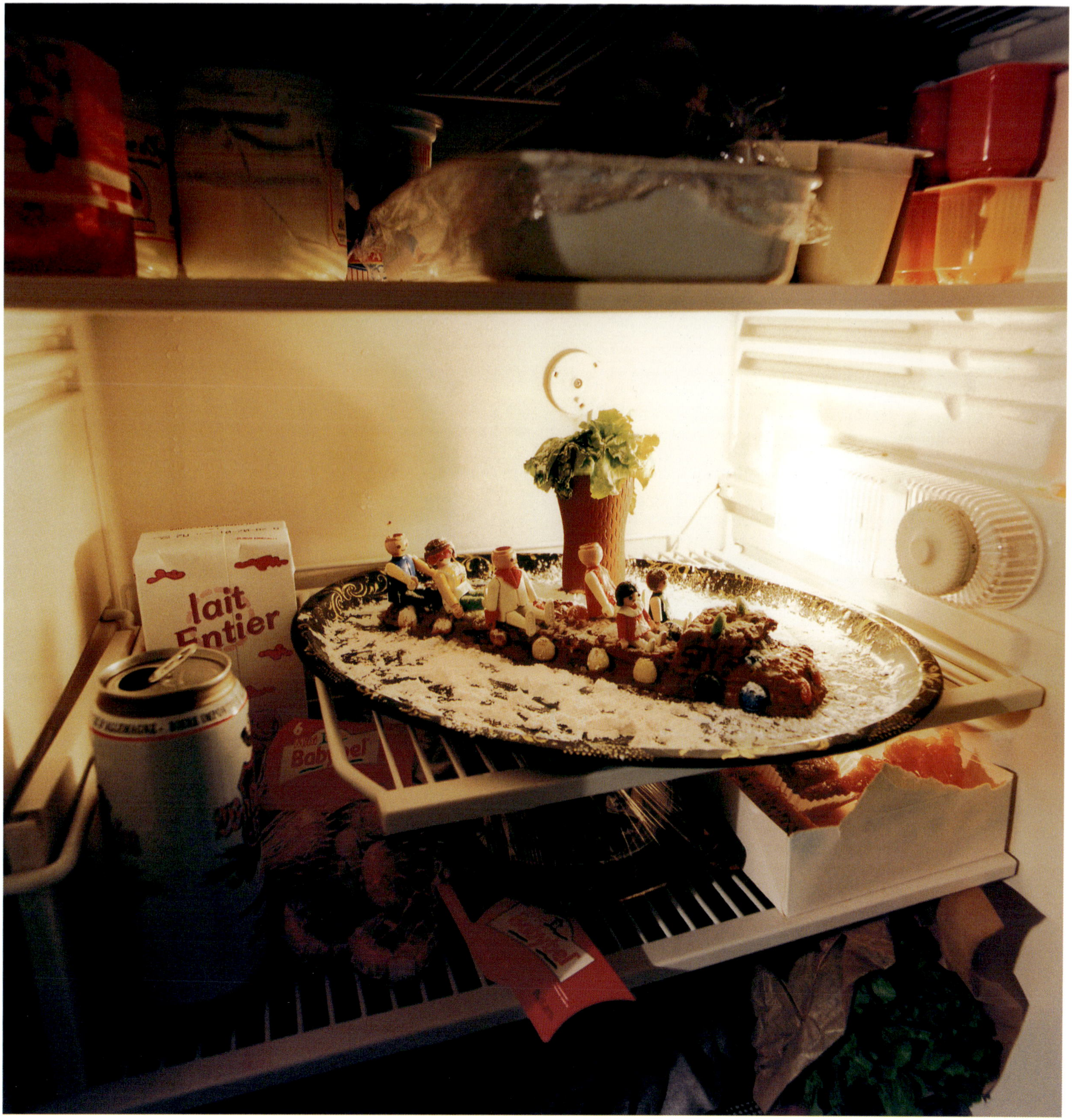
lait
Entier

LE PÈRE NOËL, LA GÉNÉALOGIE PRODIGIEUSE

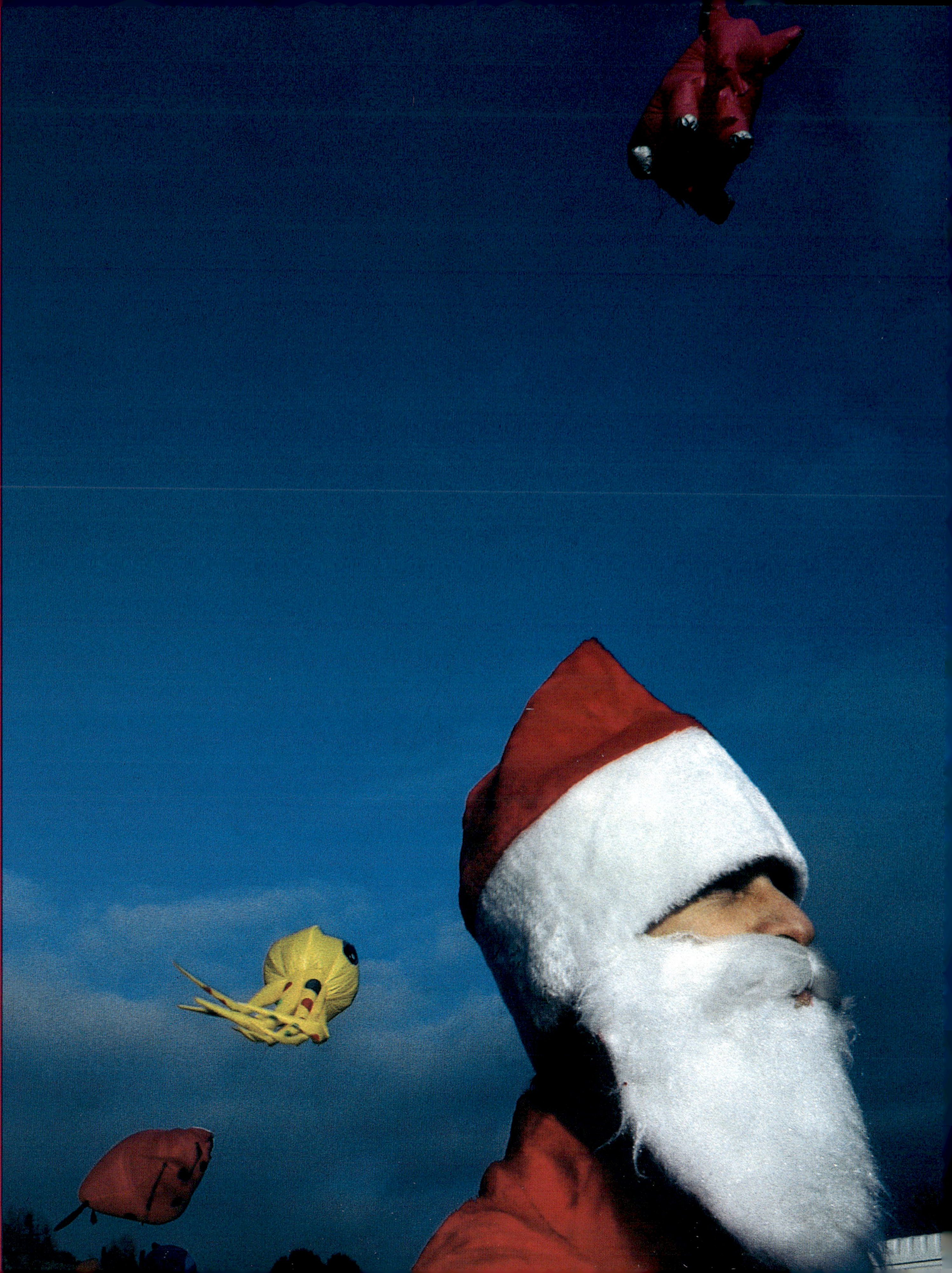

La diversité des noms donnés au personnage ayant le rôle de distribuer des jouets aux enfants; Père Noël, Saint Nicolas, Santa Claus, montre aussi qu'il est le produit d'un phénomène de convergence et non un prototype ancien partout conservé. Mais le développement moderne n'invente pas, il se borne à recomposer de pièces et de morceaux une vieille célébration dont l'importance n'est jamais oubliée.
Claude Lévi-Strauss[52]

Gardien du seuil de l'hiver, passeur de l'ombre à la lumière, ancêtre universel, divinité des enfants et de la consommation, le Père Noël est le dernier avatar connu d'un imaginaire séculaire mais aussi de quelques mémorables péripéties. Sous le charme apparent du sujet, faire la généalogie du Père Noël n'est pas un jeu d'enfant mais un véritable enjeu pour les adultes experts que sont en la matière les folkloristes, les ethnologues, et les représentants du clergé.

Cet enjeu prit une fois une telle importance qu'il entraîna la condamnation à mort réelle de ce personnage fictif par de très sérieuses autorités religieuses. C'était en 1951 !

LE SACRIFICE DU PÈRE NOËL

Page précédente : à quoi rêve le Père Noël ? (Père Noël et éléphant rose, Crest, Drôme.)

À droite : le Père Noël, condamné par le clergé pour hérésie et usurpation, fut supplicié en public sur le parvis de la cathédrale de Dijon, le 23 décembre 1951. Face à la pression populaire, on le ressuscita le lendemain même à la grande joie des enfants. L'affaire fit la « une » des journaux. (Couverture du numéro *Point de vue, images du monde* du 3 janvier 1952.)

Je commencerai par là, c'est-à-dire par cet événement inouï dont le brave vieillard fut la victime et dont un ethnologue célèbre, Claude Lévi-Strauss, fit l'objet d'un bel article, titré « Le Père Noël supplicié[53] ». À la fin décembre 1951, le clergé dijonnais condamna le Père Noël comme usurpateur et hérétique, ce qui au passage sous entendait qu'il fut un jour chrétien ! Aussi incroyable que cela puisse paraître, le 23 décembre, son effigie fut bel et bien pendue puis brûlée par la jeunesse catholique sur le parvis de la cathédrale Saint-Bénigne. L'événement eut une portée nationale. L'Église avait toujours eu quelque difficulté à accepter cet « usurpateur » de l'Enfant Jésus, mais nul n'aurait pensé qu'elle se livrât à un tel « sacrifice » en place publique. Dans la presse religieuse, on avait pu lire quelque temps auparavant des textes édifiants rédigés par des prélats scandalisés à l'attention des curés et que rapporte le folkloriste Van Gennep. Ainsi le cardinal Roques, archevêque de Rennes :

> Ce n'est certainement pas, pour prendre un exemple dans la vie courante, en gorgeant les esprits des invraisemblables stupidités d'un imaginaire chiffonnier dénommé, le Père Noël, ou bien en remplaçant le culte de

POINT DE VUE
IMAGES DU MONDE

On a brûlé le Père Noël

(Voir page 8.)

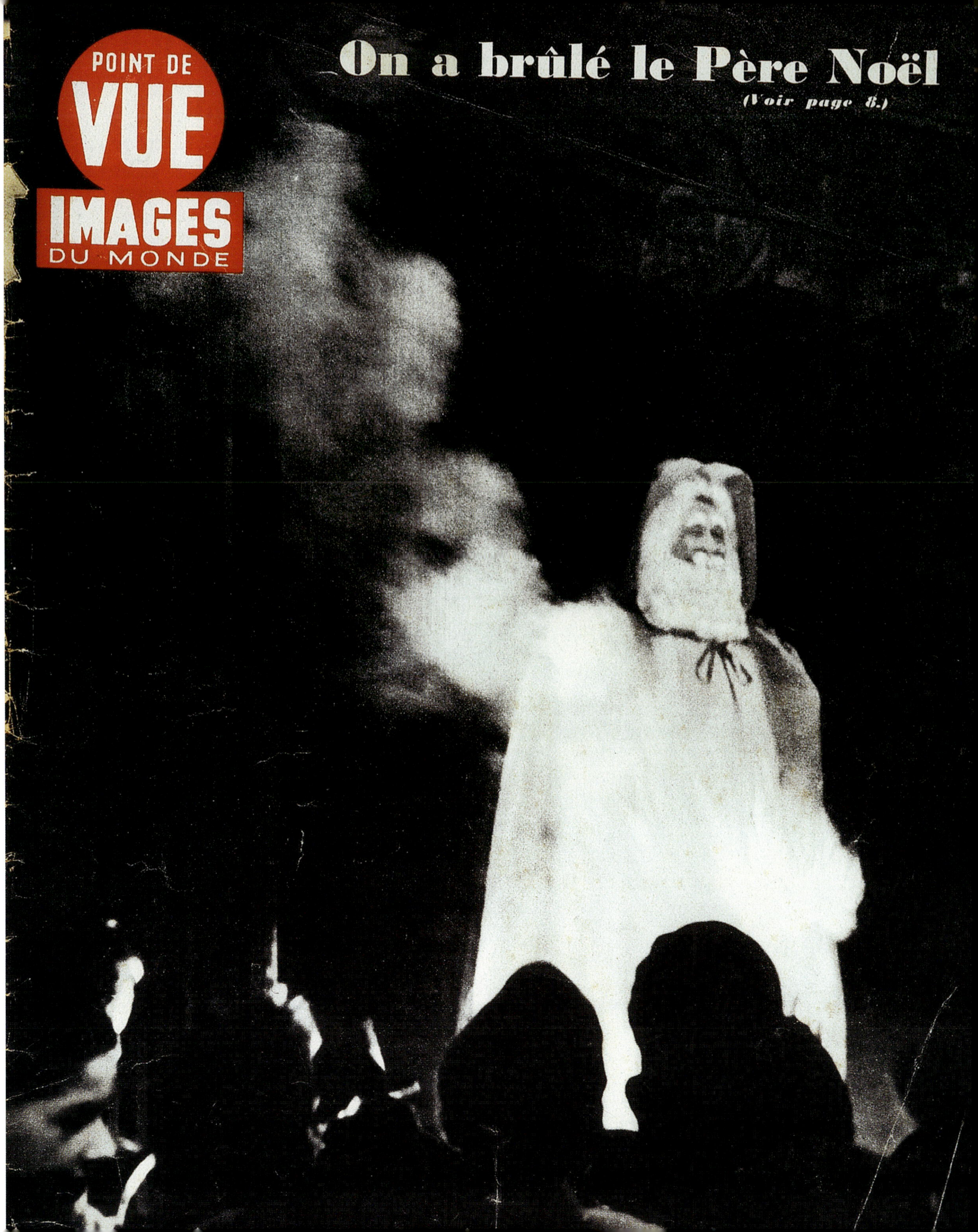

Dieu par celui de la force musculaire, que l'on verra se lever des générations robustes capables de vaincre les duretés de l'époque actuelle[54].

Ou encore le cardinal de Saliège, archevêque de Toulouse :

Ne parlez pas du Père Noël pour la raison qu'il n'existe pas et qu'il n'a jamais existé. Ne parlez pas du Père Noël, car le Père Noël est une invention dont se servent les habiles pour enlever tout caractère religieux à la fête de Noël. Mettez les cadeaux dans les souliers de vos enfants, mais ne dites pas ce mensonge que le petit Jésus descend dans les cheminées pour les apporter. Ce n'est pas vrai. Ce qu'il faut faire, c'est donner la joie autour de vous, car le Sauveur est né.

Mais, commente Van Gennep, « [...] de semblables vitupérations dignes des violences de langage des prédicateurs de la Ligue, n'agirent que peu en ce XXe siècle sur l'opinion publique et le clergé se heurta surtout au ridicule ».

Pour la plus grande joie des enfants, et sous la pression des familles, le Père Noël fut ressuscité le 24 au soir et arpenta les toits de l'Hôtel de ville, sous le feu des projecteurs. Fait remarquable, l'événement fit la une de *France Soir* :

Dijon attend la résurrection du Père Noël assassiné hier sur le parvis de la cathédrale. Il ressuscitera ce soir à 18 heures à l'hôtel de ville.

Il fut commenté dans de nombreux journaux, dont les colonnes s'ouvrirent au débat, tel *Carrefour* qui donnait la parole à Gilbert Cesbron pour le « réquisitoire » et à René Barjavel pour le « plaidoyer ». Le Père Noël sortit grandi de l'affaire.

Cependant, cette année 1951 fut particulièrement funeste. Ainsi le Soviet suprême et l'Espagne franquiste, où le gouverneur de San Sebastian interdit sa « sortie » en public, s'associèrent aux détracteurs pour des raisons idéologiques bien différentes, mais réunies dans un même combat totalitaire[55].

Le fait le plus surprenant reste tout de même sa mise en accusation à l'ONU par le délégué canadien Brock Chilsholm, directeur de l'Organisation mondiale de la paix, qui avait déclaré sans ambages, début décembre 1951, qu'il fallait « en finir avec le Père Noël » :

En soi, il n'est rien, mais ce mythe dangereux développe outrageusement chez l'enfant la crédulité, le sentiment de l'irresponsabilité et un complexe de frayeur générateur de réactions agressives[56].

Beaucoup d'ennemis en somme! Dont les motifs respectifs révèlent à quel point le personnage était finalement plus complexe qu'il n'y paraissait. Trop païen pour les chrétiens, il fut, en 1995, encore «trop catholique» pour les Albanais musulmans et mis à l'index pour cette raison, rappelle Arnaud d'Apremont qui n'hésite pas à le surnommer joliment le «prince des paradoxes».

Mais, finalement, pourquoi tant d'agitation autour de cette figure de contes pour enfants sans aucune méchanceté apparente? Pourquoi tant d'acrimonie à l'égard de celui qui n'est là que pour combler notre progéniture une fois par an? L'éducation de ces «chères têtes blondes» et brunes est-elle le véritable enjeu, et «l'amollissement de leurs âmes» le danger vraiment pressenti?

Ou bien s'agissait-il, au fond, de masquer et de dénier ce qui réellement se cache derrière ce personnage jovial et débonnaire, c'est-à-dire une filiation moins amène et très païenne que «l'autodafé» de Dijon venait de confirmer? Ainsi écrit Claude Lévi-Strauss:

> Grâce à l'autodafé de Dijon, voici donc le héros reconstitué avec tous ses caractères, et ce n'est pas le moindre paradoxe de cette singulière affaire qu'en voulant mettre fin au Père Noël, les ecclésiastiques dijonnais n'aient fait que restaurer dans sa plénitude, après une éclipse de quelques millénaires, une figure rituelle dont ils se sont ainsi chargés, sous prétexte de la détruire, de prouver eux-mêmes la pérennité[57].

Et l'on put constater en effet que, tels le roi du carnaval et celui des saturnales, il fut mis à mort, et renvoyé ainsi à de très vieux rituels païens marquant la fin de l'hiver.

Confirmant ce curieux destin, l'académie de Dijon réhabilita le Père Noël en 1952 en lui découvrant une origine païenne: «Le Père Noël viendrait de Gargan, fils de Bel, et serait ainsi un dieu incarné puis destitué par le christianisme[58].»

Ce «vrai» sacrifice d'un personnage de fiction aura donc permis l'involontaire consécration de celui dont la notoriété allait bientôt devenir universelle. Il aura aussi incité à s'interroger sur ses lointaines et parfois obscures origines. Évoquer celles-ci ne signifie pas pour autant que le Père Noël moderne ne soit qu'une survivance, une figure étiolée, un pâle reflet d'une époque où régnaient l'authenticité et les «vraies» traditions. Le Père Noël contemporain est en effet le dernier avatar connu d'un «recyclage» permanent qui doit maintenant s'observer sur des siècles, d'emprunt en perte, de stéréotype en métamorphose.

Si permanence il y a, c'est en revanche du côté de sa fonction symbolique, de sa personnification de l'hiver et de la nature renaissante, de celle du passage de l'ombre à la lumière, de l'ancienne année à la nouvelle, du monde des morts à celui des vivants, de l'enfant à l'adulte, joie et peur mêlées.

Lourde tâche en réalité qu'une seule hotte ne put contenir, qu'une seule monture, âne ou cheval, qu'un seul attelage de rennes ou de cerfs ne put soutenir à travers les airs. L'imagination des hommes, leurs déplacements géographiques, leurs conquêtes, leurs conversions forcées ou volontaires, leurs dogmatismes, leurs peurs et leurs espoirs mirent très longtemps à fabriquer ce petit bonhomme jovial, ce vieillard rubicond qui allait, au milieu du XXe siècle, récompenser tous les enfants, sages et moins sages.

PREMIÈRES TRACES : UN BUVEUR, UN SEIGNEUR, UN DONNEUR DE VIVRES MAL VÊTU

Un chant de Noël du XIIIe siècle en patois anglo-normand semble être le plus ancien chant de quête[59] :

> Seignors, or entendez à nus
>
> De loing sumes venus à vous
>
> Quere Noël

Plus loin on trouve que « Noël » boit bien le vin anglais et le français, l'angevin... et qu'il fait tant boire son voisin que celui-ci finit par s'endormir.

La fin du chant *(carol)* fait aussi mention d'une formule anglo-saxonne : *Si je vuz diz a trestous Wesseil,* prononcée par celui qui porte le toast à la santé des convives. Le terme *Wassail,* qu'Arnold Van Gennep traduisait par tournée de quête comminatoire (exigence de don, d'aumône) a selon Arnaud d'Apremont « un sens plus profond de libations propitiatoires. Une fête de *Wassailing* se déroulait début janvier et se confondait comme en Cornouailles anglaises, avec l'Épiphanie[60] ».

Mais ce buveur est-il vraiment une personnification, ce dont Van Gennep doute un peu, ou bien est-il tout simplement une invitation à boire ?

Jusqu'à la fin du XIXe siècle, c'est le Père Chalande qui rendait visite aux petits Savoyards. Le Père Noël prendra sa place, comme il occupera progressivement celle des autres distributeurs de cadeaux régionaux : Père Janvier, Tante Arie, etc. (Gravure, vers 1890.)

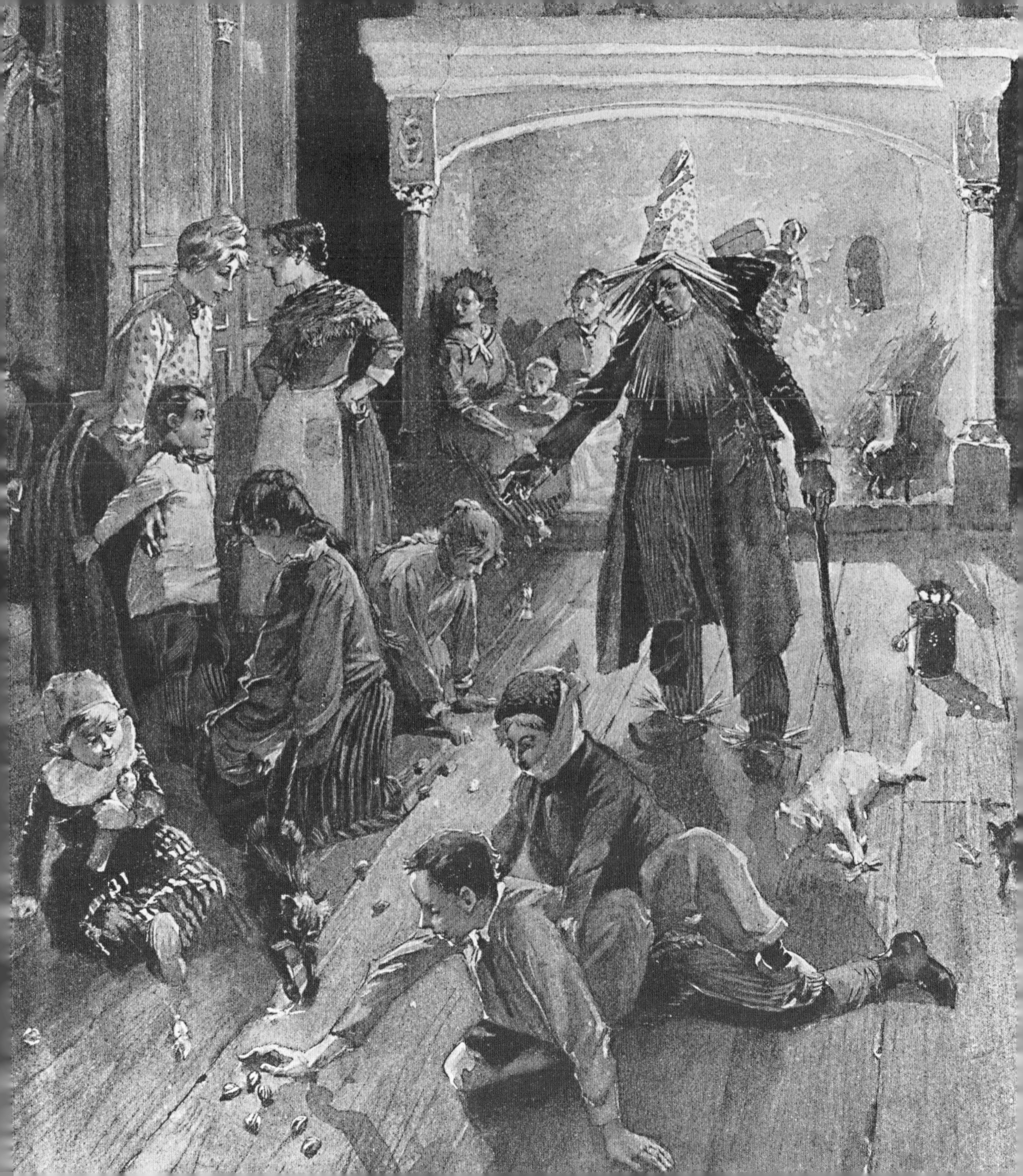

Dès la seconde moitié du XIIIe siècle, le trouvère picard Adam de la Halle, compose un motet de quête, qui fait cette fois apparaître un premier personnage :

Nos sires Noeus (sire Noël)
Nous envoie à ses amis
C'est as amoureux
Et as courtois bien apri
Pour avoir des paradis (cadeaux)
A no herluison[61].

Mais, là encore, ce « sires Noeus » qui envoie ses amis « quérir » des cadeaux n'en distribue pas. Était-il un seigneur du pays ou une première personnification de Noël ? Difficile à dire...

En 1661, un noël de Bresse composé sans doute par J. Brossard de Montaney, intendant de Bourgogne et « bel esprit » connu à Paris, met en scène un certain *Noyé* « donneur de vivre » à Marie et à Joseph. Lors de l'un des 21 couplets, il est dit que Noyé offre de la nourriture et du vin et qu'il souffle sur les doigts de l'Enfant Jésus pour les réchauffer. Il offre des rissoles, des viandes rôties à la broche et du pain blanc. Il est bien mal vêtu et va se faire confectionner chez le tailleur un *balandran*, c'est-à-dire une pèlerine à capuchon en drap de Romans (Drôme).

Noyé, noyé é venu
Noël, Noël est venu
No ferant la beundifaille
Nous ferons la borde faille (bombance du carnaval)
L'ère bien mau vêtu
L'était bien mal vêtu
Qui s'en alla ché la Taille
Qu'il s'en allât chez la taille (nom du tailleur du bourg)
Per se for'on balandran
Pour se faire faire une pèlerine

Ce « Noyé » n'est toujours pas donneur de présents aux enfants dans les maisons et pour cette raison n'est pas pour Van Gennep, ce folkloriste rigoureux, ennemi des généalogies sauvages, le « prototype du Père Noël ». Pourtant, cette fameuse pèlerine ressemble bien à celle que nous connaissons et l'attention à l'Enfant Jésus pourrait augurer de celle aux enfants des hommes...

LES ROIS FOUS DE NOËL : LORD OF MISRULE, SIR CHRISTMAS ET L'ABBÉ DE LA MALGOUVERNE

Toujours est-il que le XVIIe siècle amorce un tournant important dans la construction du personnage. En Angleterre, sous le coup de la Réforme protestante, et plus encore sous l'influence des puritains, Noël fut condamné avec violence et l'élection par la population du *Lord of Misrule* fut interdite. Ce « seigneur du désordre », dont le règne durait de la Toussaint jusqu'à la Pentecôte, présidait aux folies de tous ses « sujets » et inventait des divertissements extraordinaires. L'écrivain puritain Stubbs, aux yeux duquel ces « fous de Noël » n'étaient que « limiers de l'enfer » et mécréants, raconte qu'une fois couronné le Lord of Misrule « choisit quarante, soixante, cent gros gourmands ! qui se travestissent comme des bouffons et entrent dans les églises et dans les cimetières pour chanter et danser. Malgré les foudres puritaines, ce Lord of Misrule réussit à survivre jusqu'en 1878.

Les défenseurs de la fête avaient fait preuve d'une imagination débordante pour contourner les interdictions. Le dramaturge Ben Johnson (1577-1637) introduisit ainsi, l'année de la mort de Shakespeare, un vieux Père Christmas dans la farce *Christmas His Masque* qu'il fit représenter à la cour de Jacques Ier. Ce personnage porte de larges hauts-de-chausse, un pourpoint collant, un très haut chapeau, une longue barbe fine, il a un gourdin à la main, une fraise autour du cou, des chaussures blanches, une ceinture et des jarretières croisées. Un de ses serviteurs marche devant lui en battant du tambour. À sa suite vient la troupe joyeuse et mélangée de ses fils et filles aux noms évocateurs : *Misrule* (désordre), *Carol* (chant de Noël, *Mince Pie* (gâteau) *Gambol* (cabrioles), *Wassail* (libation) et *New Year's Gift* (étrenne). En 1638, le personnage d'un vieux gentilhomme coiffé d'une toque de fourrure et vêtu d'une robe fait son apparition dans la pièce de Thomas Nabbes *The Springs Glories*, jouée devant le prince de Galles. Jusqu'au XIXe siècle, cette figure reviendra d'une façon récurrente dans les pièces et comédies sous le nom de *Sir Christmas, Lord Christmas* et *Father Christmas*[62]. Ces personnages ne sont pas destinés à amuser les enfants, ni à leur offrir des cadeaux. Les réjouissances qu'ils organisent durant la période de Noël sont collectives et mettent la jeunesse à l'honneur.

En France existaient aussi l'Abbé de déraison, l'Abbé de liesse, l'Abbé de la Malgouverné. Ils étaient les héros de la « fête des Fous » médiévale qui avait lieu la semaine qui suivait Noël, ils présidaient aux excès en cette période de liesse très carnavalesque où s'inversaient les valeurs et la hiérarchie ecclésiale, rappelant les saturnales romaines. Claude Lévi-Strauss mit en perspective ces jeunes « rois de Noël » et notre vieux Père Noël :

> Avec l'invention du Père Noël, le jeune abbé est devenu un vieillard ; un personnage réel est devenu un personnage mythique ; une émanation de la jeunesse s'est transformée en ancêtre bienveillant et l'apôtre de l'inconduite s'est chargé, en la personne du Père Noël, de sanctionner la bonne conduite[63].

Vieillesse et sagesse ont arraisonné la folle jeunesse de ces Noëls médiévaux baroques et transgressifs, mais le chemin à parcourir est encore long pour celui qu'on appellera d'abord en France le Bonhomme Noël.

LE BONHOMME NOËL ENTRE DANS LE DICTIONNAIRE

En France, l'enquête de *L'Intermédiaire des Chercheurs et des Curieux* retient l'année 1897 pour dater l'apparition du Père Noël. Mais l'entrée « Père Noël » ou « Bonhomme Noël » n'apparaît qu'en 1904, dans le *Nouveau Larousse illustré*. La définition est la suivante :

> Personnage céleste qui, dans les croyances enfantines, est chargé de distribuer des jouets, des friandises, etc. aux enfants sages pendant la nuit de Noël. On le représente avec une longue barbe et un manteau à capuchon, couvert de neige. C'est dans les souliers devant la cheminée qu'il dépose ses cadeaux.

Le Père Fouettard est encore dans l'ombre sous la forme d'un de ses terribles signes de reconnaissance. Quelquefois, quand les enfants n'ont pas été sages, le Bonhomme Noël laisse simplement en souvenir... une poignée de verges que porte son compagnon le Père Fouettard.

Le Bonhomme Noël ressemble encore beaucoup à un colporteur. Amaigri par le voyage à pied sur les chemins enneigés, il porte une bure monacale et transporte polichinelle et cheval de bois. (Carte postale, vers 1900.)

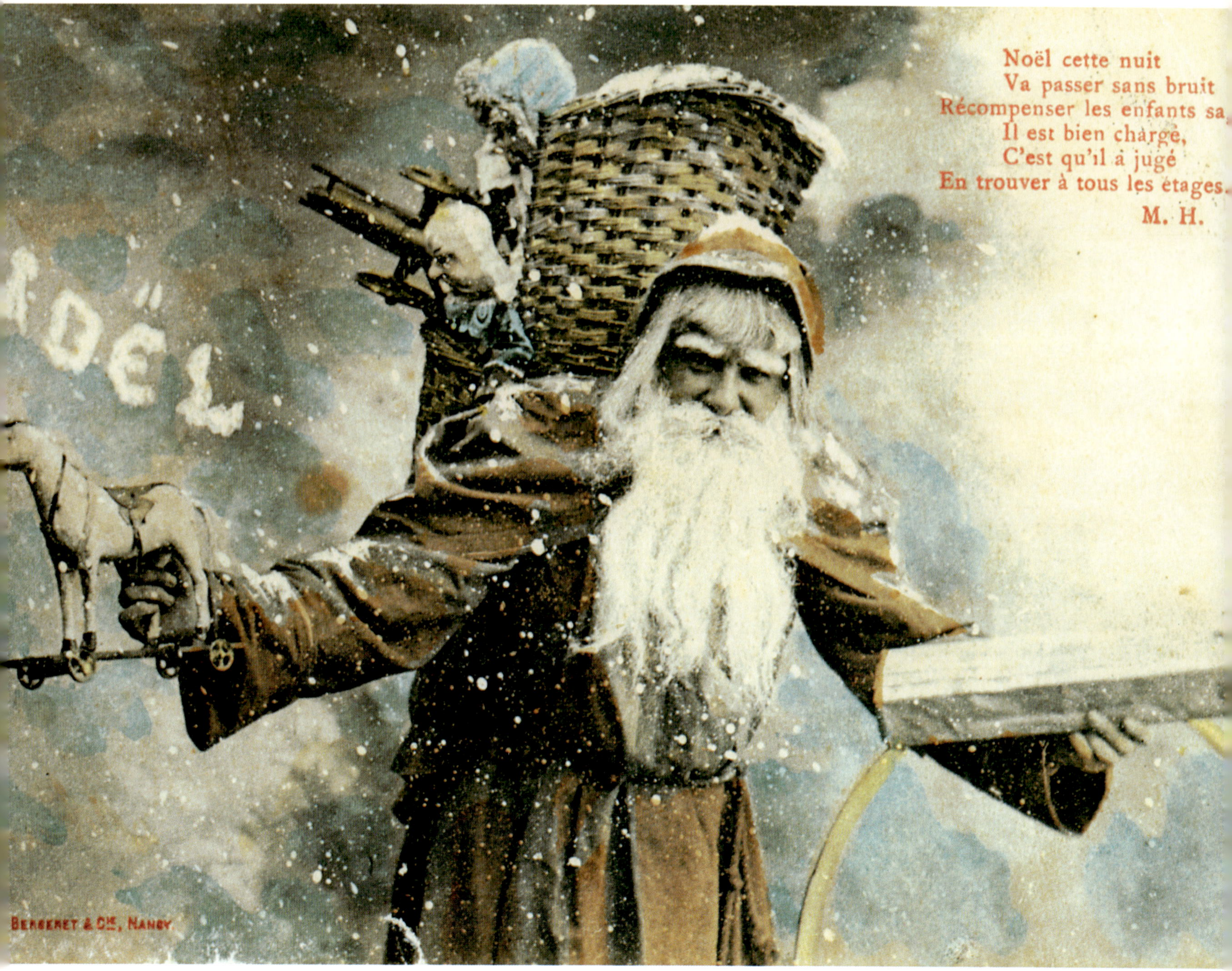
Noël cette nuit
Va passer sans bruit
Récompenser les enfants sa
Il est bien chargé,
C'est qu'il a jugé
En trouver à tous les étages.
M. H.
BERGERET & Cie, NANCY

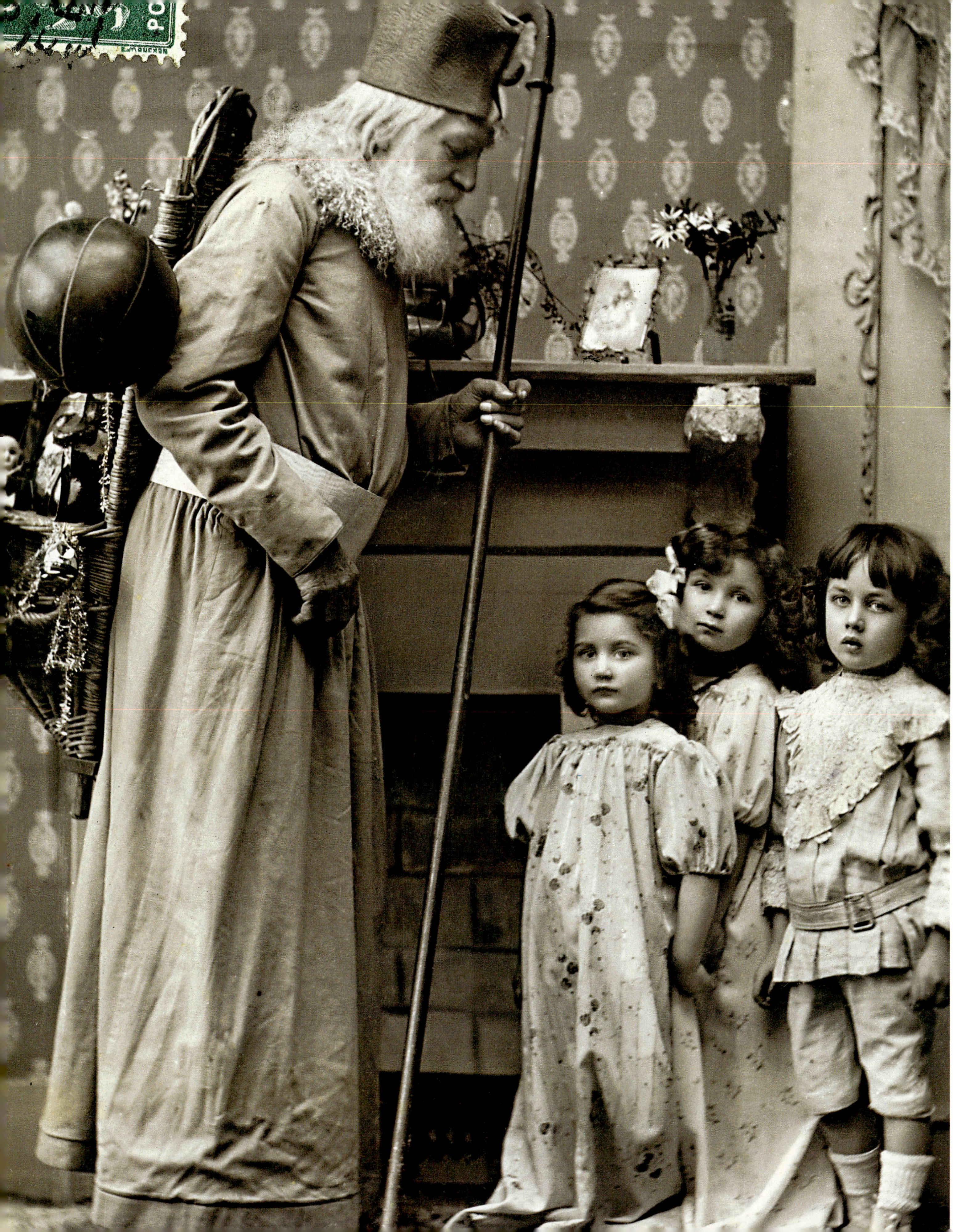

De cette première mention officielle Van Gennep dit qu'« il s'agit là d'un cas de folklore naissant ». Il va rapidement s'imposer, en priorité par l'école laïque, car celle-ci va l'opposer de façon très ostentatoire à la crèche des écoles privées chrétiennes. Les associations charitables, les hôpitaux vont aussi assurer sa propagation, de la ville aux faubourgs, puis de la province aux villages où il commencera à évincer des figures locales déjà un peu passées.

... ET ÉVINCE QUELQUES FIGURES LOCALES

Ainsi il se substituera peu à peu au vieux Père Chalande qui visitait les petits Savoyards vers le milieu du XIXe siècle et leur apportait des noisettes, au Père Janvier qui sévissait en Haute-Saône jusqu'en 1915 et dans le Dauphiné jusqu'en 1925 à la Tante Arie aux dents de fer et aux pattes d'oie qui tiendra son rôle jusqu'en 1950 en Franche-Comté où elle gâtait les enfants, tout en menaçant de jeter les récalcitrants dans les mares, mais aussi à Olentzaro chez les Basques d'Espagne, Barbassioné chez les Normands, saint Vincent en Haute-Marne, représenté avec une grande barbe blanche et une hotte de vigneron qui ressemble à la sienne. Même saint Martin en Flandres, saint Nicolas en Lorraine et l'Enfant Jésus en Alsace n'y résisteront pas et ne survivront qu'en acceptant une cohabitation à l'amiable avec leur concurrent.

Cette conquête douce mais irréversible continuait à en inquiéter plus d'un malgré la « résurrection de Dijon ». Tel l'abbé Jean Garneret, pour qui il s'agit encore, en 1955, d'une « mythologie factice, due à l'école, au monde anglo-saxon, à la radio, aux grands magasins, au commerce et à la publicité ». Il ajoutait comme pour s'en convaincre : « Le Dieu des chrétiens n'avait rien à y perdre ; par contre nos petites habitudes traditionalistes en prennent un bon coup ; c'est à peu près inévitable[64]. »

Au début du siècle, le Père Noël est cependant encore bien modeste, voire un peu nécessiteux. Il ressemble, comme le dit avec humour Jean-Louis Hue[65], à un « colporteur » qui chemine péniblement sur les routes enneigées avec sa bimbeloterie sur le dos, poupées, tambourins, trompettes et quilles...

Souvent hâve et émaciée, sa pauvre silhouette incarnée par quelque modeste figurant pour cartes postales

La filiation avec saint Nicolas est encore visible à travers le costume et la toque-mitre. Les enfants sages posent en regardant davantage le photographe que ce Père Noël qui hésite encore entre le moine, le pope ou l'empereur russe. (Carte postale, vers 1908.)

n'est pas encore saisie par l'embonpoint, ni, avouons-le, très avenante. Sur certaines gravures, il est même un peu inquiétant, plus vagabond qu'aïeul généreux, et l'on comprend que les enfants n'aient pas l'air totalement rassurés à ses côtés surtout lorsqu'un fouet ou des verges sortent discrètement de sa hotte. Le Père Fouettard n'est jamais très loin, saint Nicolas non plus !

Ce Père Noël ne serait-il purement et simplement qu'un « saint Nicolas défroqué », comme le suggérait le mythologue Henri Dontenville ? Pour en débattre il faut d'abord savoir qui était vraiment saint Nicolas.

SAINT NICOLAS, LÉGENDES ET CROISADES

Saint Nicolas est en réalité un cas de personnalité multiple dont la légende est plus fournie que la biographie. Celle-ci est en effet très lacunaire. Tous s'accordent néanmoins pour le faire naître vers 270 à Patare, en Lycie, au sud de la Turquie actuelle, et le reconnaître comme évêque de Myre vers 312[66]. Après avoir joué un grand rôle lors du premier concile de Nicée en 325, au cours duquel la sainte Trinité fut officiellement reconnue, il mourra en 342 et sera très vite canonisé, preuve, dit-on, de la célébrité de ses miracles.

En 1087 commence une curieuse émigration du saint, celle de ses reliques. Celles-ci sont en effet transférées à Bari dans le sud de l'Italie à la suite de l'invasion de la Turquie par les Maures. Son culte s'est ensuite vraisemblablement propagé en Europe par l'intermédiaire des croisades. Sa présence en Lorraine est plus étonnante. Selon Colette Méchin, il semble qu'un certain Aubert de Varangéville, au retour des croisades, se soit « autorisé » à voler un fragment du doigt du saint à Bari, sous prétexte qu'un clerc de sa parenté avait eu la vision de ce geste. Le clerc qui décide d'accompagner Varangéville meurt en route et Aubert revient seul à Port, près de Nancy. Il enferme la relique dans un coffre près d'une lampe allumée, qui, lorsqu'elle s'éteint, rend Aubert aveugle. Il recouvre la vue dès qu'on rallume la lampe. La décision de construire une église à Port est alors prise. Mais, comme le remarque Colette Méchin, l'église ayant été bâtie en 1092, la relique n'a pu être rapportée par un croisé, puisque la première croisade commence en 1095[67].

Saint Nicolas, à l'allure guerrière sur son cheval blanc, survole les Pays-Bas avec son valet, Piet le Noir, dit le Maure, autre figuration du sombre compagnon spécifique à la Hollande (vers 1850).

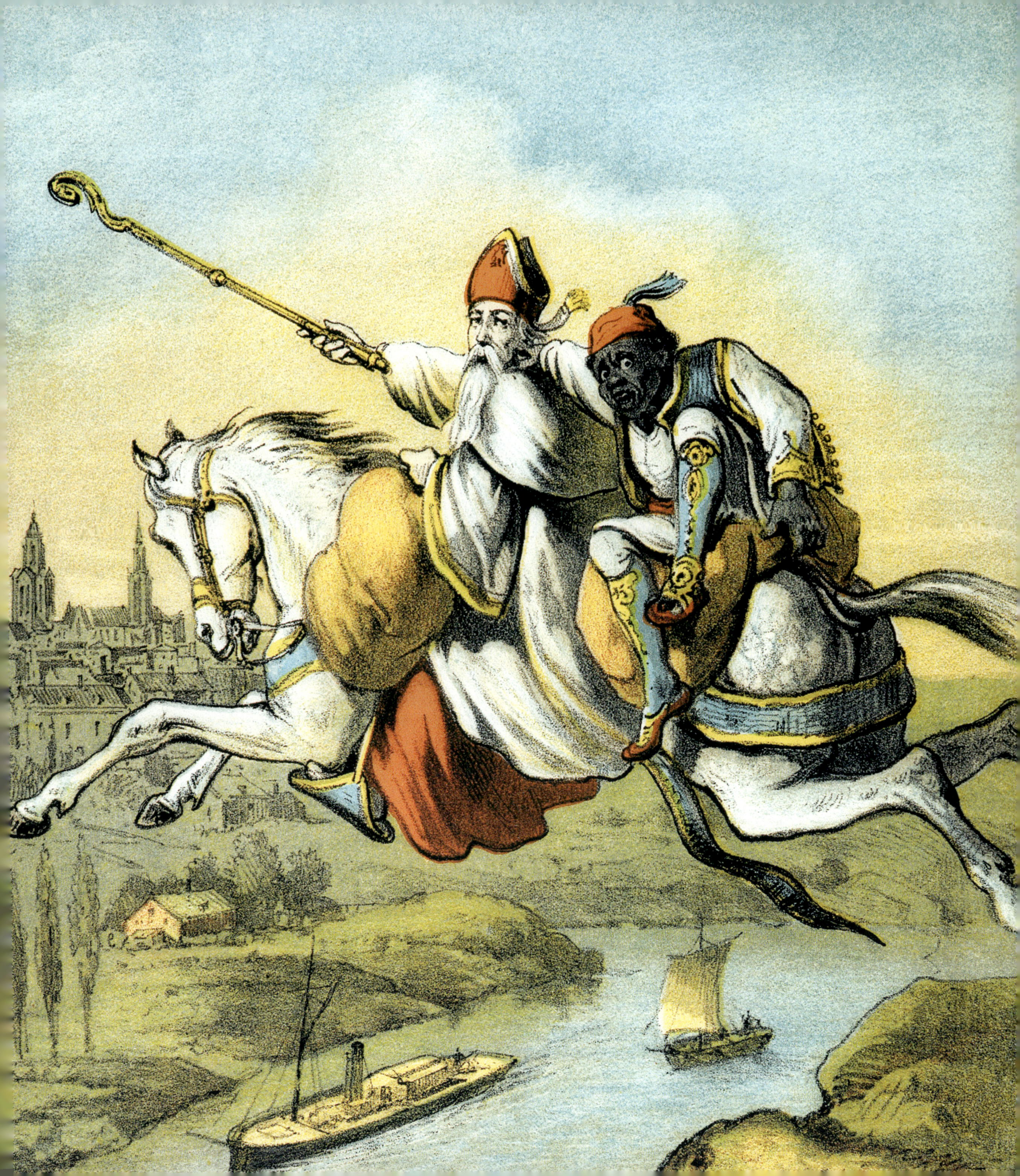

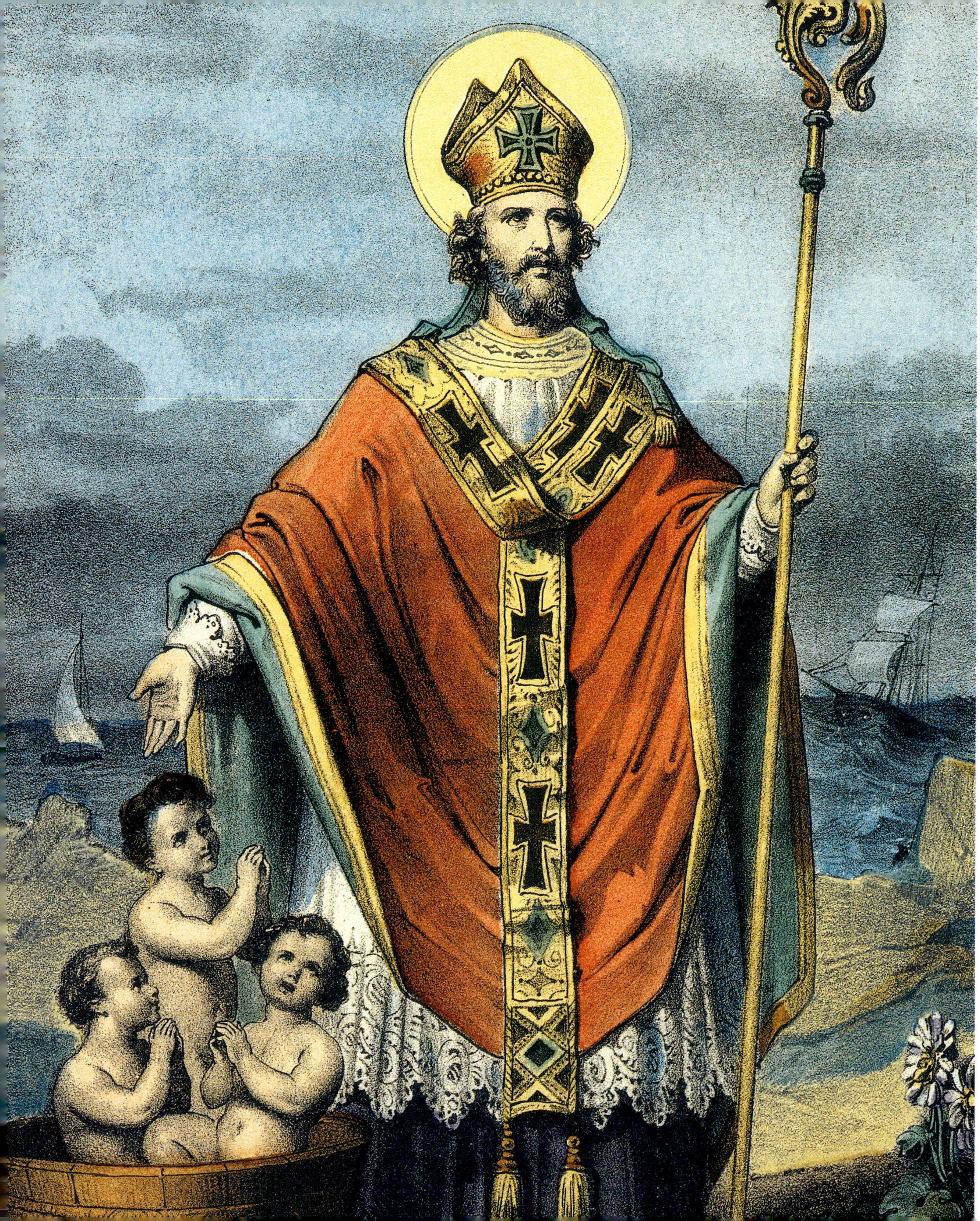

Ce récit fut néanmoins repris et la légende s'enrichit encore. Aujourd'hui il existe toujours à Port une manifestation le 6 décembre, d'abord en ville sous forme d'une « parade » où saint Nicolas trône sur un char luxueux, puis la cérémonie religieuse a lieu à l'église[68].

UN FAISEUR DE MIRACLES

Saint Nicolas est un saint auquel on attribue beaucoup de miracles avant et après la construction de la basilique. Parmi les plus connus figure celui des trois officiers romains faits prisonniers à Constantinople, condamnés à mort et sauvés par saint Nicolas, après qu'il est apparu en songe à l'empereur responsable de la sentence. Les trois jeunes filles dont le père ruiné avait songé à vendre les charmes furent, elles aussi, sauvées par le bon saint qui vint déposer de nuit sur le bord de la fenêtre une bourse d'or, pour que l'homme puisse marier sa fille aînée. Chez saint Nicolas, on le voit, les miraculés vont par trois et le songe occupe une grande place.

Les enfants sont au centre de plusieurs miracles.. Parmi les plus connus, on trouve ainsi la résurrection d'un jeune enfant mort ébouillanté parce que sa mère, pressée d'assister à la cérémonie d'intronisation de saint Nicolas, l'avait oublié alors qu'elle était en train de le laver dans une bassine d'eau mise à chauffer sur le feu. Le plus célèbre, d'origine normande et daté du XIIe siècle[69], concerne trois enfants qui, après s'être égarés et avoir demandé l'hospitalité à un boucher, seront dépecés et mis au saloir par ce dernier, puis ressuscités sept ans après par le bon saint qui passait par là...

La chanson est restée populaire en Lorraine et l'imagerie d'Épinal en a laissé de belles planches colorées. Au XIXe siècle, elle acquit une renommée internationale lorsque Gérard de Nerval la publia dans *La Sylphide*, mais on ne connaît pas vraiment son ancienneté[70].

Sept ans plus tard, saint Nicolas ressuscite les trois enfants mis au saloir par le boucher (vers 1875).

Refrain :
Ils étaient trois petits enfants
Qui s'en allaient glaner aux champs

S'en vont un soir chez le boucher
« Boucher, voudrais-tu nous loger ?
– Entrez, entrez petits enfants,
Y a d'la place assurément. »

Ils n'étaient pas si tôt entrés
Que le boucher les a tués,
Les a coupés en p'tits morceaux
Mis au saloir com'des pourceaux.

Saint Nicolas au bout d'sept ans
Vint à passer dedans ces champs,
Alla frapper chez le boucher :
« Boucher, voudrais-tu me loger ?

– Entrez, entrez saint Nicolas
Il y a d'la place, y n'en manque pas ! »
Il n'était pas sitôt entré
Qu'il a demandé à souper...

« Voulez-vous-z-un morceau de veau ?
– Je n'en veux pas, il n'est pas beau !
– Voulez-vous-z-un morceau d'jambon ?
– Je n'en veux pas, il n'est pas bon !

Du p'tit salé, je veux avoir
Qu'y a sept ans qu'est dans le saloir ! »
Dès qu'le boucher entendit ça
Hors de la porte, il s'éclipsa.

« Boucher, boucher ne t'enfuis pas !
Repens-toi, Dieu te pardonnera ! »
Saint Nicolas alla s'asseoir
Dessus les bords de ce saloir.

Petits enfants qui dormez là
Je suis le grand saint Nicolas,
Et le saint étendit trois doigts
Les p'tits se r'lèvent tous les trois.

Le premier dit : « J'ai bien dormi ! »
Le second dit : « Et moi aussi ! »
Et le troisième, le plus petit :
« Je croyais être au paradis ! »

À l'époque de ce récit, c'est-à-dire au XIIe siècle, saint Nicolas fut aussi souvent représenté comme un donateur de vivres en hiver. Colette Méchin montre bien que la fête de la Saint-Nicolas, le 6 décembre, est directement liée aux préoccupations hivernales et à l'abattage du cochon, ce véritable « sacrifié de l'hiver » qui fut honoré autrefois au temps de Jul, équivalent nordique de Noël. Le « petit salé » du boucher n'est pas étranger à ce cycle alimentaire, l'ogre non plus.

PÈRE FOUETTARD ET COMPAGNIE

Ogre, croquemitaine, Père Fouettard, complices de saint Nicolas, à quoi ressemblaient-ils et quel rôle jouaient-ils ?

Pour le folkloriste Van Gennep, les choses sont claires, il s'agit d'une invention pédagogique des Jésuites. L'un récompense et l'autre punit. Mais la plupart des auteurs ont vu dans cet « accompagnateur sombre » l'élément païen du cycle festif hivernal. Le compagnon du saint serait en fait un des « masqués de l'hiver ». Gérard Leser écrit à propos du Hans Trapp lorrain :

> [Il] fait partie du cortège des ombres et des ancêtres déferlant sur le monde et sur la société des vivants à ce moment crucial de l'année, il a pour fonction de chasser les influences négatives et de distribuer des dons protégeant la communauté des vivants en faisant beaucoup de bruit et suscitant par là, dans le même mouvement, la peur, car marqué de l'ambivalence de l'Autre Monde.

Arnaud d'Apremont y décèle, de son côté, « un reste du diable des mystères moyenâgeux ». On a parfois attribué à ces personnages des ancêtres historiques, comme, pour Hans Trapp, le cruel Jean de Dratt qui vivait au XVe siècle entre Landau et Wissembourg, rançonnait les voyageurs et pillait les villages. Van Gennep, à nouveau, critiquera cette « assimilation ». « Se noircir le visage comme les ramoneurs et les charbonniers est le meilleur moyen de faire peur aux enfants », conclura-t-il. Mais aurait-il oublié que l'un passe par la cheminée et l'autre transporte de quoi allumer le feu ?

En fait, ces analyses ne sont pas contradictoires. Ce Père Fouettard dont le nom évoque bien le fouet avec lequel il punit les chenapans est lui-même parent des croquemitaines et équivalents masculins et même féminins.

Tous sont noirs, hirsutes et velus, ont le visage et les mains couverts de suie, et tous font beaucoup de bruit, ce qui a pour certains inspiré leurs noms. Ainsi, en Souabe, *Rasselbock* est « celui qui remue les chaînes », Hans Trapp en traîne aussi. En Allemagne, on agite des grelots ou des clochettes de vache. Parfois ils soufflent dans des trompes et des flûtes. Le cliquetis des chaînes et le son des trompes

Hans Trapp, sous l'aspect d'un homme sauvage, enlève les enfants désobéissants et les transporte dans sa hotte. Celle-ci changera bientôt de porteur et leur apportera des cadeaux. (M. Feurer, 1893, Colmar, archives départementales du Haut-Rhin.)

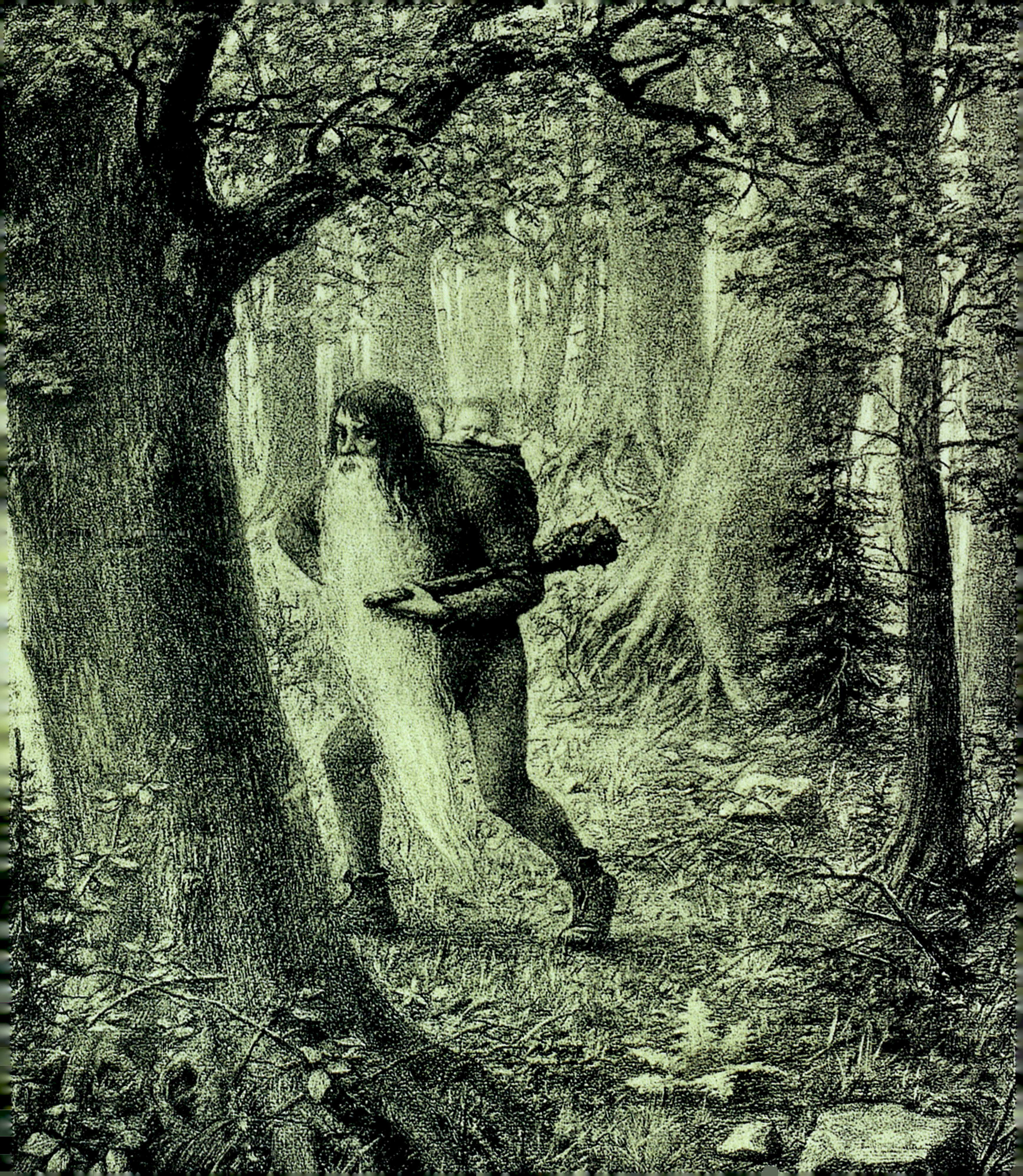

À droite : Madame Croquemitaine, ou de la parité sociale chez les « fouettards ». (Imagerie populaire, vers 1860.)

Ci-dessous : le Père Fouettard, une invention des jésuites pour sanctionner les enfants ou une très archaïque figure de l'hiver ? (Illustration de Bertall, fin XIXe siècle.)

annoncent aussi « l'intrusion des morts dans le monde des vivants ». Dans les provinces germaniques, ils portent le nom d'un animal dont ils prennent l'aspect : *Pelsbock*, *Belzbock*, au Tyrol *Krampuss* (bouc, bélier faisant du bruit).

Il y a ceux qui forment la famille des « cornus » : le *Klaubauf* cousu dans une peau de bouc et portant un masque cornu ; *Schawwarte,* le « bœuf noir » en basse Allemagne ; *Ochs,* le cerf, depuis sans doute le XVIe siècle. Vient ensuite la cohorte de ceux qui sont assimilés au diable, coiffé de ses cornes noires, *Teufel* (diable), *Dêvel, Mannduvel* des régions rhénanes. Il est aussi *Pelznickel, Pelzrupert* (Nicolas à la fourrure animale), *Pelzbub* « l'ébouriffé », etc.

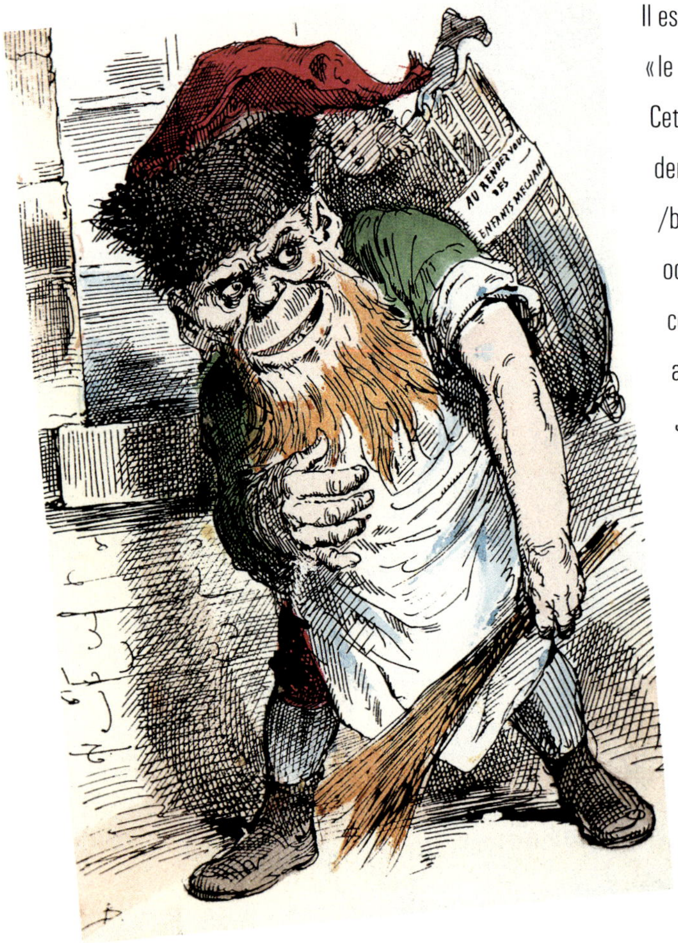

Il est encore « le sale » : *Schmutlzi,* et « barbe sale » *Schmutzbartel,* ou « le grimaçant », *Hans Muff.*

Cet inventaire emprunté à Colette Méchin[71] met clairement en évidence une série d'oppositions : propre/sale, blanc/sombre, imberbe /barbu, sauvage/civilisé. Dualisme spécifique au christianisme qui octroie une valeur positive à saint Nicolas et négative à ce sombre compagnon. Peut-être peut-on comprendre pourquoi saint Nicolas a pu être qualifié de *Hellenklos*, « saint Nicolas de l'enfer » et *Schondklos,* « saint Nicolas couvert de honte ».

Est-ce là un effet de la Réforme iconoclaste ? se demande l'auteur. Arnaud d'Apremont fait remarquer, de son côté, que *Nick* a longtemps désigné le diable dans certains pays anglo-saxons et germaniques du Moyen Âge, et que *nickname* qui signifie surnom en anglais désigne un nom qui n'a pas été consacré par le baptême. Quant à *Nick Klaas* et *Klas*, ils viendraient du hollandais ancien *nikker,* ou *nicor* signifiant gobelins, « esprits de l'eau ». Les *nisser,* nains à capuchon rouge, sont aussi « les esprits de Noël » au Danemark[72].

FEMMES CROQUEMITAINES

Mais saint Nicolas est aussi souvent accompagné par des « femmes » ou plutôt des semi-sorcières, si l'on en croit les représentations : dame Perchta, fée allemande qui est l'équivalent féminin de Percht (le valet du saint), *Frau Holle*, équivalent de la première, *Klausen Weiblen*, (la petite femme de saint Nicolas), *Pudelmutter* (la mère Barbet), *Butzenbercht* qui est une sorte de lutin mais aussi *butze*, une forme d'esprit des morts. Mi-fées mi-sorcières, elles sont toujours aussi des voleuses d'enfants. Tous ces personnages sont les valets de saint Nicolas, ils volent et dévorent les enfants. Percht en Autriche ne réclame-t-il pas : « Des enfants ou du lard sinon je pars » ? Saint Nicolas qui ferme les yeux sur ces « crimes » serait-il un saint anthropophage ? se demande Colette Méchin qui constate, à l'instar d'autres auteurs, que le saint joue un rôle bien ambivalent dans le miracle des trois enfants tués par le boucher – « un croquemitaine refoulé », dira-t-elle[73].

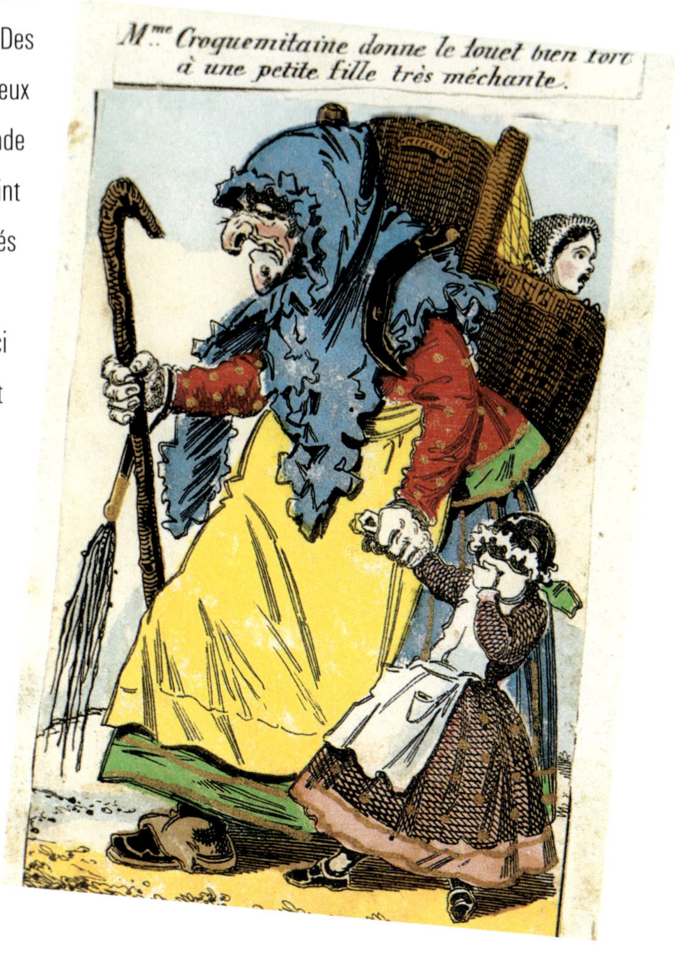

Comme tous ceux qui ont pour fonction d'assurer un passage, ici celui d'une saison à l'autre, de l'obscurité à la lumière, saint Nicolas a plus d'un tour dans sa hotte. Dans le dos d'Arlequin, elle servait, on le sait, à transporter les âmes des morts. Lorsque celles-ci n'y sont plus, on les retrouve dans le ventre de l'âne de Saint Nicolas :

> L'âne de Saint Nicolas emporterait aussi les enfants désobéissants, et quoique d'une manière plus burlesque que le cheval, l'âne est, dans nos traditions, « celui qui porte les âmes » à ceci près qu'au lieu de les porter sur son échine, il les porte... dans son ventre pendant le carnaval et à chaque pet, il en libère une[74].

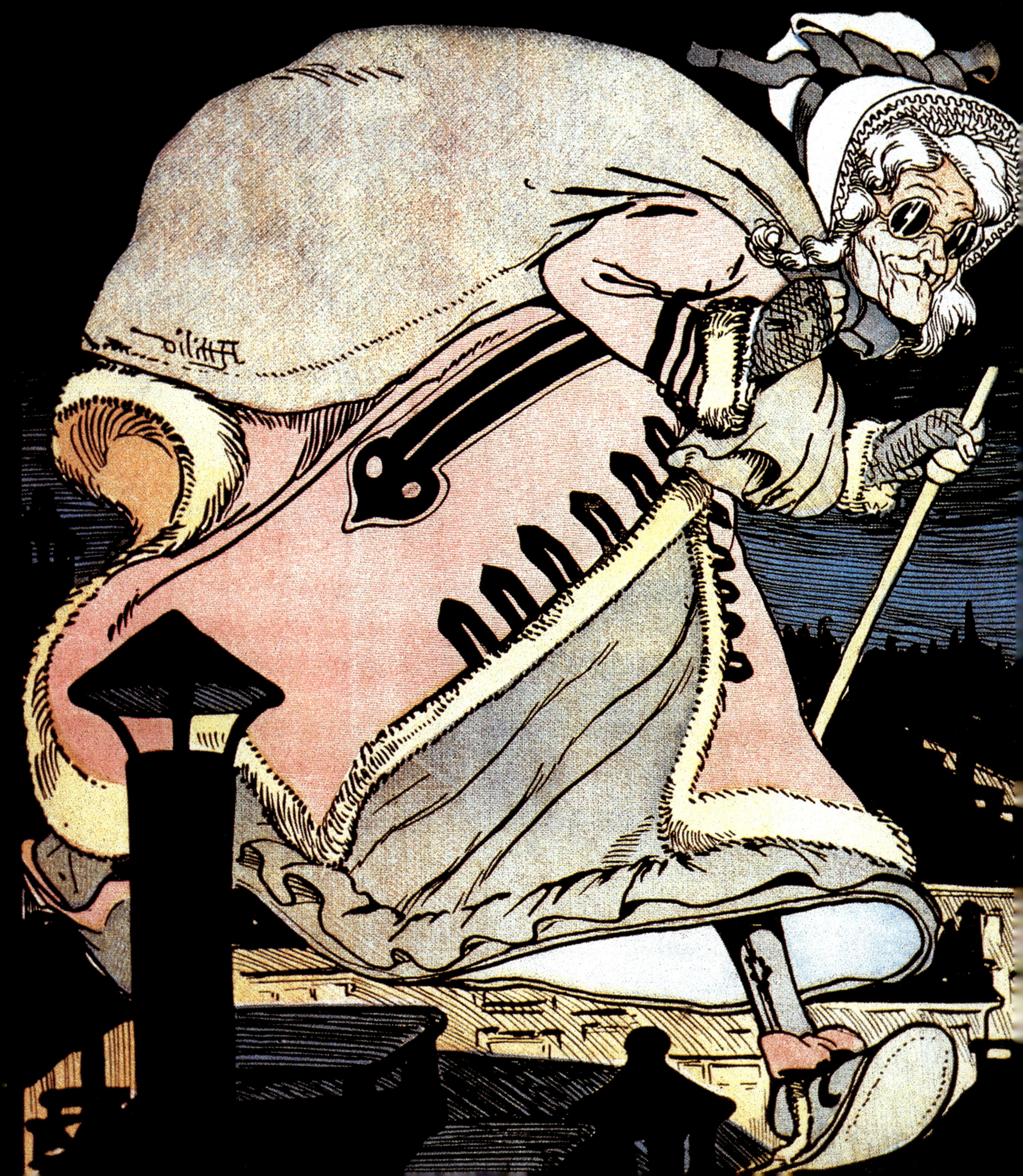

Avec l'âne, le cheval blanc est la monture privilégiée du saint en Hollande, en Belgique et en Allemagne. Le farouche coursier emmène aussi les âmes des damnés dans «la chasse sauvage» qui traverse bruyamment les nuits du cycle des douze jours, chasse menée par Hellequin en France, Hennequin, Hannequin, Arlequin ou l'anglo-saxon Herne, le Chasseur sauvage. Pour cette raison certains auteurs ont fait le lien entre le saint et Odin, le Celtique, dont le cheval est blanc lui aussi, mais doté de trois pattes ou parfois de huit[75].

La *Befana*, mi-fée, mi-sorcière, aux dents longues, avait autrefois au dos un grand sac, à demi plein de charbon; l'autre moitié était emplie de dons destinés aux enfants sages. Proche de Berchta et de Tante Arie, elle est chassée d'Europe du Nord par saint Nicolas et se réfugie en Italie où elle arrive le 6 janvier. Elle personnifie l'Épiphanie et offre des cadeaux aux enfants.

Avec l'invention du Père Noël moderne, au milieu du XIXe siècle, cette hotte se vida de ses verges et n'emporta plus d'enfants désobéissants. Elle se remplit au contraire de cadeaux merveilleux et l'on assista à la disparition de tous ces effrayants croquemitaines. Soit le valet fut congédié, soit il se métamorphosa lui-même en distributeur comme *Knecht Ruprecht*.

SAINT NICOLAS DISTRIBUTEUR DE CADEAUX AUX ENFANTS

Saint Nicolas passait la nuit par les cheminées et donnait aux enfants sages des pommes, des poires, des oranges, des sujets en pain d'épice. Aux moins disciplinés, dans leurs souliers qu'imprudemment ou par un optimisme forcené ils avaient tout de même posés là, des oignons, une poignée de verges, ou encore du crottin de son âne!

Pourtant les petits Lorrains rêvaient de bien d'autres choses si l'on en croit la comptine:

Saint Nicolas, mon bon patron,
Apportez-moi des macarons,
Des marrons pour les garçons
Des biscuits pour les petites filles,
Des mirabelles pour les d'moiselles
Des rubans pour les mamans

À droite : une des premières et admirables représentations d'une fête de saint Nicolas au XVIIe siècle. Un enfant pleure et l'autre sourit, la fête de famille est en marche. (Jan Steen, *La Fête de saint Nicolas*, 1666, Amsterdam, Rijksmuseum.)

Ci-dessous : en Flandres, saint Nicolas aidé de son valet Piet le Noir distribue des cadeaux par les cheminées en chevauchant les toits. (Carte postale belge, années 1920.)

Du tabac pour les papas
Des lunettes pour les grands-pères
Des halettes pour les grands-mères
Un pot de fleurs pour la chèr'sœur
Un baiser pour mon p'tit cœur.

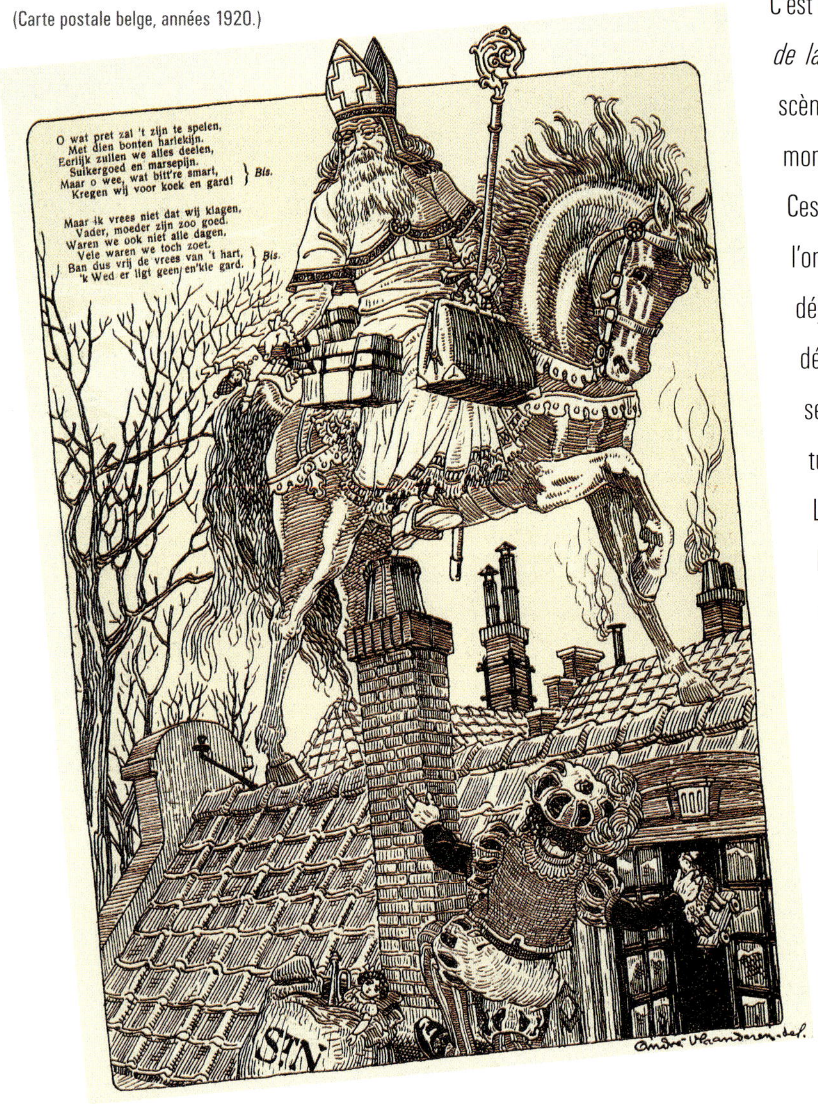

C'est au XVIIe siècle qu'un tableau de Jan Steen, *La Fête de la Saint-Nicolas,* met pour la première fois en scène une famille flamande saisie par le peintre au moment où les enfants découvrent leurs cadeaux. Ces enfants sont agités de sentiments divers, si l'on en croit leur expression devant les présents déjà déballés. L'un d'eux pleure car un fouet a été déposé dans ses souliers alors qu'une petite fille serre tendrement une poupée. La servante affectueuse lui tend les bras.

La coutume de donner de petits cadeaux, mais le plus souvent des friandises et des noisettes déposées dans les souliers, semble dater du XVIe siècle si l'on en croit l'agenda de Luther dans lequel il notait, le 6 décembre 1535 : « Cadeaux de la Saint-Nicolas ». L'ironie du sort est ici bien présente, lorsqu'on sait que Luther, initiateur de la Réforme protestante, exclura saint Nicolas de toutes les commémorations traditionnelles en interdisant le culte des saints.

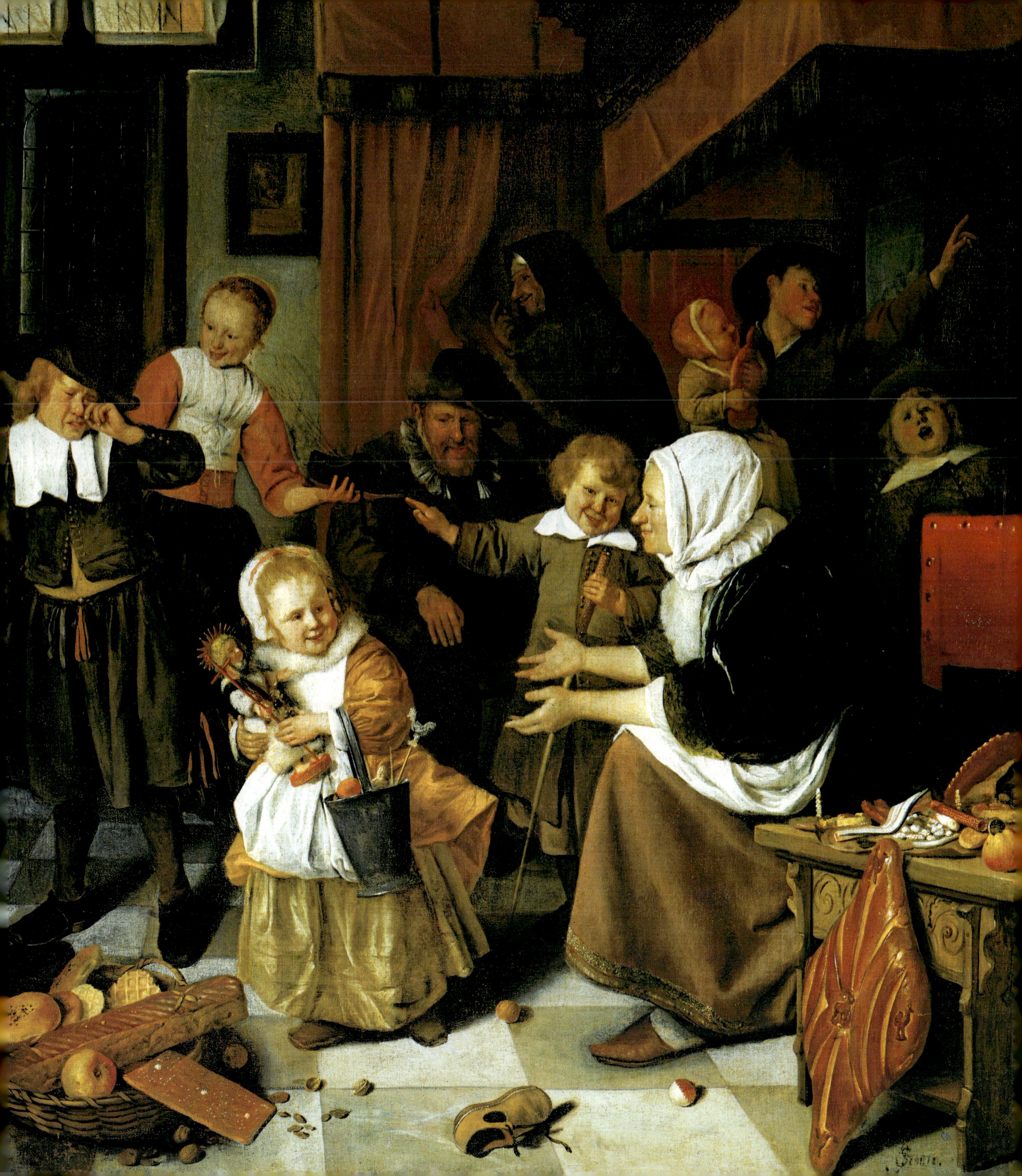

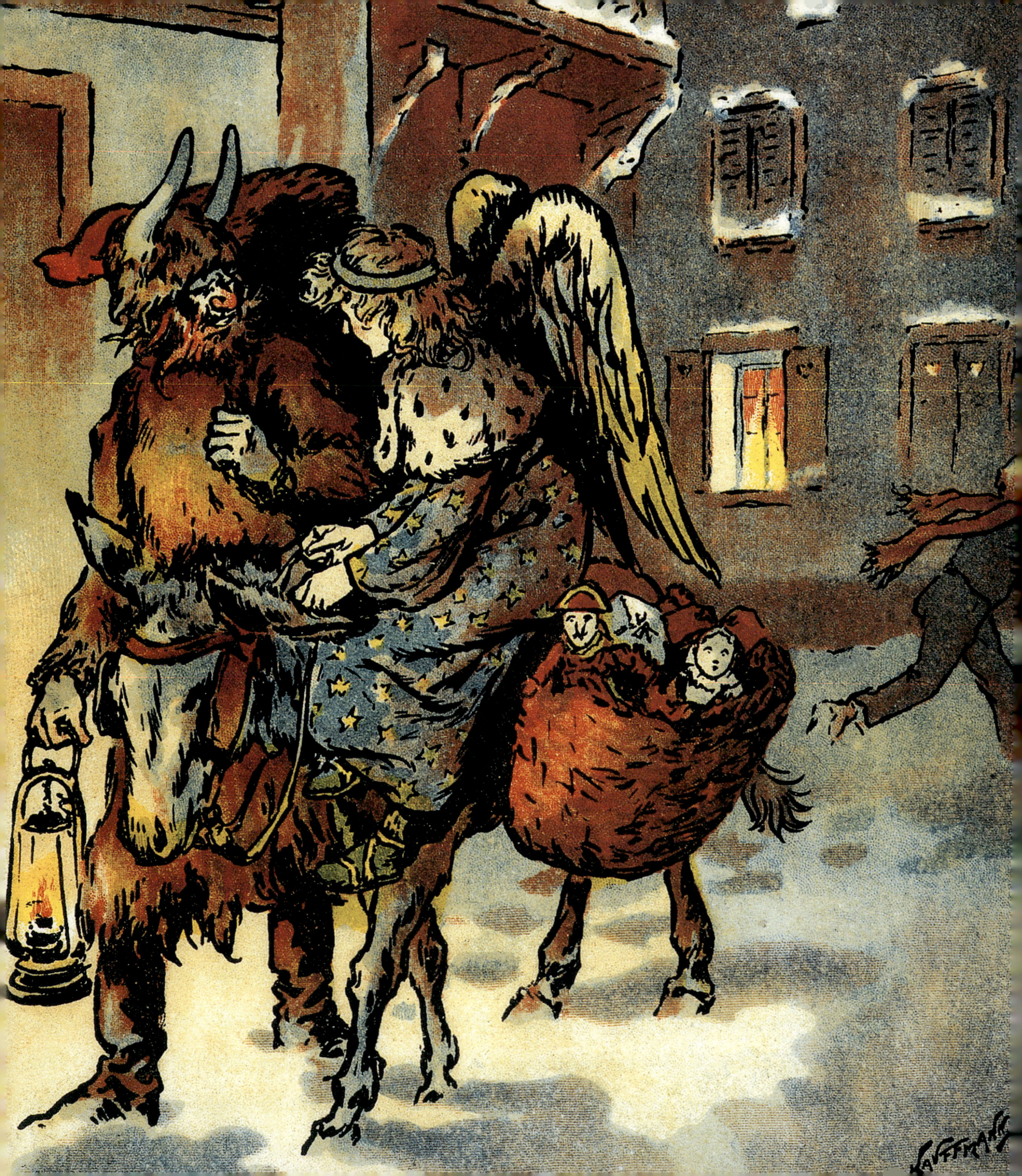

SAINT NICOLAS VICTIME DES PROTESTANTS ET… DES CATHOLIQUES !

Les protestants traitèrent saint Nicolas de « papiste ». Un prédicateur de la cathédrale de Strasbourg fit un sermon mémorable en 1570[76] pour dire qu'il était « une mauvaise chose » et que remettre des cadeaux ce jour-là aux enfants était « un morceau de levain des pharisiens ». Il indiquait en même temps que seul l'Enfant Jésus pouvait avoir ce rôle. Alors l'Enfant Jésus, le *Christkindel,* apporta des pommes, du miel, du sucre, des vêtements, mais aussi des jouets.

Mais au XVIIe siècle cette tradition bien ancrée chez les protestants est à nouveau condamnée. On parle d'idolâtrie et de dévalorisation du Christkindel et, à la fin du XVIIe siècle, l'Enfant Jésus comme distributeur de cadeaux de Noël et les œufs de Pâques (trop superstitieux) sont interdits simultanément à Mulhouse. Une amende était même prévue pour les contrevenants, mais les coutumes aimées résistent longtemps.

Au XVIIIe siècle, le Christkindel est accompagné par Hans Trapp. Ce Christkindel, souvent représenté par une jeune fille vêtue de blanc qui ressemble alors à sainte Lucie avec sa couronne de bougies, tient une sonnette à la main pour signaler son arrivée, ainsi qu'une corbeille de friandises, et dans l'autre une poignée de verges. En sortant de la maison, le Christkindel jetait aussi une poignée de noix et de noisettes… comme saint Nicolas !

Sur les origines du Christkindel, trois hypothèses ont été avancées : il pourrait s'agir d'une fée germanique christianisée, un avatar lointain de Freia/Pertcha, « la lumineuse », que nous avons déjà croisée, ou de sainte Lucie fêtée le 23 décembre avant la réforme du calendrier grégorien. Heureux les amateurs de syncrétisme !

« Voici Noël et le *Christkindel*, la fête de l'Enfant Jésus » qui est lui aussi accompagné de Hans Trapp. Il a remplacé saint Nicolas, exclu par la Réforme, et a précédé la dame de Noël. (Illustration de Kaufmann, extraite de *Légendes historiques d'Alsace*, fin XIXe siècle.)

Mais saint Nicolas finit par survivre dans l'est de la France. Ainsi, entre 1900 et 1910, en Meurthe et dans le Barrois, le mythologue Henri Dontenville rapporte qu'« un saint Nicolas à barbe blanche errait dans la campagne vêtu de rouge, flanqué d'un âne et suivi du Père Fouettard[77] ».

La première représentation de Santa Claus par Robert W. Weir, en 1837, illustrant le poème de Clément Clarke Moore *The night before Christmas* publié la même année. C'est le moment où Santa Claus s'apprête à disparaître par la cheminée en faisant un signe d'adieu, le doigt posé sur le nez. (Robert W. Weir, *Le Père Noël ou saint Nicolas*, 1837, New York Historical Society.)

En fait le saint était déjà venu à la rencontre des petits enfants de la région parisienne dont les parents avaient émigré. Deux cent mille Lorrains et Alsaciens avaient en effet abandonné leurs provinces annexées par l'Allemagne après la guerre de 1870. Mais malgré ce départ forcé, les Alsaciens n'avaient pas oublié d'emporter dans leurs bagages le sapin et ses décorations et les Lorrains, saint Nicolas. Celui-ci obtint vite un certain succès et fit même en 1912 une entrée remarquée dans un grand magasin parisien en menant une troupe joyeuse d'enfants avec tambours et trompettes et en agitant un drapeau français pour ouvrir la saison d'un « Noël lorrain au Printemps ». Mais si patriote et généreux fût-il, le Père Noël aux couleurs éteintes, à la mine de camelot triste gagnait néanmoins du terrain car les anticléricaux qui luttaient contre le « nouvel ordre moral » avaient un peu de mal à accepter qu'un saint, même « patron des écoliers », soit un concurrent possible à opposer à l'Enfant Jésus de l'école privée. Saint Nicolas fut donc libéré peu à peu de ses attributs religieux trop voyants. Crosse, mitre et robe d'évêque furent ainsi retouchées ou carrément remisées.

Saint Nicolas avait-il abandonné la partie face au Bonhomme Noël, lequel, au passage, avait d'ailleurs un peu emprunté au *Weihnachtsmann* allemand et au *Father Christmas* anglais ?

SAINT NICOLAS ABORDE LE NOUVEAU MONDE

C'était sans compter avec Santa Claus, le saint Nicolas américain, qui préparait déjà depuis le début du XIXe siècle son entrée sur la scène internationale. Une légende servit, comme souvent, de mythe de fondation.

En 1626, un équipage hollandais quittait Amsterdam pour rejoindre l'Amérique. À la proue de son trois-mâts, à la place de l'habituelle sirène, se dressait saint Nicolas les protégeant contre la tempête. Le bâtiment s'appelait *Sinter Klaas* (saint Nicolas en néerlandais). Malheureusement, le bon saint n'évita pas le naufrage, qui brisa le bateau au large des côtes nord-américaines. Pendant la nuit, un des marins, Oloffe Van Kortlandt, dont le nom signifie « Sans-Terre », rêva justement qu'il devenait propriétaire terrien dans le Nouveau Monde. « Sinter Klaas » lui apparut alors en songe et lui délivra un message lourd

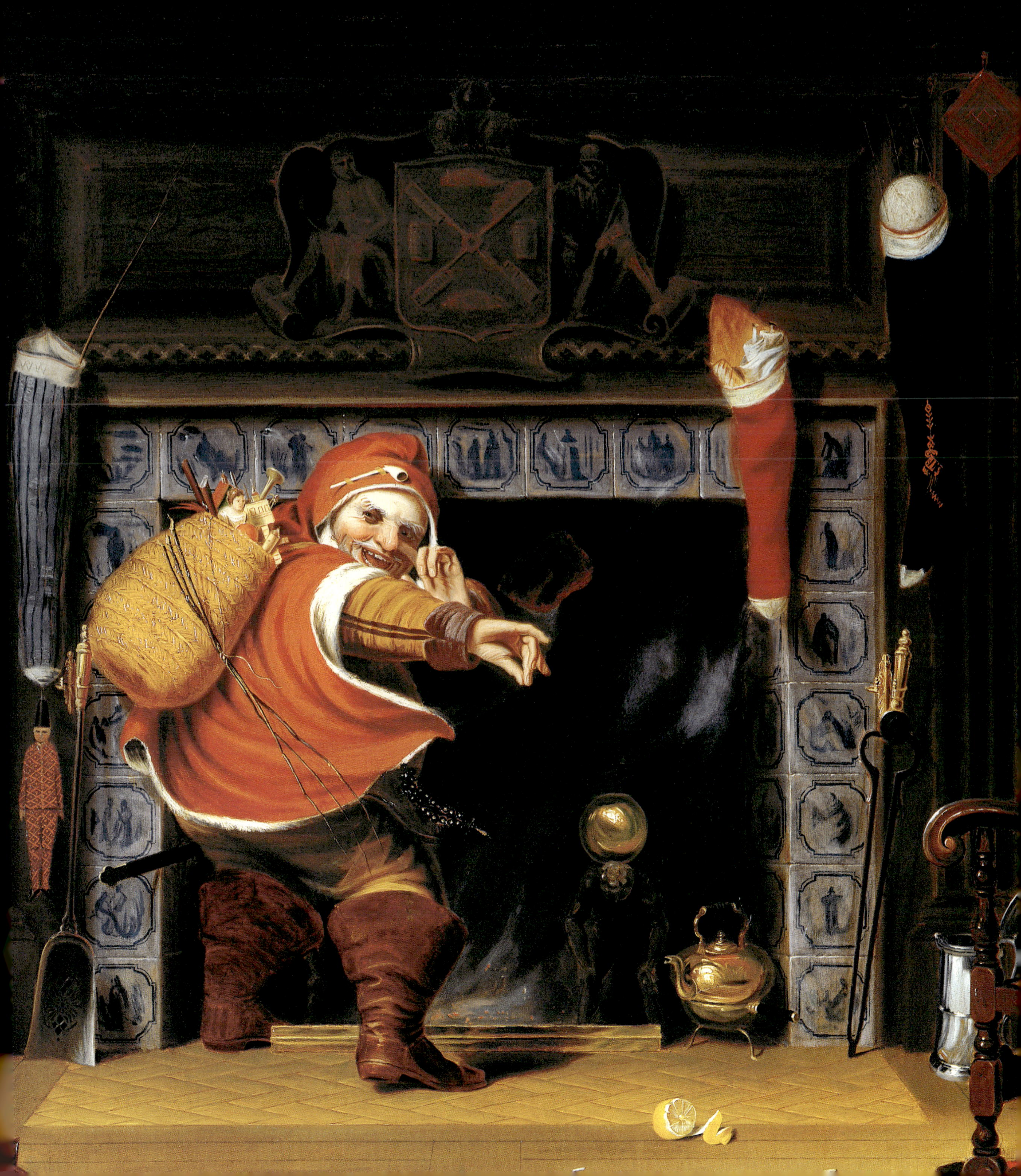

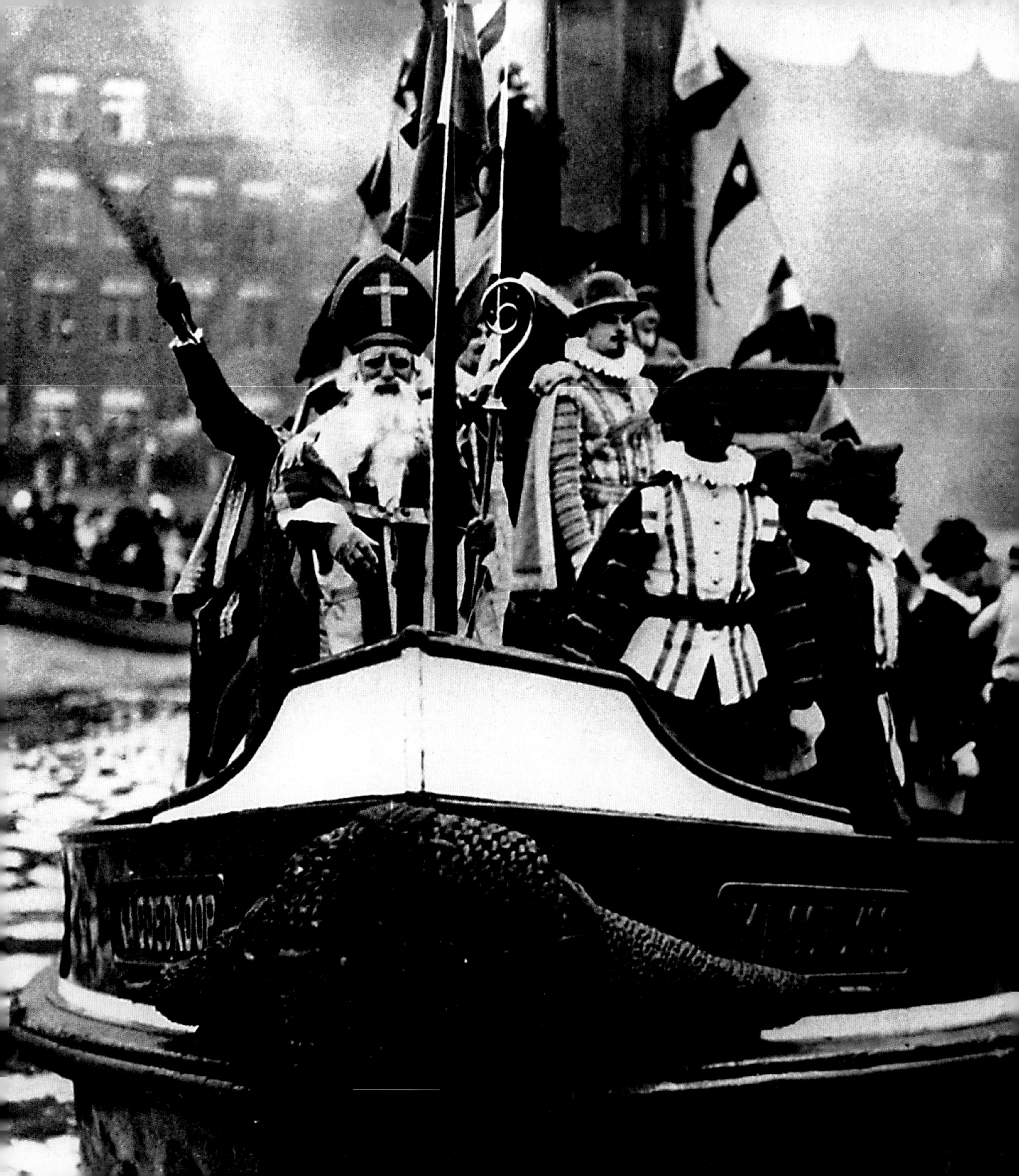

de conséquences. Après avoir allumé sa pipe dont la fumée formait un énorme nuage, il lui fit part de son désir de fonder une ville à l'endroit même signalé par le nuage de fumée et qui n'était autre que l'île de *Mana-hatta* (Manhattan). En échange, il promit de rendre visite à ses habitants chaque année sur son char céleste et de descendre par les cheminées de la nouvelle cité pour apporter des cadeaux aux enfants. C'est au XVIIe siècle que les Hollandais émigrèrent et fondèrent La Nouvelle Amsterdam (saint Nicolas est le saint patron d'Amsterdam). Mais, à leur arrivée, les Anglais transformèrent la ville en Nouvelle York, soit New York.

Pourtant, aucune trace concrète de l'« importation » de saint Nicolas n'a vraiment été trouvée. Celui-ci fut exhumé en tant que « vieille tradition hollandaise » pour, semble-t-il, rompre avec le « Noël empoisonné » de l'Église d'Angleterre. Saint Nicolas eut ainsi un rôle de « libérateur » par rapport à la monarchie coloniale britannique. Mais, écrit Charles Jones[78], remis au goût du jour pour des raisons politiques, il prit un essor inattendu et se répandit « comme une épidémie » dans toute l'Amérique.

Sinter Klaass, arrivant à bord de son bateau pour apporter des jouets aux enfants de Rotterdam. L'odyssée de Washington Irving l'avait transformé en figure de proue au XVIIe siècle pour aborder le Nouveau Monde.

SANTA CLAUS EN MARIN HOLLANDAIS

C'est un écrivain, Washington Irving, qui sortit saint Nicolas de l'oubli en reprenant la légende, évoquée dans son *Histoire de New York par Diedrick Knickerbocker (Knickerboker's History of New York)* parue en 1809[79]. Ce roman va connaître un immense succès et fortement contribuer à « rénover » la fête de Noël[80]. On rapporte que certaines personnes en apprirent par cœur des passages, et Knickerbocker devint un nom si célèbre qu'il servit d'enseigne à des compagnies d'assurances, des boulangers et des marchands de glaces[81]... *Sinter Klaas* était devenu un Hollando-Américain portant des *knickerbockers* (pantalons courts et bouffants) et fumant la pipe.

Washington Irving appartenait à un club d'amateurs d'histoire ancienne qui se désignaient eux-mêmes par ce surnom de *Knickerbockers.* On trouvait là Georges Pintard qui avait, semble-t-il, été le premier à « ressortir » ce vieux saint Nicolas hollandais en 1810, et Clement Clarke Moore, pasteur épiscopalien et

professeur d'hébreu, qui sera à son insu l'un des principaux responsables de la métamorphose finale de saint Nicolas. C'est pour ses enfants que ce pasteur austère, riche et conservateur écrivit *The Night before Christmas* (« La nuit de Noël »), parue dans *Sentinel,* le journal local de Troy (État de New York).
Quatorze quatrains changèrent l'univers de saint Nicolas et celui... des enfants. Avec Washington Irving, le bon saint était entré dans le club des fumeurs de pipes en terre, si prisées par les marins hollandais... Qui savait que les pipes en sucre déposées dans les souliers ou les sabots de nos grands-parents étaient dues à l'imagination de cet écrivain américain ?

... PUIS EN LUTIN GERMANIQUE

Avec Clement Clarke Moore, saint Nicolas voyagera désormais à bord d'un traîneau tiré par huit rennes. Deux ans auparavant, ce traîneau figurait déjà dans un petit livre, *Children's Friend,* publié à New York. On peut dire sans mauvais esprit que les choses étaient dans l'air, mais le succès du poème de Moore lui assura la paternité de cette trouvaille. Si pour Irving saint Nicolas ressemblait à un pionnier hollandais, Moore en le décrivant comme un *right jolly old elf* (un charmant vieux gnome) le réintégrait dans la famille des trolls et autres lutins des légendes germaniques. Il le nomma familièrement *St Nick* et l'habilla entièrement de fourrure, mais il prit une initiative incroyable qui comptera énormément pour l'avenir du personnage : il fit bel et bien disparaître le Père Fouettard !
« St Nick » se déplaçait maintenant dans un ciel magique à bord de son traîneau tiré par des rennes pour arriver sur terre la veille du 24 décembre et non plus le 6 décembre. Sa popularité fut immédiate, et ce conte, reproduit dans d'innombrables almanachs, devint à l'instar du conte de Dickens un classique lorsque le *New York Book of Poetry* l'accueillit dans ses pages en 1837. Aujourd'hui encore il n'est pas rare que les enfants américains le récitent le soir de Noël[82]. En voici quelques extraits :

La nuit de Noël, dans toute la maison,
Nul être ne bougeait, pas même une souris ;

Les chaussettes pendaient, près de la cheminée,
Espérant la venue du bon saint Nicolas ;

[...]

Revêtu de fourrure de la tête aux pieds,
Son habit tout couvert de cendres et de suie,

Et un ballot de jouets jeté sur son épaule,
C'était un camelot prêt à ouvrir son sac.

Ses yeux comme ils brillaient ! Ses pommettes joyeuses,
Ses joues au teint fleuri et son nez en cerise !

Il tenait une pipe serrée entre ses lèvres,
Un cercle de fumée auréolait son front ;

Joufflu, dodu, tel un joyeux lutin :
Je ne pus m'empêcher de rire en le voyant ;

[...]

Sans prononcer un mot, il se mit à la tâche,
Et remplit tous les bas, puis se tourna soudain,

Il reprit son traîneau, siffla son attelage,
Et tous s'évaporèrent, tels duvets d'un chardon,

Mais je l'entendis bien crier en s'éloignant :
Joyeux Noël à tous, et à vous tous bonne nuit !

ET SANTA CLAUS DEVINT UN HÉROS AMÉRICAIN

À droite : Santa Claus est devenu un emblème de la nation américaine qui veille sur les futurs bons citoyens. (Illustration de Thomas Nast, *Joyeux Noël*, *Harper's weekly*, janvier 1879.)

Ci-dessous : Santa Claus a trouvé un pays natal, le pôle Nord où il reçoit les bons enfants américains. (*Le Fief de saint Nicolas : nous sommes tous de bons enfants*, illustration de Thomas Nast, vers 1900.)

Les meilleurs dessinateurs nord-américains s'emploieront désormais à inventer à saint Nicolas une nouvelle physionomie. Un premier portrait de Robert Weir en 1837 (illustration p. 93) illustre le poème de Clement Clarke Moore. Son *Santa* est prêt à repartir par la cheminée, après avoir rempli de cadeaux les chaussettes qui pendent de chaque côté de l'âtre. Il se retourne une dernière fois en souriant avec un doigt posé le long du nez en signe de salutation. Sherman et Smith en 1843 le représentent petit et vêtu d'un manteau de fourrure. Il porte une hotte d'où dépasse, comme un dernier clin d'œil, une crosse d'évêque. Il fume une petite pipe, comme les Hollandais du peuple. D'autres artistes contribueront à remodeler sa silhouette. Chapman, en 1847, le croquera cette fois très grand, botté et portant une toque en fourrure. Un détail fera fortune, la jambe passée dans la cheminée ! De son côté, Boyd, lui donnera l'allure d'un petit Hollandais fumant la pipe ; coiffé lui aussi d'une toque en fourrure et portant des *knickers*, il porte une hotte dans le dos et un gourdin à la main (encore !).

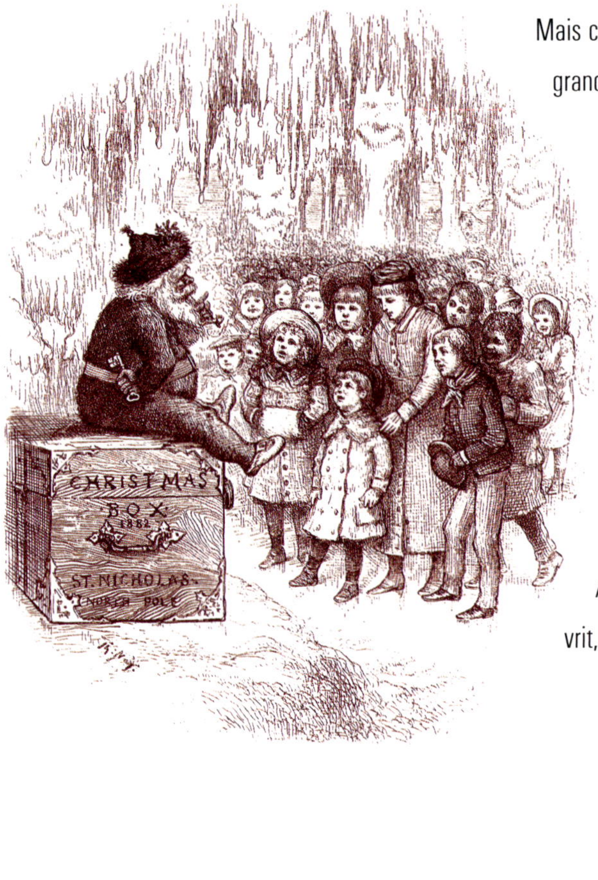

Mais celui qui trente ans plus tard va vraiment faire connaître Santa Claus au grand public s'appelle Thomas Nast. Avec cet artiste, il est devenu un petit gnome couvert de fourrure, ventripotent et farceur. Si l'on sait que Thomas Nast était d'origine germanique, il n'y a plus à s'étonner qu'il ait été inspiré par l'allure d'elfe du nouveau saint Nicolas de Moore.

Dans les premiers dessins de Nast, c'est effectivement « un camelot prêt à ouvrir son sac ». L'allure populaire et païenne de ce Santa Claus-là réconcilie les Américains de toutes appartenances et de toutes confessions.

Santa Claus devint alors un héros national. Thomas Nast se fit en effet connaître pendant la guerre de Sécession où il dessina les couvertures de *Harper's Weekly*, et il fit de Santa Claus un héros de l'Union. On le découvrit, drapé dans une bannière étoilée, réconfortant les soldats nordistes.

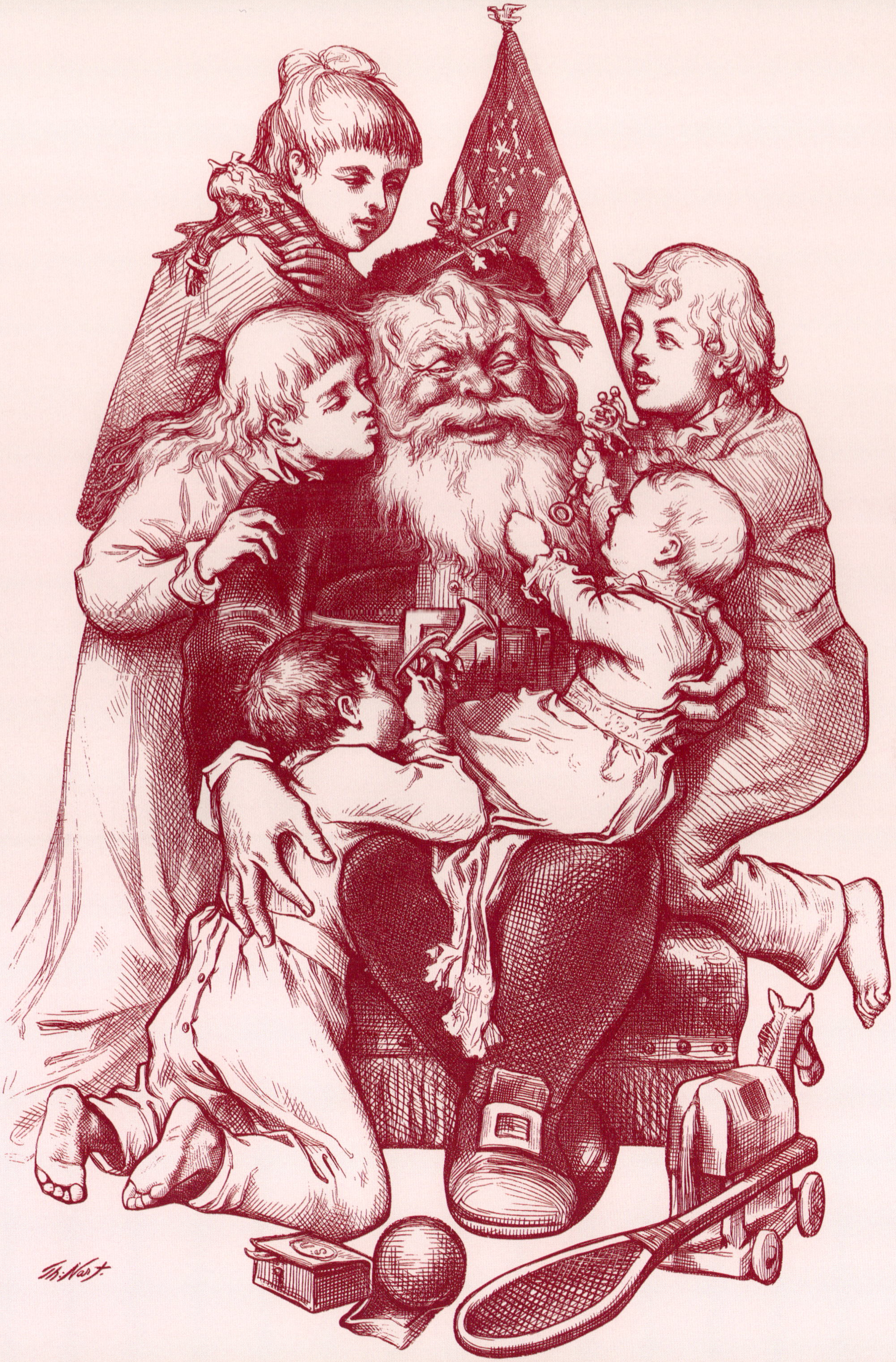
Th: Nast

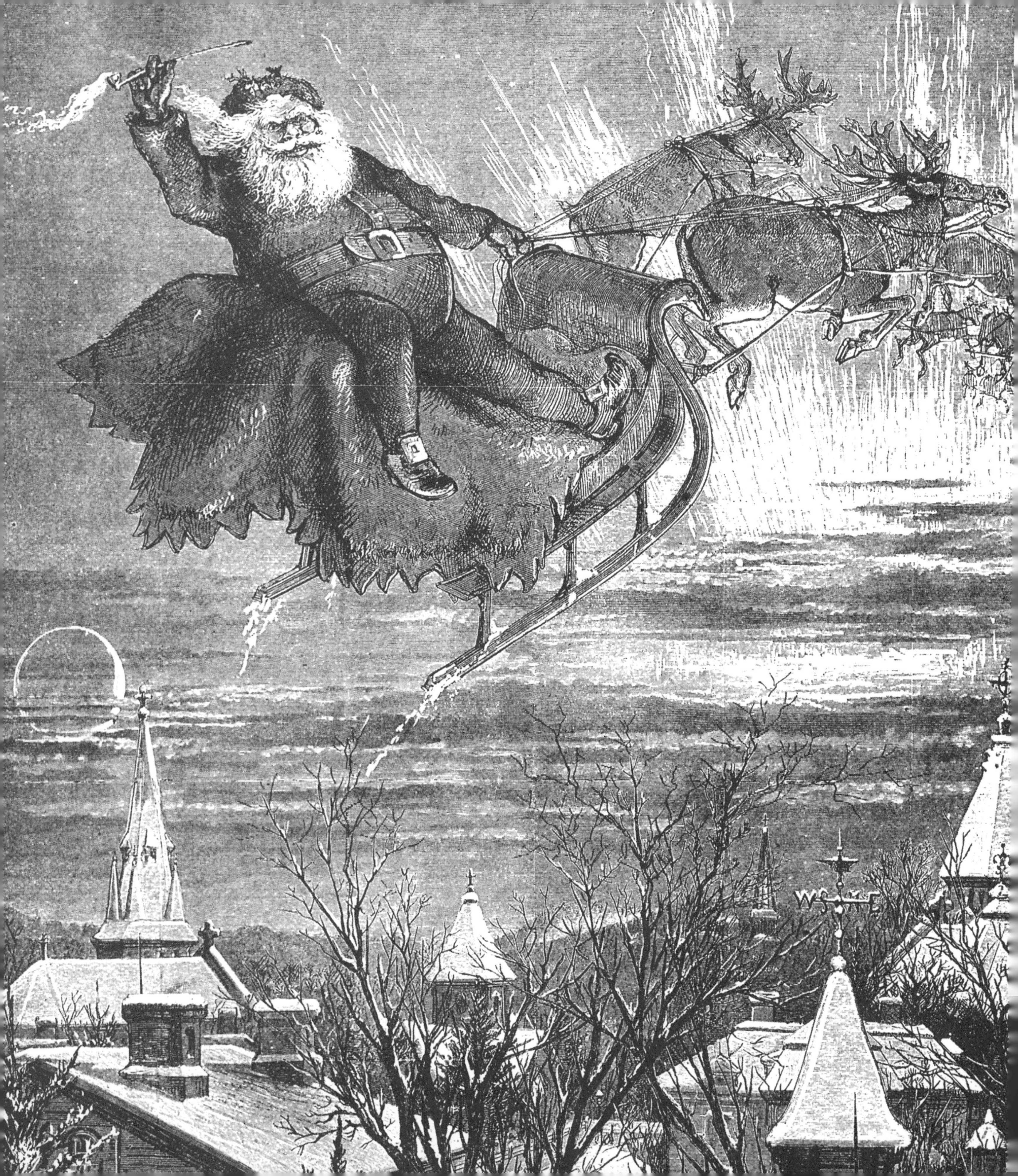

En 1880, Nast lui offrit un pays natal, le pôle Nord. L'année suivante, l'écrivain George P. Webster reprenait cette idée et précisait que sa manufacture de jouets et sa demeure pendant les longs mois d'été étaient enfouies sous la glace et la neige du pôle Nord. Louis Prang, l'homme qui introduisit les cartes de Noël aux États-Unis en 1875 participa lui aussi à la construction du « cliché » en lui ajoutant la grosse ceinture noire, les bottes et le capuchon... et surtout ce fameux sac en toile marron dans lequel il transporte les jouets depuis qu'il n'a plus de hotte. Dès lors il devint aussi un héros privilégié de nombreuses bandes dessinées comme l'admirable *Little Nemo* de Feininger.

Le modèle est créé. Les rennes et le traîneau seront désormais le moyen de transport conforme et universel du Père Noël moderne. (Thomas Nast, *Père Noël sur son traîneau.*)

En Angleterre, il restera inconnu jusqu'à la fin du XIXe siècle. Father Christmas reste le seul symbole séculier de la fête et de ses réjouissances. Vraisemblablement d'origine germanique, souvent habillée de vert portant une couronne de houx sur la tête, cette figure païenne hante de nombreuses images victoriennes, veillant avec malice sur la fête.

John Tenniel, qui n'est autre que l'illustrateur d'*Alice au pays des merveilles*, avait pourtant lui aussi transformé Father Christmas en une véritable institution nationale. Il fut à l'Angleterre ce que Nast avait été pour l'Amérique. Une de ses illustrations datée de 1896 représente Father Christmas vêtu d'une tunique d'un rouge intense doublée de fourrure blanche, le capuchon orné d'une couronne de houx, portant des chausses moyenâgeuses et chevauchant une étrange automobile taillée dans une énorme bûche, au phare central décoré de gui et au volant très moderne. C'est un Père Noël que la légende nous indique comme étant *up to date* mais qui garde encore la bûche et le gui, ces deux symboles païens remis au goût du jour.

En 1891, le poème de Moore finit par être publié en Angleterre. Il va contribuer, à l'instar du *Chant de Noël* de Dickens, à créer une mode qui n'est toujours pas tombée en désuétude.

Quant à Thomas Nast, il finira par réunir tous ses portraits dans un seul volume sous le titre : *Dessins de Noël pour la race humaine*. Cent cinquante ans plus tard, ses dessins et ceux de ses contemporains sont une fois de plus publiés et commentés[83]. Certains ont inspiré des albums proposés en France aux enfants sages (et bilingues) qui attendent le troisième millénaire. La synthèse se veut exhaustive et donne l'idée de l'immense chemin généalogique parcouru par ce héros aux avatars multiples[84].

... ET UN AGENT DU CAPITALISME

Noël est devenu un jour férié dans toute l'Union et Santa Claus l'incarnation de l'opulence et de la réussite des familles nordistes.

Ce n'est pas un hasard si les quelques amateurs éclairés qui revivifient la «coutume» de la Saint-Nicolas, pour lutter contre la colonisation anglaise, appartiennent au milieu le plus nanti et le plus conservateur de New York. Bien sûr, St Nick en lutin germanique n'est pas encore à l'image de celui qui vendra la marque Coca-Cola en 1930 ; en revanche, il est celui qui peut séduire tous les milieux, des plus modestes aux plus aisés.

Sa popularité ne cessera d'ailleurs de croître. Santa Claus bénéficiant de l'idéologie de la réussite sociale, alors en plein essor, s'affirme peu à peu comme un symbole national de générosité et du succès matériel. Il deviendra aussi une caution «semi-divine» de la consommation qui s'annonce galopante en ce début de XXe siècle. Désormais, il reçoit, tel un empereur, les enfants dans les grands magasins new-yorkais. Assis sur une sorte de trône, il est à l'écoute de leurs désirs infinis de cadeaux et s'engage devant les parents à les satisfaire. Dans les années 1920, Santa Claus fut ainsi à l'origine d'un emploi saisonnier très recherché par ceux qui n'en avaient pas ; chômeurs et marginaux répondirent à l'appel. Leur comportement laissa souvent à désirer... Ces Santa Claus-là étaient en effet peu sobres, c'est un euphémisme ! Harcelés par des centaines de bambins, ils finissaient comme le raconte Jean-Louis Hue par perdre leur contrôle de soi, et parfois aussi leur barbe. En 1954, dans un grand magasin new-yorkais, en six semaines quinze mille enfants défilèrent et s'installèrent à tour de rôle sur les genoux de deux Pères Noël qui se relayaient toutes les heures ! La profession dut s'organiser, un syndicat des Pères Noël vit le jour car le métier n'était pas sans risque. Un Santa Claus qui devait sauter en parachute pour Noël 1949 finit par le faire mais se reçut en titubant dans Central Park, tout emmêlé dans les cordes et la toile, et «en tenant des propos ineptes aux enfants qui attendaient son arrivée[85] ».

Des écoles furent aussi créées, qui devaient délivrer une formation rapide mais efficace : un peu de psychologie, l'art de porter le costume et la barbe. Jean-Louis Hue mentionne Jim Yelling, un ancien officier de la

Défilé de Pères Noël des «*Volunteers of America*» donnant le coup d'envoi des fêtes de Noël en descendant la 5e avenue, le 23 novembre 2001, au profit des sans-abri de New York.

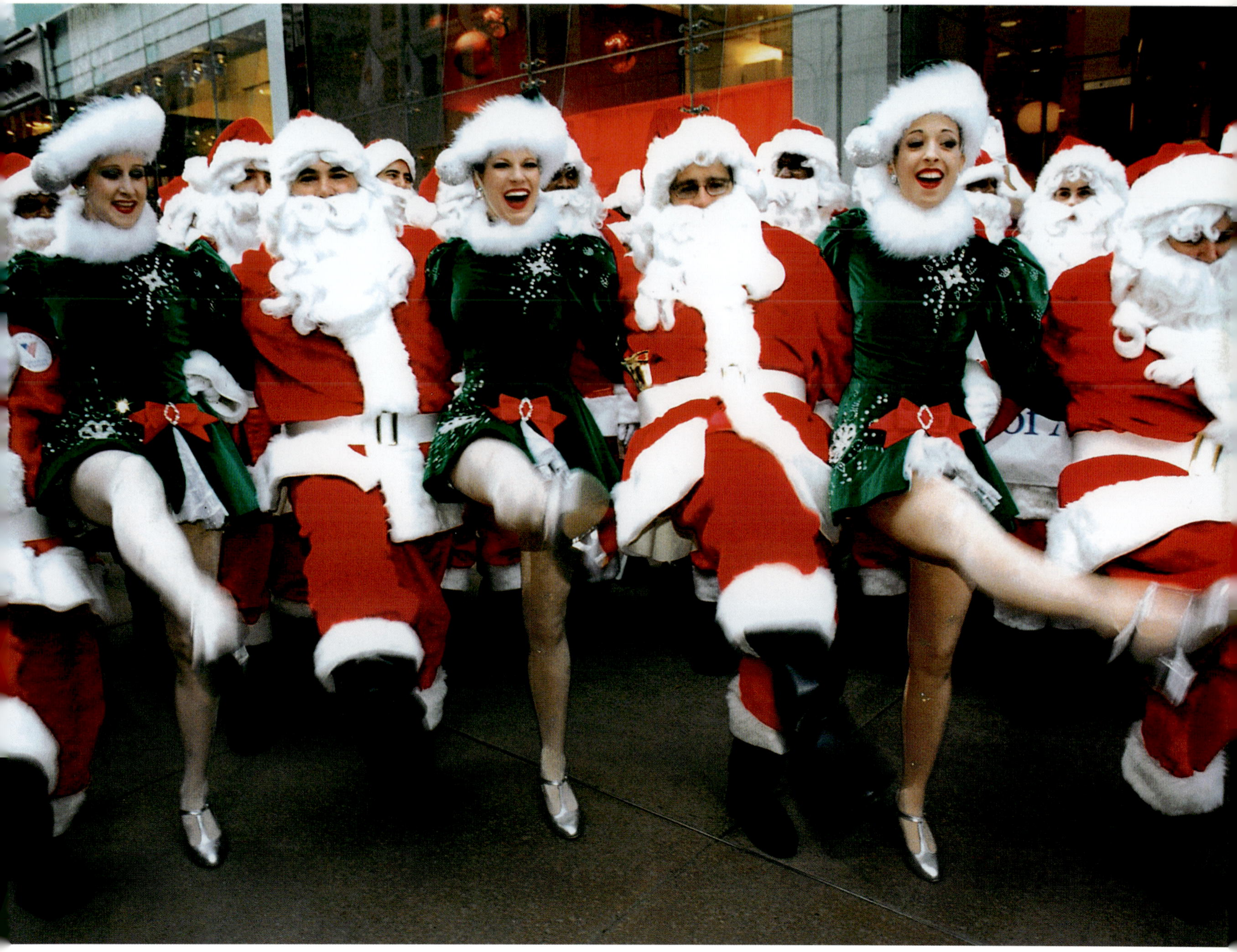

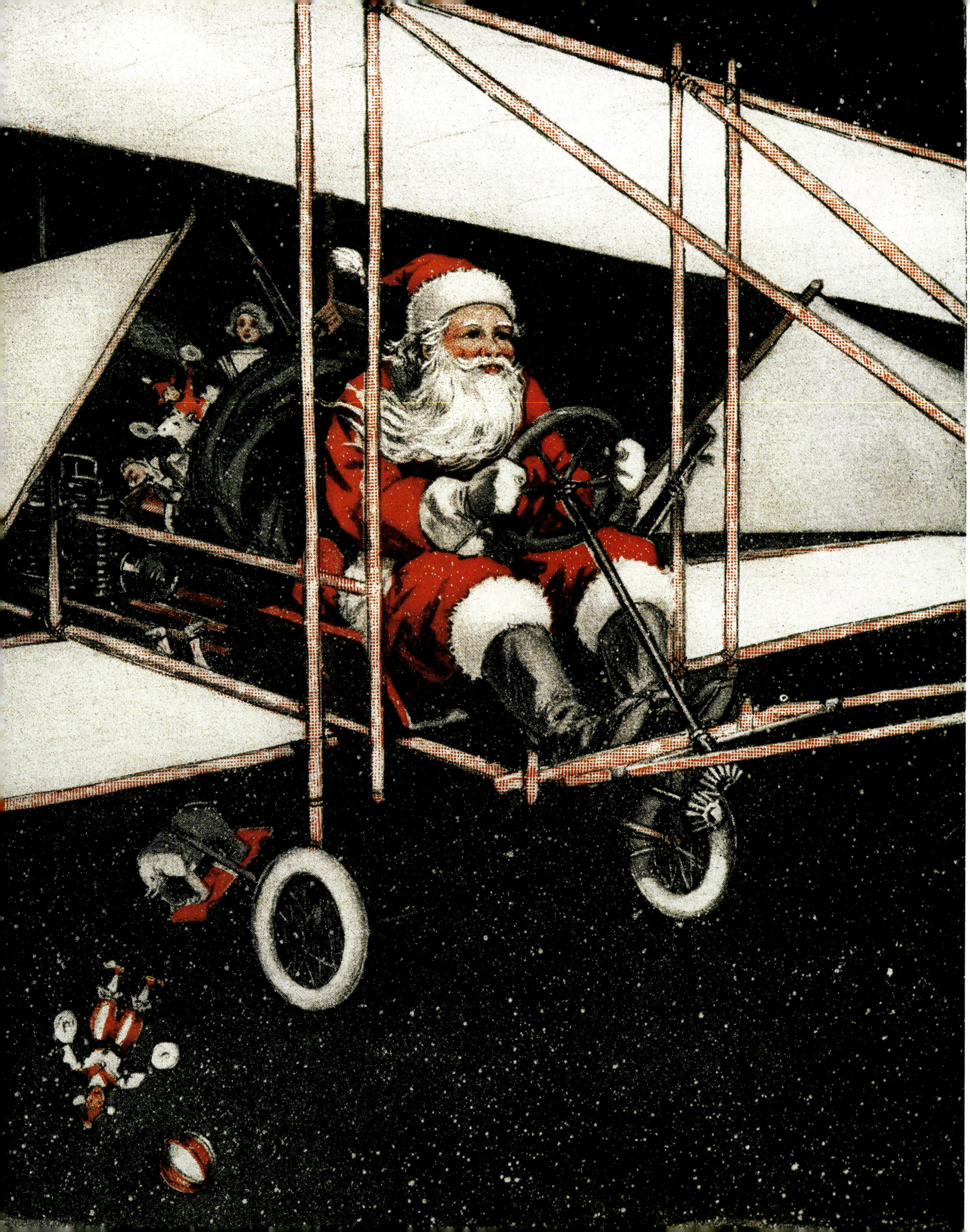

Navy, comme l'auteur de cette initiative après avoir créé lui-même un service postal qui lui fit parcourir à bord de son traîneau toutes les villes américaines. Sa renommée nationale lui donna l'idée de consigner en quelques pages des conseils aux futurs Pères Noël. L'opuscule, publié en 1956[86], contenait une série de règles destinées à ceux qui voulaient embrasser la carrière. « La propreté et la compréhension, la sobriété et l'honnêteté étaient des principes de base. » Venaient ensuite des consignes vestimentaires : « fard à joues pour les plus pâles, et oreiller ventral pour les plus maigres ». Il était fortement recommandé de ne pas promettre ce qui n'était pas possible, car la déception des enfants était chose à éviter à tout prix, comme l'était de les faire pleurer. Les Pères Noël des grands magasins n'avaient qu'à bien se tenir et… se cultiver un peu.

Il leur fallait en effet désormais connaître quelques éléments de l'histoire religieuse et légendaire. Les lutins et la Nativité devaient leur être familiers ainsi que les contes qu'ils devaient êtres capables de narrer aux chers bambins assis sur leurs genoux[87].

Ces écoles existent toujours aux USA, mais aussi au Canada et en Angleterre. En décembre 2001, elles délivrèrent aux futurs Pères Noël un message particulier : il fallait réconforter les enfants américains après l'attentat du 11 septembre contre les *twin towers*. Santa Claus dut incarner le bien contre le mal et rassurer la jeune génération sur l'avenir de la planète. Ce qui fut fait.

À gauche : Père Noël aviateur, distribuant des cadeaux, 1910. Désormais, il utilisera les moyens de transport les plus sophistiqués.

Ci-dessous : le Père Noël disparaît par la cheminée. Un siècle après Robert Weir, Arthur Rackham a immortalisé ce moment important du récit. (Illustration du poème de Clement Clarke Moore, *La Nuit avant Noël*, par Arthur Rackham, en 1931.)

Double page suivante : école de Pères Noël. Ici on apprend à devenir des Pères Noël professionnels. (New York, 1948.)

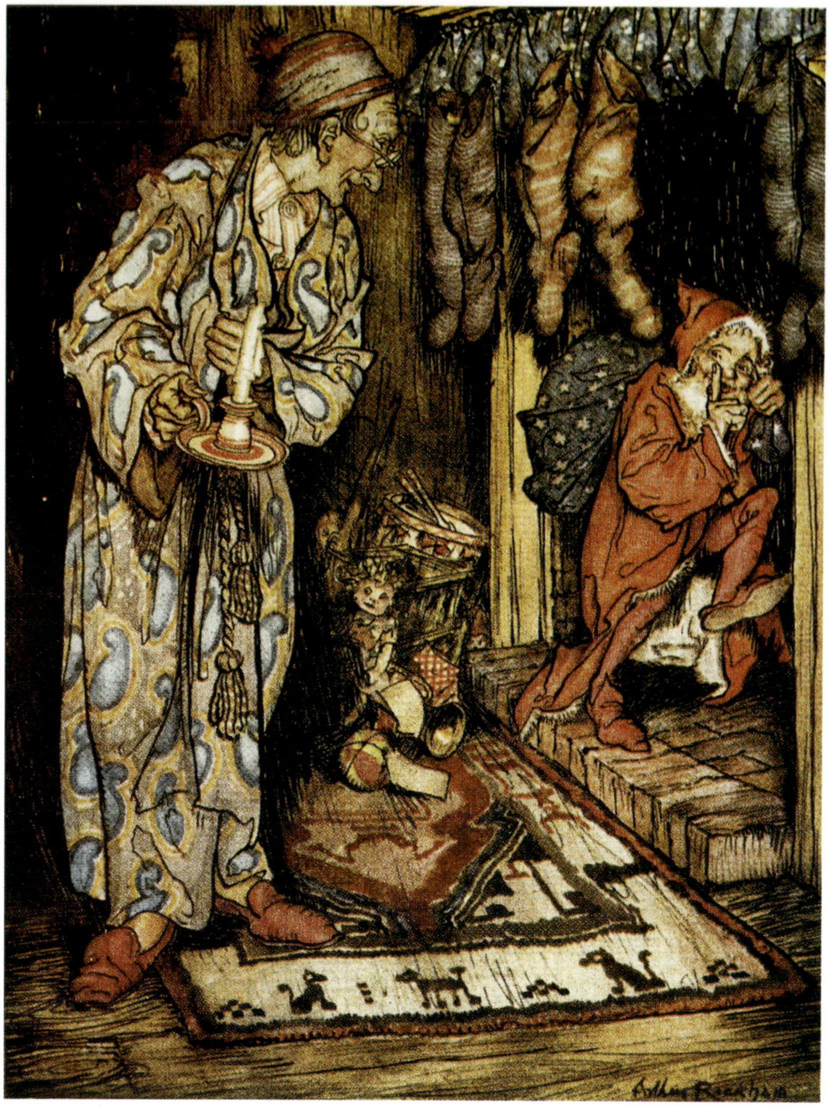

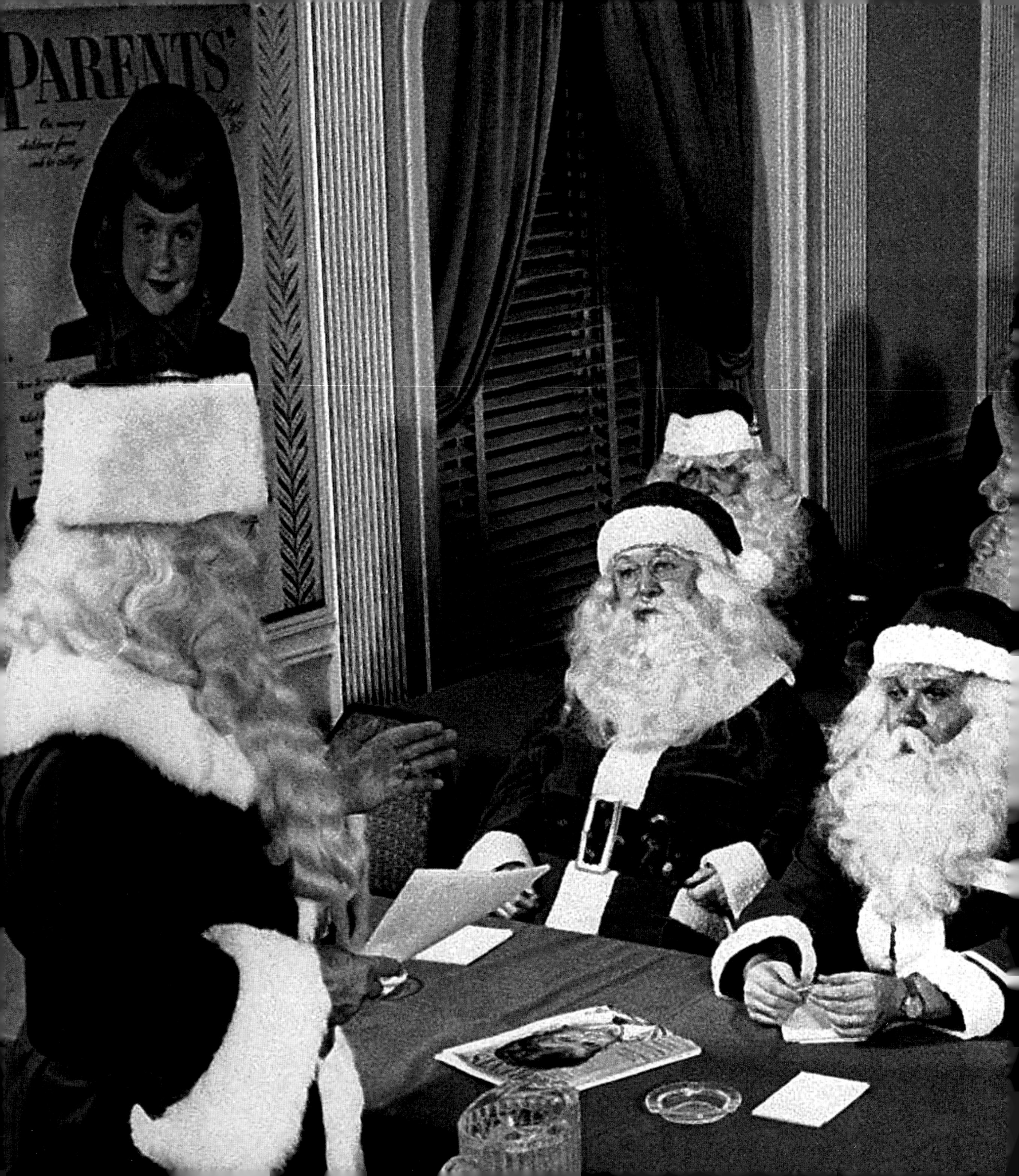
PARENTS'

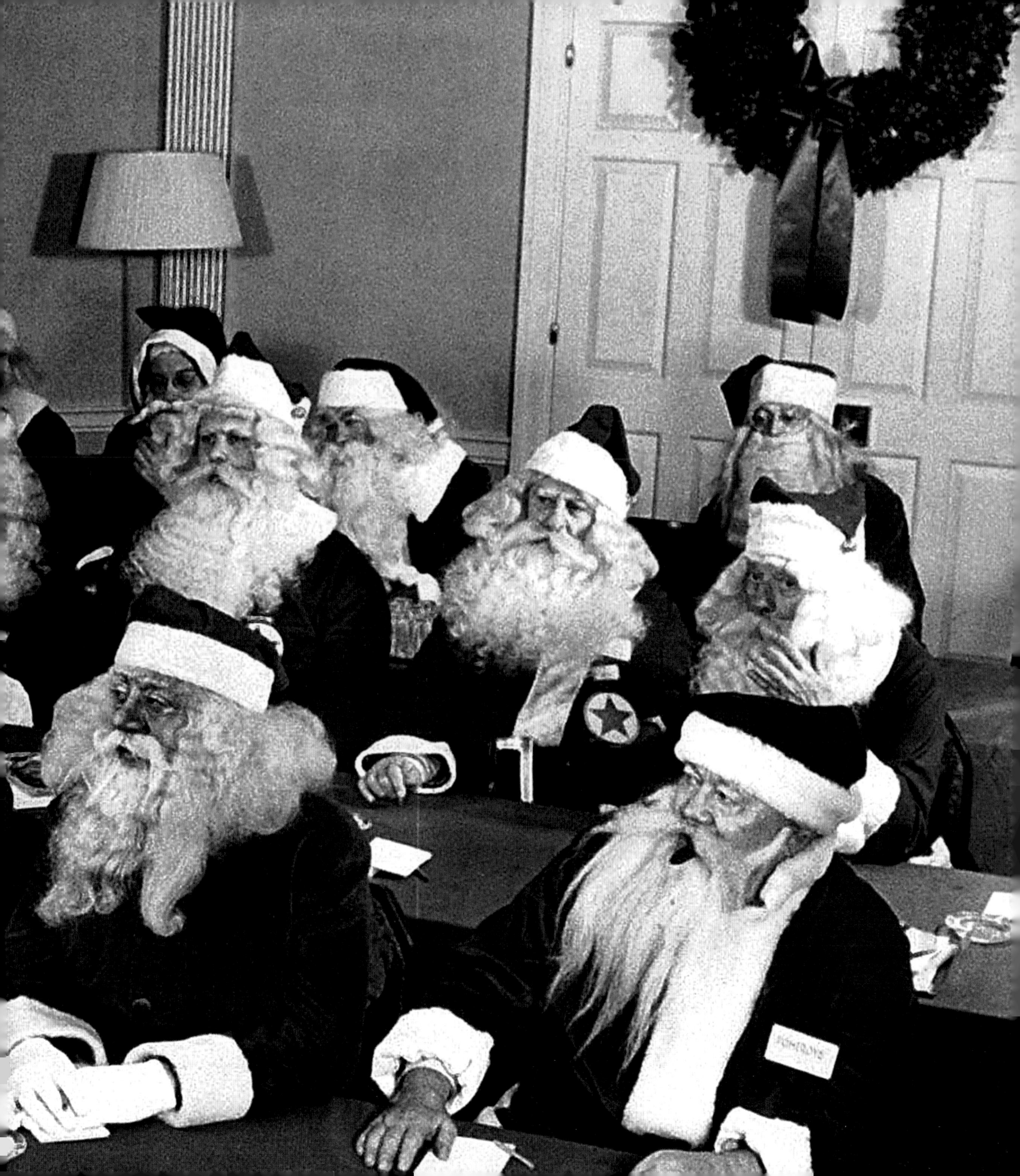

LE PÈRE NOËL FAIT DE LA PUBLICITÉ

À droite : Haddom Sublom a fourni de nombreux dessins à la firme Coca-Cola dans un style qui annonçait l'hyperréalisme. Il fallait attirer une clientèle enfantine et Santa Claus fut une caution morale idéale (1957).

Ci-dessous : étiquette de camembert, 1905. Le Père Noël français n'a pas attendu Coca-Cola pour faire de la publicité.

En 1931, la firme Coca-Cola eut un gros problème à résoudre. La présence de résidus de feuilles de coca dans son breuvage interdisait d'en faire la publicité pour les enfants. Bien que la recette ait changé, la loi demeurait. On confia alors au dessinateur Haddon Sublom la responsabilité de la campagne publicitaire. Celui-ci eut une idée de génie : les enfants allaient offrir la boisson à leur héros préféré. On vit ainsi naître un Santa Claus vêtu de blanc et rouge, couleurs qui s'harmonisaient bien avec celles de Coca-Cola.

« Avec toutes ces cheminées à descendre le vieux Santa a des hauts et des bas, Coca-Cola rend son travail plus facile », affirmait la réclame.

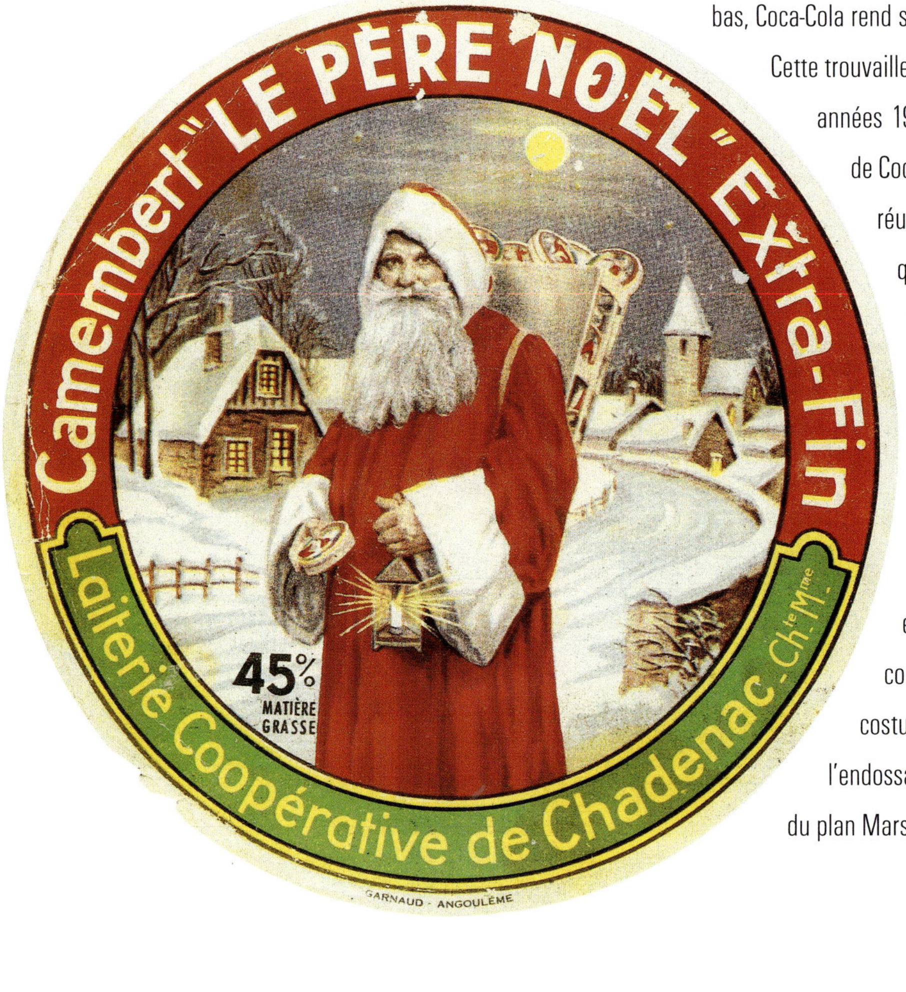

Cette trouvaille connut une pérennité incroyable. À la fin des années 1990, dans le métro parisien, les distributeurs de Coca ont fait réapparaître « le vieux Santa ». Cette réussite commerciale a fini par nous faire croire que le Père Noël rouge et blanc était une invention de la célèbre firme. Ce serait oublier que le rouge est une couleur protectrice, vitale, royale, et que le *Weihnachtsmann* était déjà bien rouge, ainsi que saint Nicolas, qui parfois oubliait que la robe d'évêque était violette. Toujours est-il que le talent de Sublom, et sans doute son inconscient, fixèrent les conventions d'une autre « tradition » celle du costume de Santa Claus. À la Libération, celui-ci l'endossa pour traverser l'Atlantique dans les valises du plan Marshall et venir réjouir les enfants du *baby boom.*

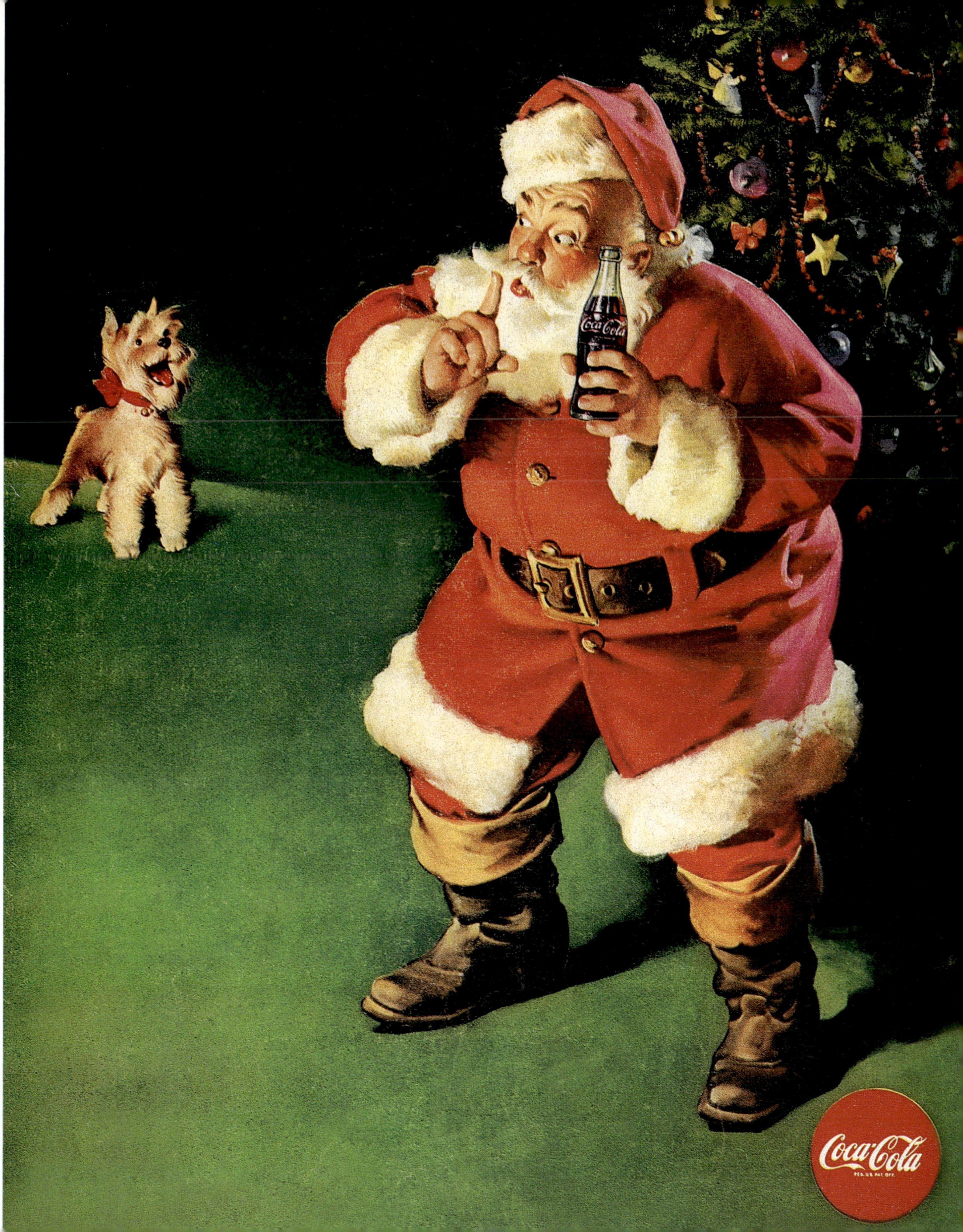
Coca-Cola
Coca-Cola

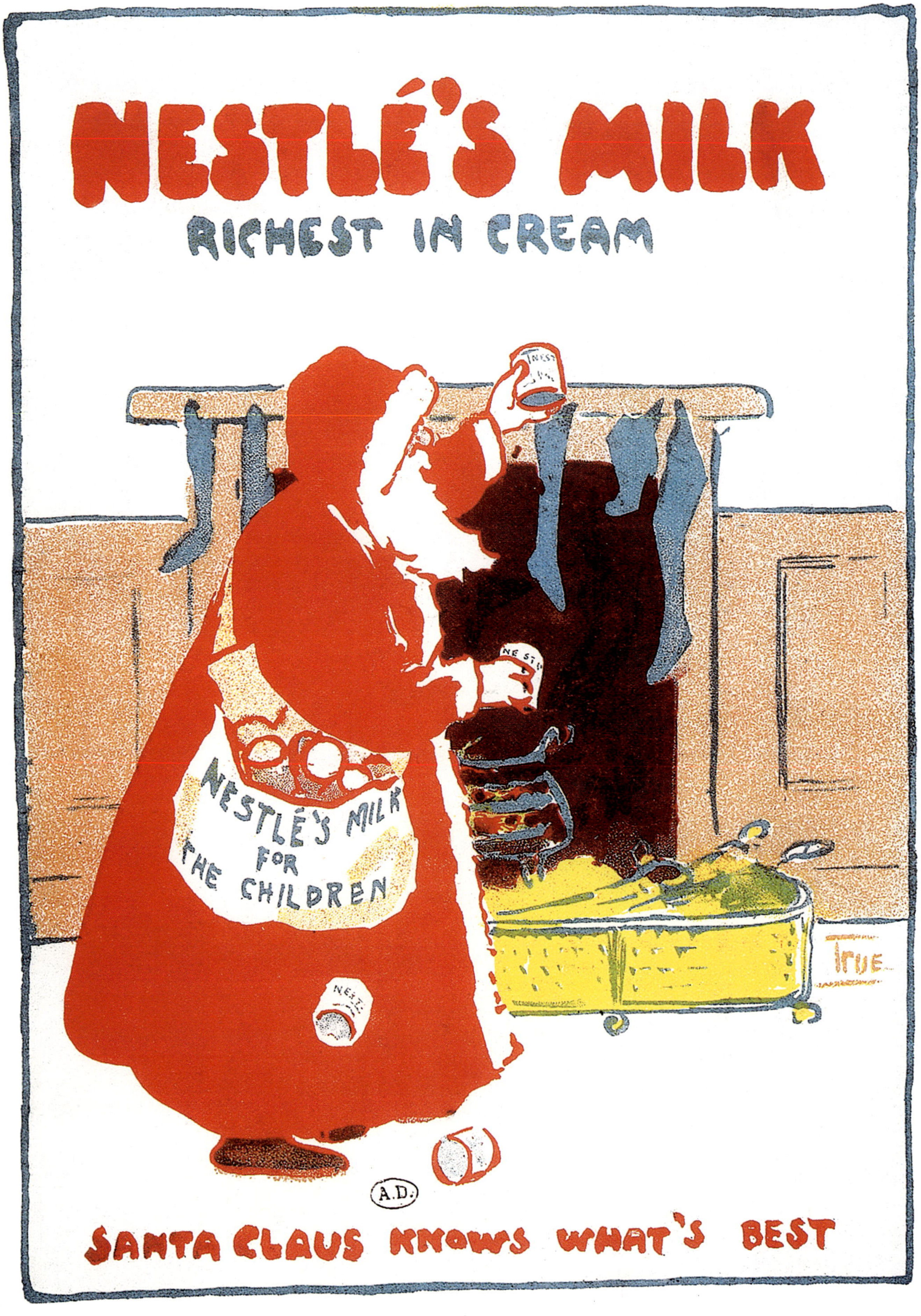
NESTLÉ'S MILK
RICHEST IN CREAM
NESTLÉ'S MILK
FOR
THE CHILDREN
TRUE
A.D.
SANTA CLAUS KNOWS WHAT'S BEST

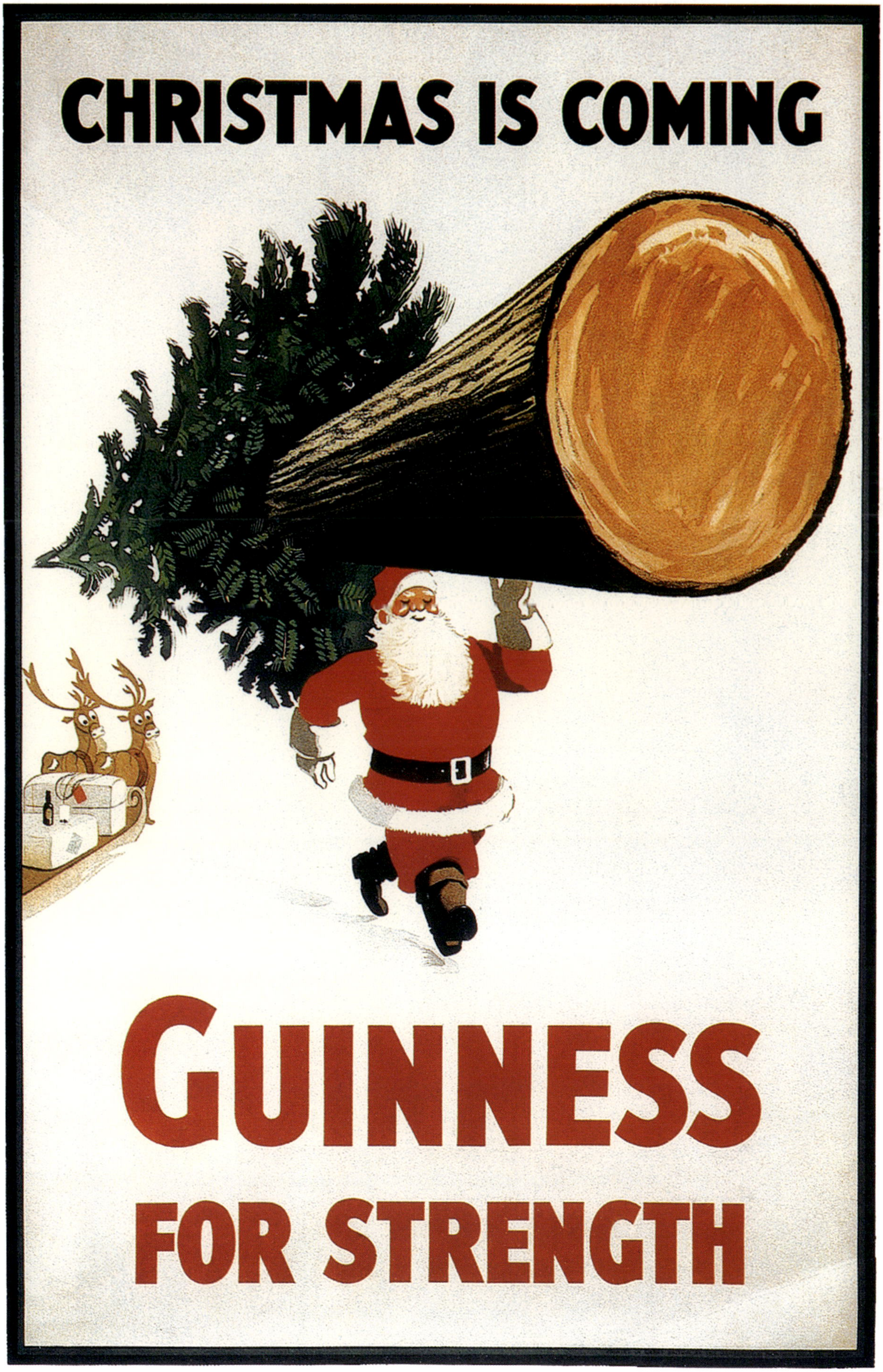
CHRISTMAS IS COMING
GUINNESS
FOR STRENGTH

Pages précédentes. À gauche : en 1930, les enfants américains découvrirent des boîtes de lait Nestlé dans leurs chaussettes. (Publicité américaine, années 1930.)
À droite : la bière Guinness donne des forces à Santa Claus qui, du coup, se transforme en bûcheron. (Publicité, vers 1934, pour Guinness.)

À droite : cette fois, il a dépassé ses limites physiques ! (Publicité, années 1950.)

Ci-dessous : des semelles de caoutchouc seront nécessaires à ce Père Noël pour courir par monts et par vaux. (Jean d'Ylen, *Tre Torn*, publicité pour le caoutchouc, vers 1919-1935.)

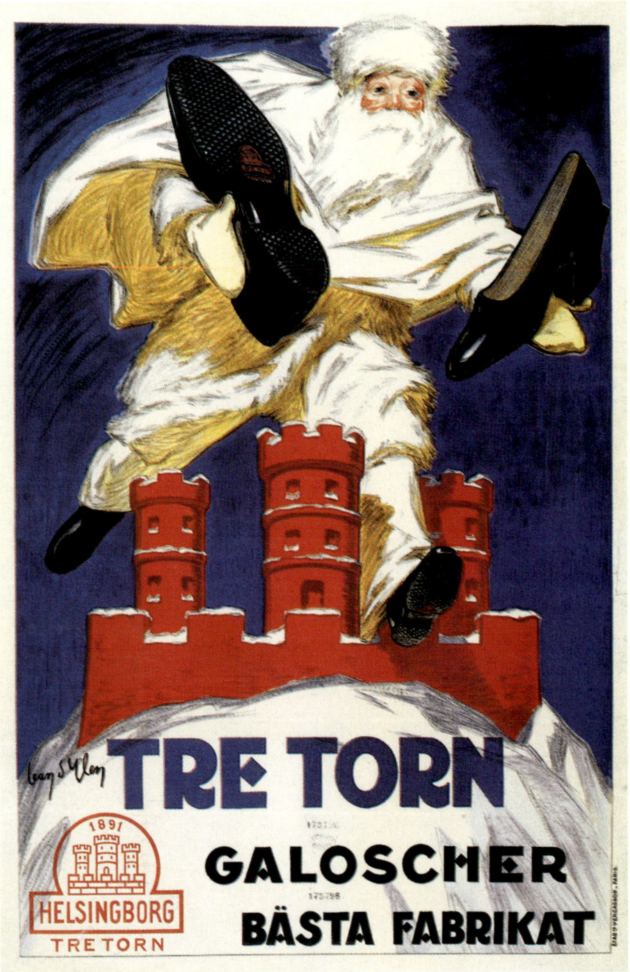

On lui ouvrit sans hésiter les portes des grands magasins français, lesquels à leur tour avaient bien compris qu'il pouvait être un « produit d'appel » sans précédent. Les annonces publicitaires se le disputèrent. En France, on l'avait déjà vu faire valoir des camemberts, promouvoir le chocolat Nestlé, l'eau de Javel, et même des appareils pour surveiller la tension artérielle !

Aujourd'hui, il continue de vanter bien des objets qu'il transfigure dans l'instant. Là résident son génie et sa magie. Tout objet touché par sa grâce devient immédiatement un cadeau de Noël, c'est-à-dire un don fait à ceux que l'on aime. Il est ainsi au-dessus de tout soupçon consumériste. Il a quitté l'enfer de la marchandise pour accéder au paradis des échanges sentimentaux…

Insuffisance Cardiaque

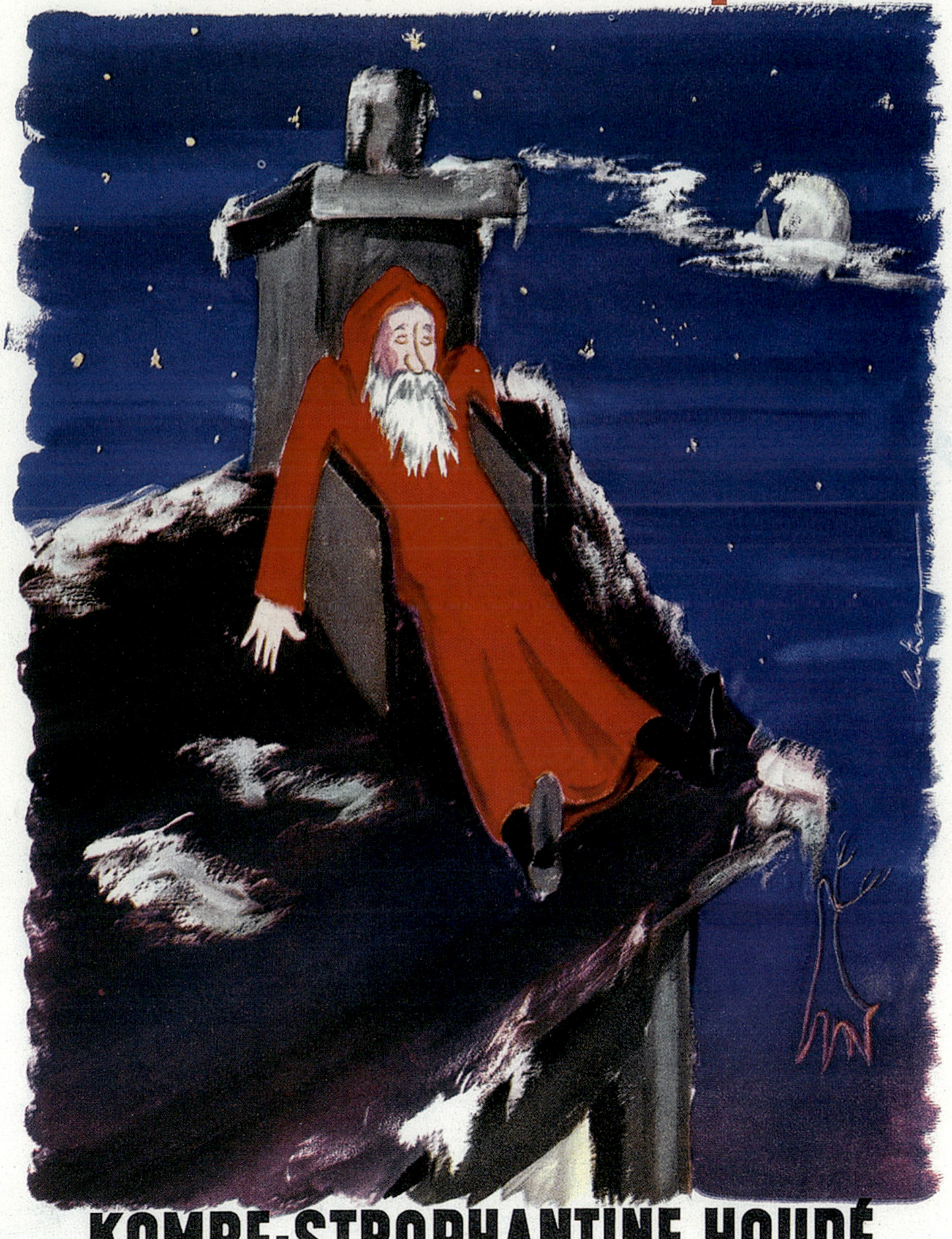

KOMBE-STROPHANTINE HOUDÉ

injectable

Ampoules au 1/4 mg

VOIE ENDOVEINEUSE

Ampoules au 1/2 mg

POUR INTRAMUSCULAIRES

nouveau

CHRISTMAS SHOPPING

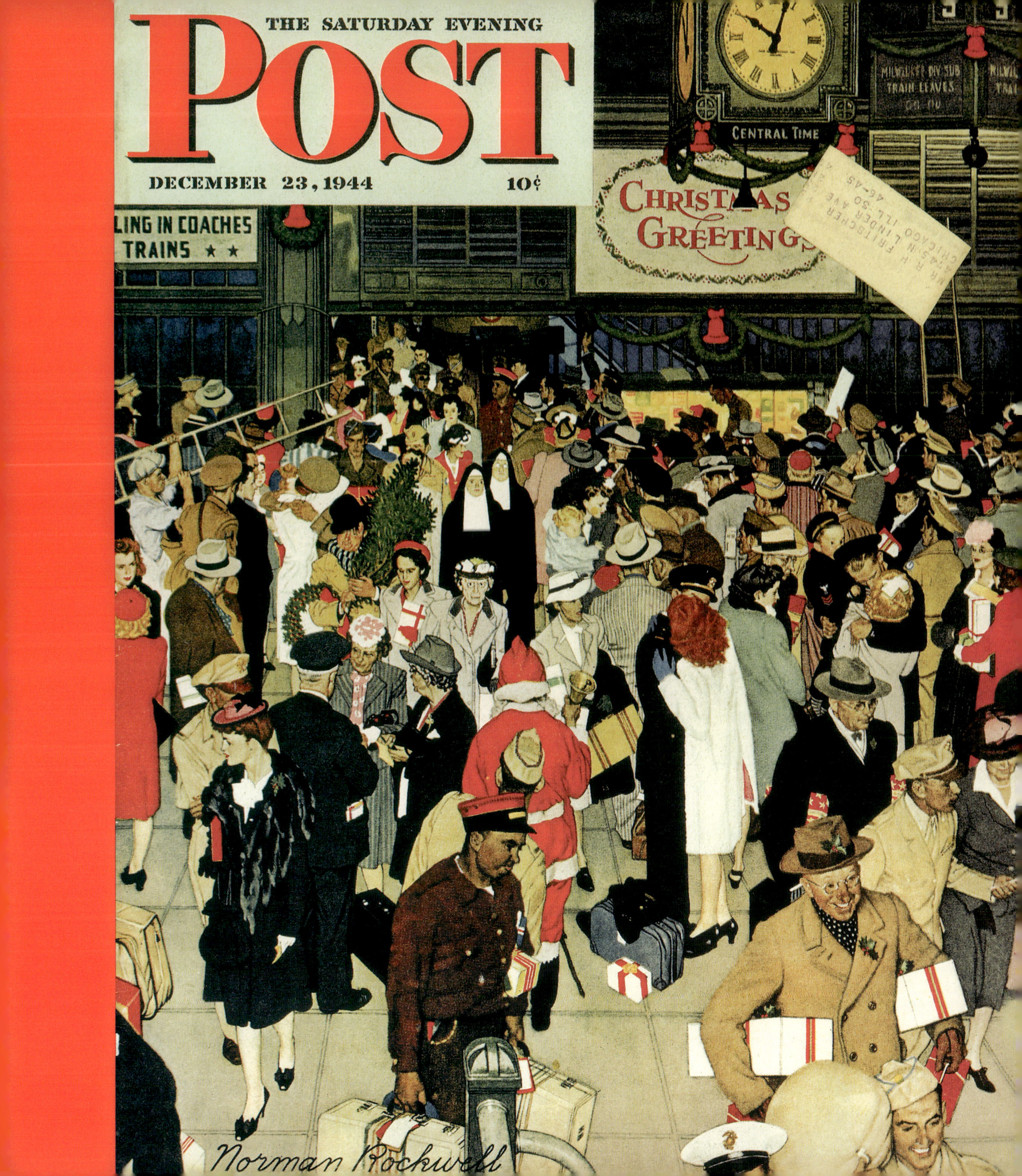
THE SATURDAY EVENING
POST
DECEMBER 23, 1944
10¢
LING IN COACHES
TRAINS ★ ★
CENTRAL TIME
Norman Rockwell

Paris scintille comme un décor vivant, le jeudi, il y a tant de monde autour des magasins qu'il faut faire la queue entre les longues barrières de bois. Là s'écrasent des papas qui portent leurs filles sur les épaules, des grands-mères qui accompagnent leurs petits-enfants avec le cabas du goûter, des mamans qui poussent courageusement la voiture du dernier.
L'Illustration, Noël 1937

Si saint Nicolas distribue quelques menus cadeaux dès le XVIIe siècle, comme en témoigne le tableau de Jean Steen, seuls les enfants de notables et de souverains les reçoivent. Noix et noisettes, sucreries, sont le lot de tous les autres.

En réalité, il faudra attendre le milieu du XIXe siècle pour que le « cadeau de Noël » apparaisse comme tel, et que sa distribution devienne un rite central de la célébration profane.

Cette nouveauté tient au déplacement progressif des étrennes du 1er janvier au 25 décembre, et à ce grand mouvement qui saisit la bourgeoisie, consciente que la vie privée était un enjeu décisif et Noël un moment fort de son exaltation. On offre alors des poupées à tête de porcelaine, des théâtres de marionnettes, des chevaux à roulettes, des tambours et des trompettes, des albums. Les mères sont renvoyées à leur rôle domestique avec l'ouvragère et la causeuse, les pères à leurs livres ou à leurs tabatières.

En dehors de ces milieux aisés, il faut bien avouer que les petits souliers n'étaient guère remplis, sinon au mieux par une orange, dont beaucoup de nos grands-parents gardent un souvenir ému. Fruit rare et généreux, ce « petit soleil » posé dans les chaussures, les sabots ou les galoches éclairait les joyeux matins de Noël et illumine encore les souvenirs d'enfances modestes. En 1810, George Sand, qui a six ans, décrit l'émotion qu'elle ressentait à la découverte des cadeaux laissés par le Bonhomme Noël « déjà bien implanté à Paris » :

> Quels efforts incroyables je faisais pour ne pas m'endormir avant l'apparition du petit vieux ! J'avais à la fois grande envie et grande peur de le voir : mais jamais je ne pouvais me tenir éveillée jusque-là, et le lendemain, mon premier regard était pour mon soulier, au bord de l'âtre. Quelle émotion me causait l'enveloppe de papier blanc, car le Père Noël était d'une propreté extrême et ne manquait jamais d'empaqueter soigneusement son offrande. Je courais pieds nus m'emparer de mon trésor. Ce n'était jamais un don bien magnifique, car nous n'étions pas riches. C'était un petit gâteau, une orange, ou tout simplement une belle pomme rouge. Mais cela me semblait si précieux que j'osais à peine le manger[88].

Page précédente : le 23 décembre 1944, la foule se presse pour aller fêter Noël en famille. La guerre n'est pas finie, des officiers et des soldats retrouvent ou quittent leur amie, leur épouse. Les voyageurs semblent pleins d'espoir et sont encombrés de cadeaux. (Norman Rockwell, *Union Station, The Saturday Evening Post*, 23 décembre 1944, Stockbridge, The Norman Rockwell Museum.)

À droite : l'enfant s'est endormi en attendant l'arrivée des cadeaux. A-t-il aperçu les vrais donateurs ? (Londres, 2000.)

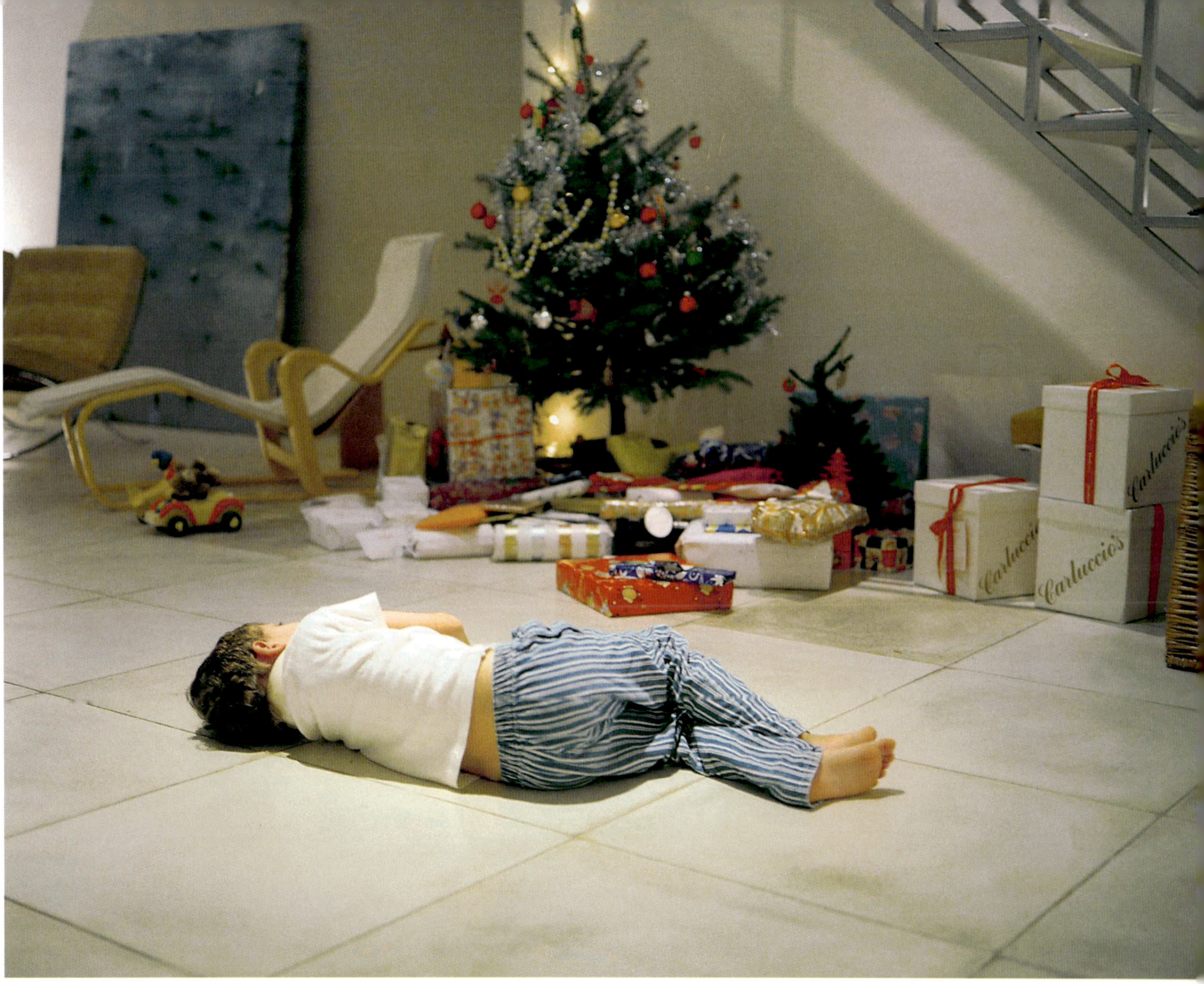

Au début du XIXe siècle, une formidable « industrie de Noël » naissait dans les pays anglo-saxons. Jusqu'à cette époque, la fête était une occasion de « bien manger » et, dans les meilleurs cas, de faire bombance. À Londres, capitale qui donnera avec New York le coup d'envoi de la fête moderne, les épiceries regorgeaient de denrées appétissantes et l'on se pressait chez le boulanger pour faire cuire l'oie ou la dinde, mets principal du dîner de réveillon. Les marchés de Leaden Hall et de Newgate débordaient de nourriture. Les murs des échoppes étaient littéralement tapissés de ces volailles, alors importées de France et d'Allemagne. Partout la foule se bousculait. Les boutiques rivalisaient de coquetterie pour attirer le chaland... Toutes celles où se débitaient des comestibles ou des boissons étaient parées de leurs articles

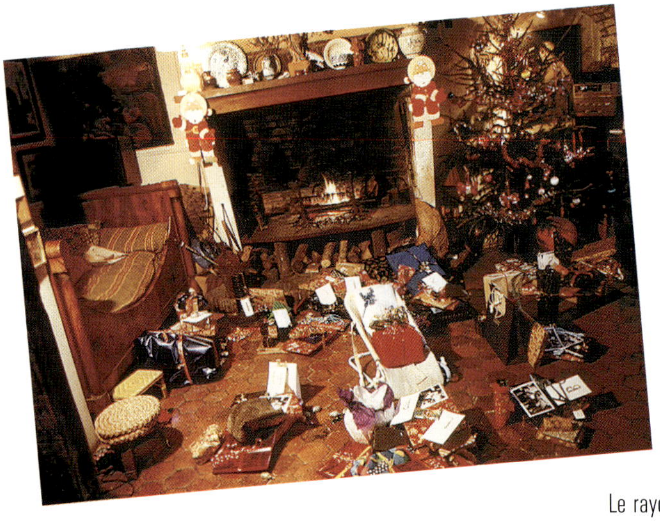

les plus attrayants ou d'ornements végétaux, gui et houx principalement, vendus sur ces mêmes marchés par les plus humbles, souvent des enfants qui profitaient de cette « cueillette saisonnière ». Dickens a donné dans son *Conte de Noël*[89] une description précise et précieuse de l'ambiance qui régnait alors en ville :

Le rayonnement des magasins où les baies et les feuilles de houx craquaient à la chaleur des lampes des devantures mettait un reflet rouge sur les figures pâles des passants. Les boutiques des rôtisseurs et des épiciers offraient aux yeux un décor splendide, un spectacle de rêve avec lequel il semblait impossible que les principes vulgaires de la vente et de l'achat pussent avoir la moindre relation.

Ci-dessus : l'accumulation des cadeaux, un sacrifice véritable sur l'autel de la famille. (France, 1993.)

À droite : l'ouverture des cadeaux est un moment de dévoilement, mais aussi de réassurance affective de l'enfant à travers « l'offrande » qui lui est faite.

Le « commerce de Noël » allait vite faire comprendre à ceux qui le détenaient que leur intérêt était justement de « transcender » ces principes « vulgaires ».

Au même titre que les banques et la publicité naissante, les magazines féminins et les experts en économie domestique jouèrent un rôle important. Ils donnèrent des instructions aux ménagères concernant le choix du présent idéal et insistèrent sur l'apprentissage nécessaire de cette « culture du cadeau » par les enfants. « L'art du cadeau » devint l'expression nécessaire de l'amour filial et de l'amitié.

EMBALLAGES

Une innovation va contribuer à consolider et à parachever la notion de cadeau de Noël, c'est l'« emballage », qui date de la fin du XIXe siècle. Auparavant les cadeaux restaient visibles, ou au mieux, comme l'indique le récit de George Sand, étaient empaquetés dans du papier blanc ou beige. L'invention du papier historié, des rubans brillants et colorés et de la Cellophane va connaître un énorme succès et développer une industrie florissante.

Jusque-là, l'emballage des cadeaux, lorsqu'il existait, était plutôt informe, confectionné à l'aide de papier grossier et fermé par une simple ficelle. Ce que le futur fondateur de Hallmarks appellera *gift dressing*, « l'habit du cadeau », devait traduire, au contraire, une intention singulière vis-à-vis du récipiendaire et donner l'occasion d'un dévoilement imprévu qui en accentuerait l'émotion.

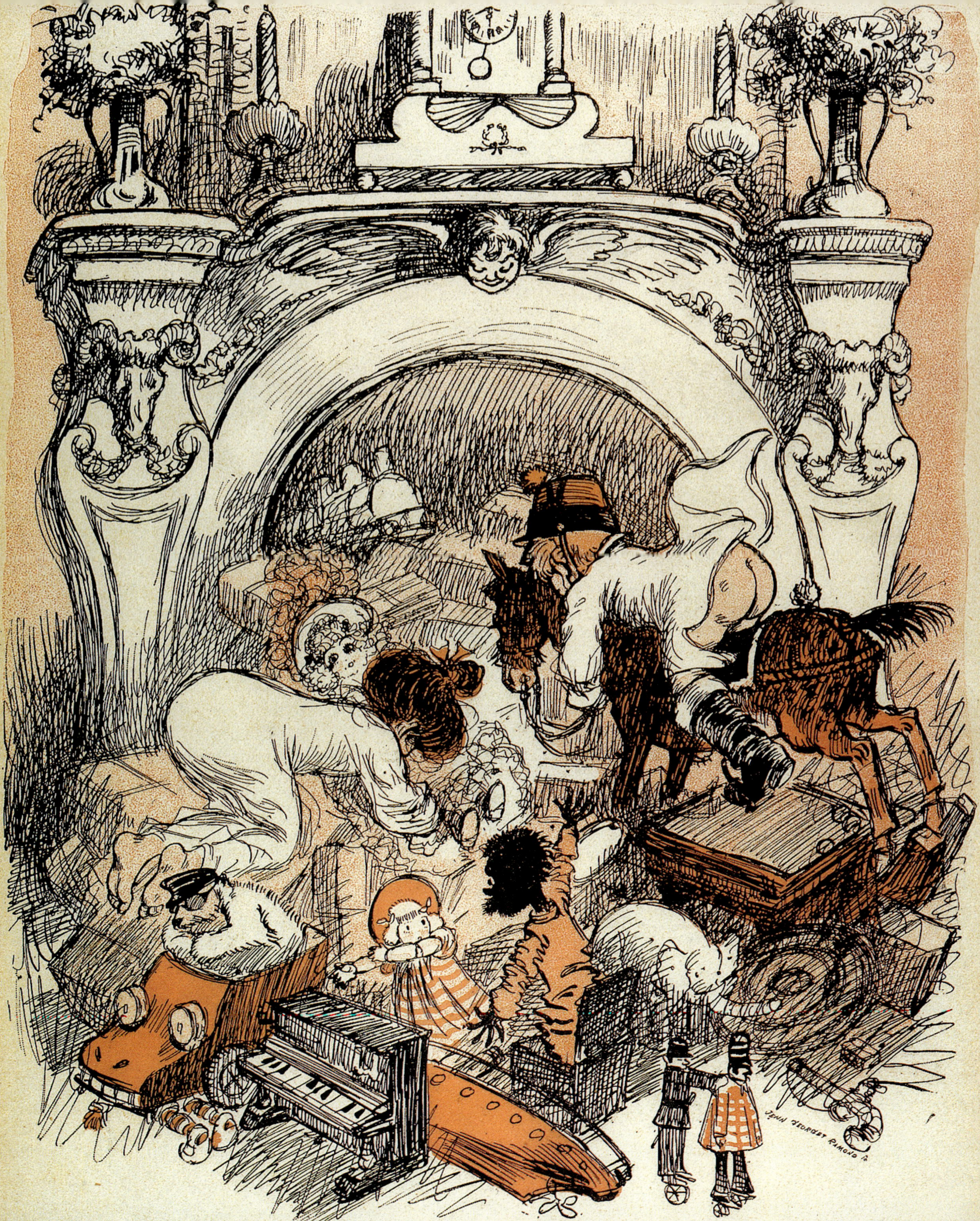
JEAN GEORGET RAMOND

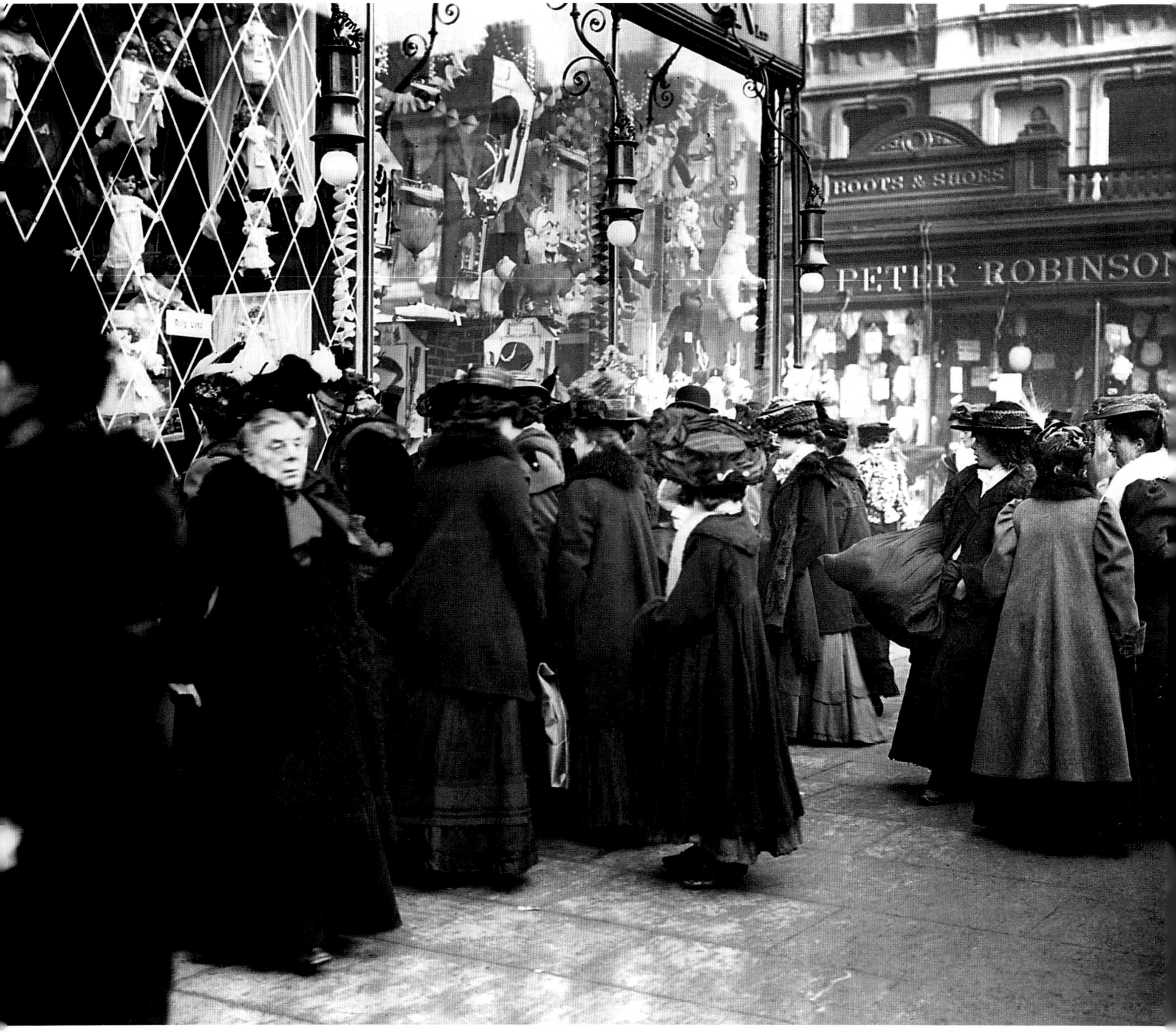
BOOTS & SHOES
PETER ROBINSON

Kara A. Marling[90] décrit cette pratique de l'emballage comme une nouvelle mode et signale l'existence de *Christmas package parties* vers 1877. Ce curieux divertissement dont raffolait une partie de la bonne société américaine, riche et un peu blasée, consistait pour les *gentlemen* à faire monter les enchères sur un de ces cadeaux, emballé et donc inconnu. Au gagnant était alors réservée la surprise de découvrir que ce « paquet-cadeau » recelait en fait une poupée et l'incongruité de l'apparition déclenchait le rire de l'assemblée.

Dès lors, des deux côtés de l'Atlantique prit forme ce nouvel objet de toutes les envies et de tous les rêves d'enfant : le « cadeau de Noël » ! L'emballage devint un préparatif si important qu'il fit souvent la couverture des magazines féminins. Nouveau rituel effectué le plus souvent par les mères et leurs filles, il a toujours été, et reste aujourd'hui encore, une affaire de femmes.

VITRINES

En revanche, c'est « en famille » que l'on fait ses achats de Noël et cela depuis le milieu du XIXe siècle. Le numéro d'*Illustrated London News* daté du 24 décembre 1853 nous fait découvrir l'intérieur d'une calèche où le père, portant haut-de-forme et redingote, lit son journal tandis que la mère et les trois fillettes emmitouflées dans des manteaux doublés d'hermine et coiffées d'élégants chapeaux à plumes dorment, épuisées, en serrant leur manchon contre elles. La mère tient d'une main amollie par le sommeil un tambourin et un cheval en bois, tandis qu'à ses pieds on devine un cerceau et quelques paquets enrubannés. Le titre est évocateur et déjà ironique : *Le Prix de Noël*.

Les grands magasins américains et notamment new-yorkais se transformèrent en palais féeriques par la magie de leurs vitrines. Macy's devint une institution célèbre pour ses expositions de poupées au coin de la 6e et de la 14e avenues. Puis les vitrines s'animèrent.

En 1883, pour la première fois, la technique put faire se mouvoir toutes sortes de sujets grâce au pouvoir de la vapeur[91]. Le traîneau du Père Noël fut tiré vers un ciel de carton grâce à l'ingéniosité des techniciens et décorateurs. Beaucoup de talents se révélèrent. Franck Baum, l'auteur du *Magicien d'Oz*, commença sa carrière en écrivant un « traité sur la décoration des vitrines » et en éditant un journal pour

Au début du siècle, à Londres comme dans toutes les grandes capitales, s'accomplit le rituel des courses de Noël. Les femmes sont les premières concernées. Elles le sont toujours.

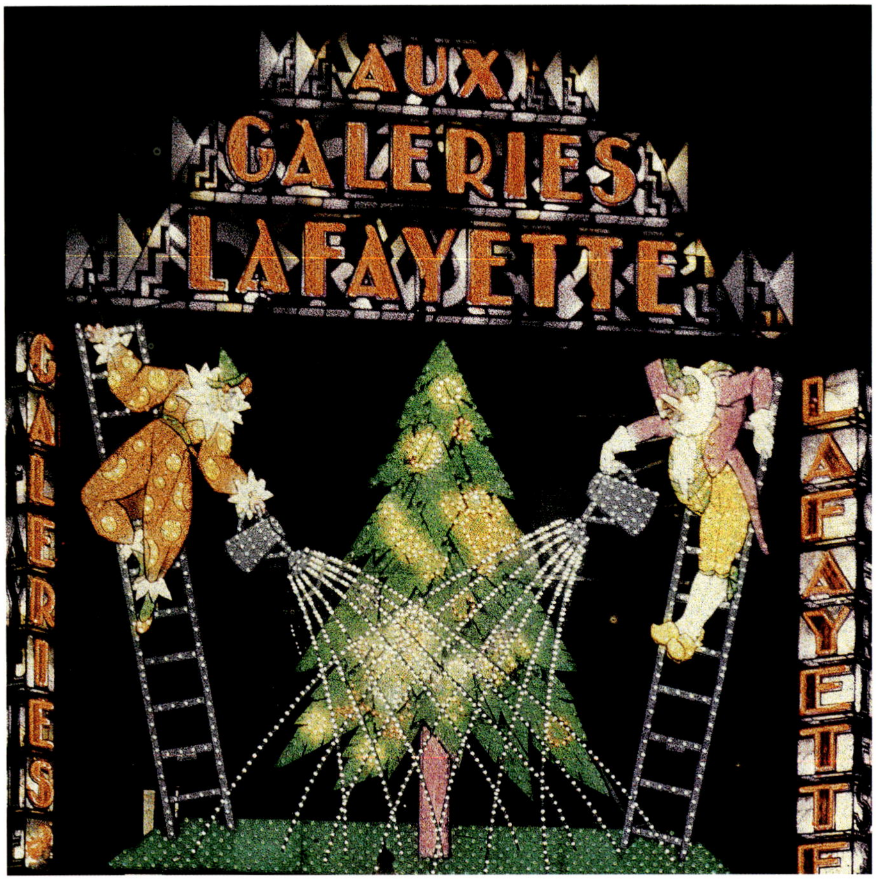

les machinistes. Plus récemment des artistes célèbres s'y adonnèrent, tels Salvador Dalí, Andy Warhol, John Jaspers... parmi d'autres.

Les villages enneigés, les héros de roman pour enfants, l'oncle Tom, Robin des Bois, Alice au pays des merveilles, enchantèrent définitivement le public. Dès le début du mois de décembre, de longues cohortes de passants emmitouflés longeaient lentement ces parois de verre derrière lesquelles se découvrait un monde magique et merveilleux.

Deux mondes de la marchandise s'opposaient alors, conviant deux populations différentes : celle des petits camelots installés sur les trottoirs, qui vendaient leur pacotille avec force boniment aux moins favorisés, et celle de ces nouvelles « cathédrales de la consommation[92] » destinées à la bourgeoisie et à l'aristocratie.

L 'Angleterre connaîtra une évolution parallèle. Jusqu'en 1880, on achète surtout de la nourriture, souvent exotique, délice des pays colonisés. À la fin du siècle, l'empressement avec lequel les magasins invitent leur clientèle à « acheter à l'avance » est le signe que le phénomène du *Christmas shopping* a bien « pris », écrit Mark Connelly[93].

Encore une fois, la famille royale, la reine et la jeune princesse Mary, en particulier, donneront l'exemple « en s'y prenant très tôt », pour « éviter les bousculades et avoir le choix », commentent les journaux londoniens.

En 1888, dans l'est de Londres, le directeur d'un grand magasin inaugura ce qui allait devenir la grande « tradition » des vitrines spectacles, en faisant construire la grotte du Père Noël, *Santa Grotto*, qui attira immédiatement toute une clientèle enthousiaste. Maquettes du Londres ancien, tableaux historiques et

Ci-dessus : les vitrines des grands magasins créent la féerie, les illuminations font désormais partie du décor urbain. (Les Galeries Lafayette, décembre 1929, illuminations de Jacopolli.)

À droite : l'arbre de Noël se dressa sur les places publiques et dans tous les lieux prestigieux de l'Amérique dès le début du XXe siècle. Il devint un symbole de progrès et de modernité. (Fontaine Prometheus au Rockefeller Center, New York.)

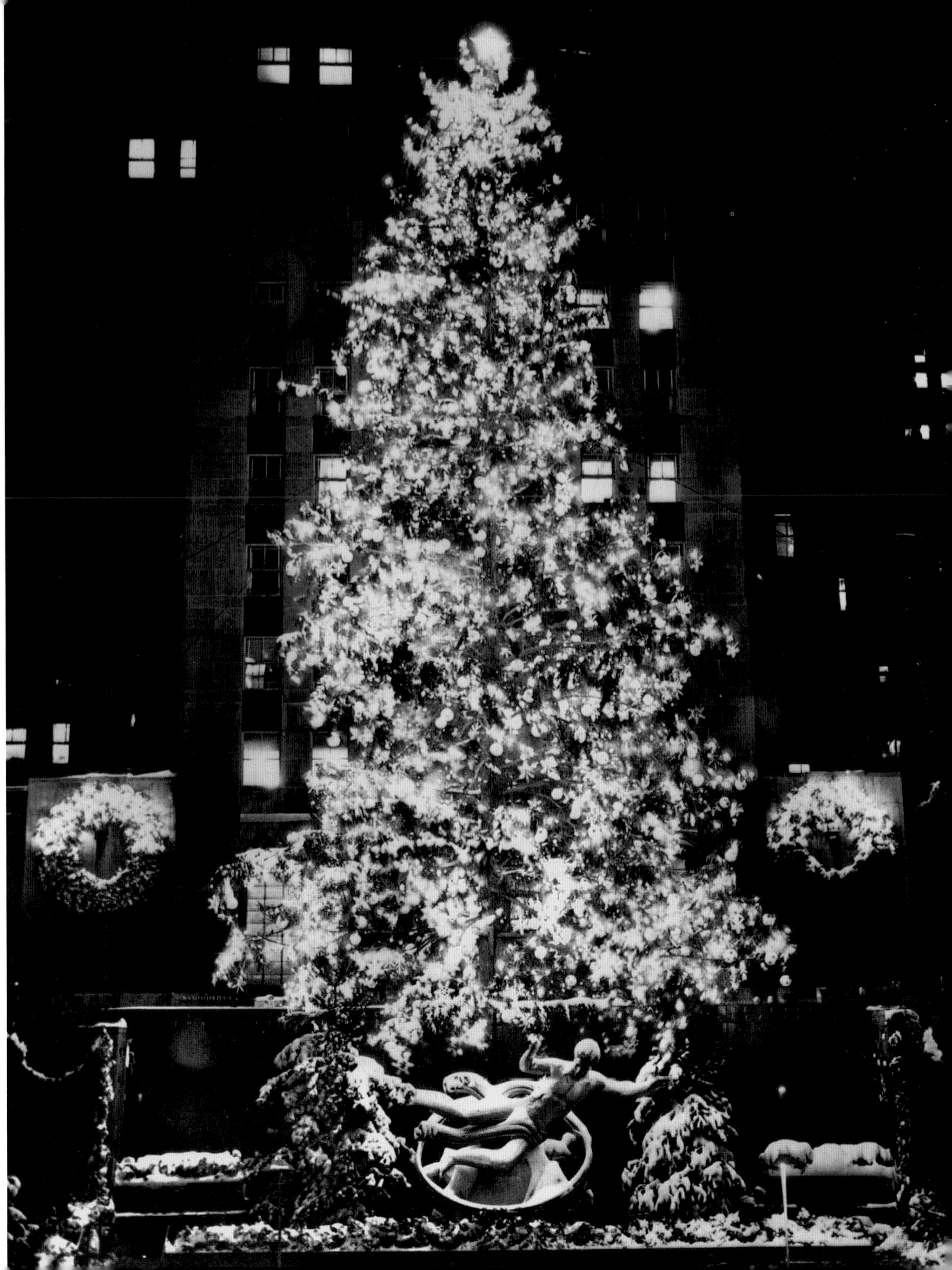

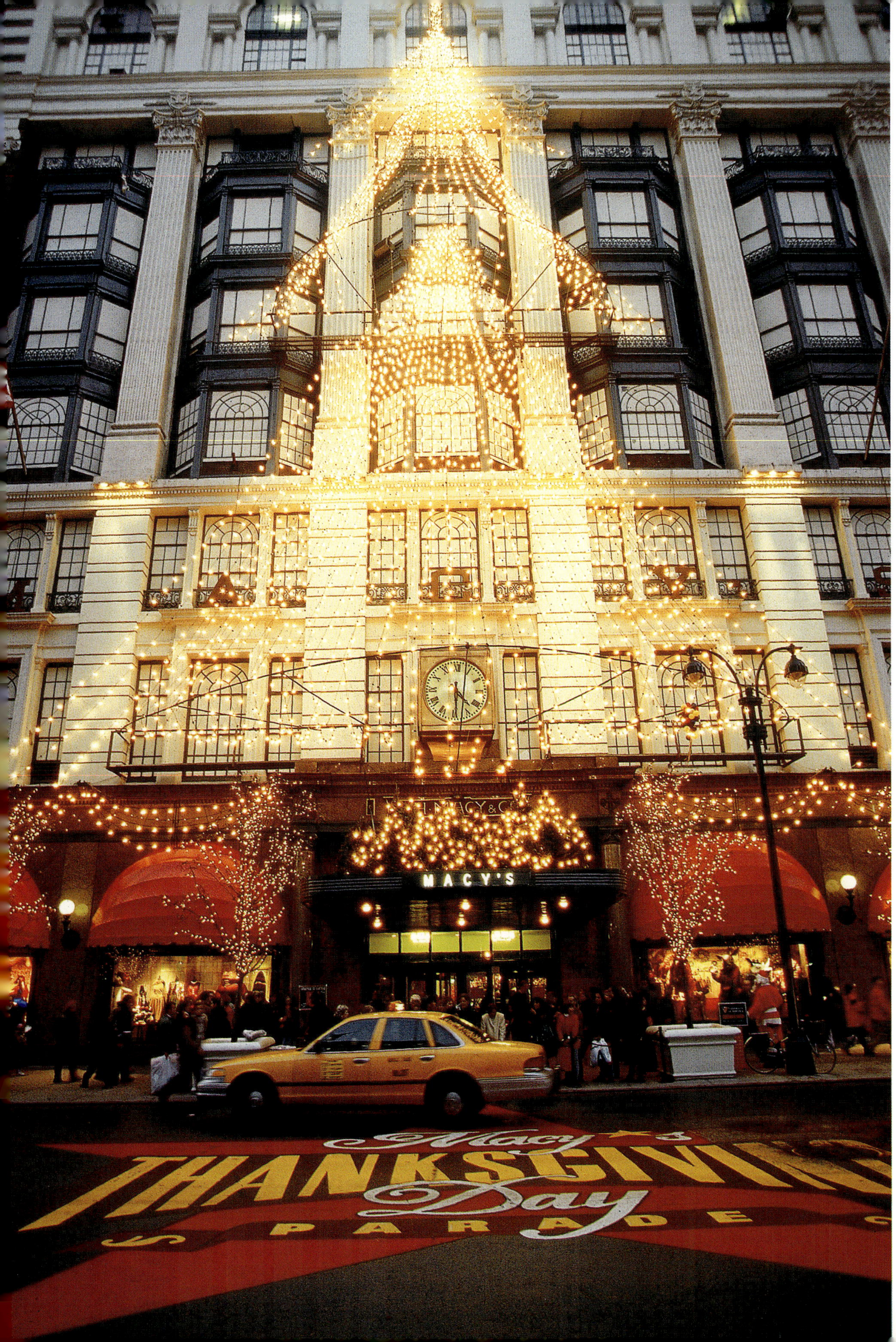
MACY'S
Macy's
THANKSGIVIN
Day
PARADE

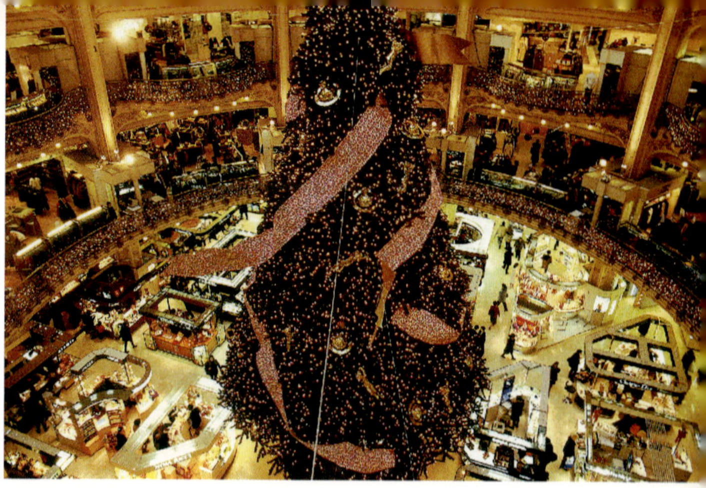

messages patriotiques comme celui de la flotte britannique en 1909 furent aussi les thèmes de ces décors qui transformaient l'achat en visite culturelle et amenaient les provinciaux en ville. Le succès fut si grand qu'il arriva que la police intervienne pour dégager Regent Street et Marlborough Street prises d'assaut par la foule admirative comme en 1909 chez Swan & Edgar[94].
Au tournant du siècle, tous les petits Anglais exigèrent de s'asseoir sur les genoux de Santa Claus qui venait de prendre place, à l'instar de son confrère américain, dans ces nouveaux temples de la consommation. Les puritains s'en offusquèrent et parlèrent de « bacchanales éhontées ». Leur jugement resta sans effet. Désormais, la majorité allait sacrifier à ce nouveau rituel du *Christmas shopping* dont le sentimentalisme occultait l'évidence mercantile.

En France, le phénomène sera similaire mais plus tardif. C'est en 1878 que le Magasin du Louvre annonça une « exposition spéciale des jouets et objets pour les étrennes », dont l'ouverture était prévue le 9 décembre. « Elle aura lieu dans une nouvelle galerie située au premier étage, d'une longueur de 200 mètres, qui avait nécessité trente nouveaux salons, rues de Rivoli, Marengo et Saint-Honoré ! »

Un entrefilet précise qu'« un catalogue illustré de jouets et articles est à la disposition de toutes les Dames qui en feront la demande ».

En 1900, ce même magasin inaugure l'arbre de Noël « le plus grand de tout Paris ». Cette notion de gigantisme va devenir un enjeu commercial et décoratif décisif. Plus le sapin sera grand, plus la curiosité sera forte et la foule immense. En 1909, c'est le Bon Marché qui présentera à son tour les premières vitrines animées, elles avaient alors pour thème la récente découverte du pôle Nord par Robert Peary. Explorations et aventures glacées enchantèrent les enfants et leurs parents.

Les magazines et les journaux accompagnent cette nouvelle mise en scène urbaine de la fête. Les reportages décrivent l'empressement de la clientèle, la cohue, l'excitation des enfants.

Il ne faut cependant pas oublier que, depuis longtemps déjà, la fin de l'année voyait fleurir sur les grands boulevards de la capitale, mais aussi dans les rues de certains villages, ces petites baraques en plein vent que Jean Valjean, qui venait de rencontrer Cosette à la fontaine de Montfermeil, confondit avec celles d'une foire :

Ci-dessus : le gigantisme atteint les sapins des grands magasins comme ceux des places publiques. (Galeries Lafayette, Paris.)

À droite : Macy's fut, dès la fin du XIXe siècle, le magasin new-yorkais pionnier pour la transformation de Noël en fête marchande et la professionnalisation des Pères Noël qui suivit. (New York, 1996.)

Quand ils eurent laissé l'église derrière eux, l'homme, voyant toutes ces boutiques en plein vent, demanda à Cosette :

« C'est donc la foire ici ?

– Non Monsieur, c'est Noël[95]. »

En 1900, ces mêmes « bimbeloteries » furent réservées aux ouvriers par une circulaire préfectorale, qui les « autorisait à y vendre des objets issus de leur propre travail ». Un journaliste de *L'Événement* du 26 décembre 1920 décrit le contenu de ces cavernes d'Ali Baba miniatures, telles qu'on pouvait les rencontrer en flânant de la Bastille à la Madeleine :

Les enseignes sont ronflantes et affirment presque toutes une idée de royauté. Roi du cirage, Roi des jouets mécaniques trônent en plein air... Lapin sauteur, ours qui joue des cymbales, la cuisine de Madelon et les modernes poupées au crâne chauve, au ventre piriforme et aux yeux exagérément ronds... Boules puantes, poudre à éternuer... On contente bébé, on se soumet à tous ses caprices, car Noël est avant tout la fête des petits, la fête de leurs illusions et de leurs premiers rêves... Les regards émerveillés des gosses embrassent avec frénésie les vitrines illuminées...

Là aussi, deux sociétés se côtoient comme à New York et à Londres : la première déambule lentement à l'intérieur des grands magasins chauds et parfumés de la capitale, la seconde achète en plein vent ou sur les trottoirs.

Tous finissent néanmoins par entrer dans les « grands magasins » après avoir admiré leurs vitrines. Une fois à l'intérieur, on peut s'émerveiller des guirlandes et du sapin gigantesque qui semble soutenir le toit, tel le mât d'un navire.

Dès les années 1930, l'excitation des achats et la fatigue qu'ils entraînent ont fait le bonheur des illustrateurs. Nous sont présentés avec humour des pères « porteurs » d'une pile de cadeaux en voie de déséquilibre total, des mères excédées tirant un enfant en pleurs, tout en essayant de vérifier la liste établie pour ne rien oublier (Joseph Christian Leyendecker, 1936) ; des enfants apeurés sur les genoux du Père Noël du magasin (John Hughes, 1949) ; la fatigue d'une vendeuse, bigoudis encore dans les cheveux, effondrée sur le dossier d'une voiture à pédales (Norman Rockwell, couverture du *Post* du 27 décembre 1947).

La fée Électricité s'est emparée des anges de Noël. (Décorations de Noël au Rockefeller Center, New York.)

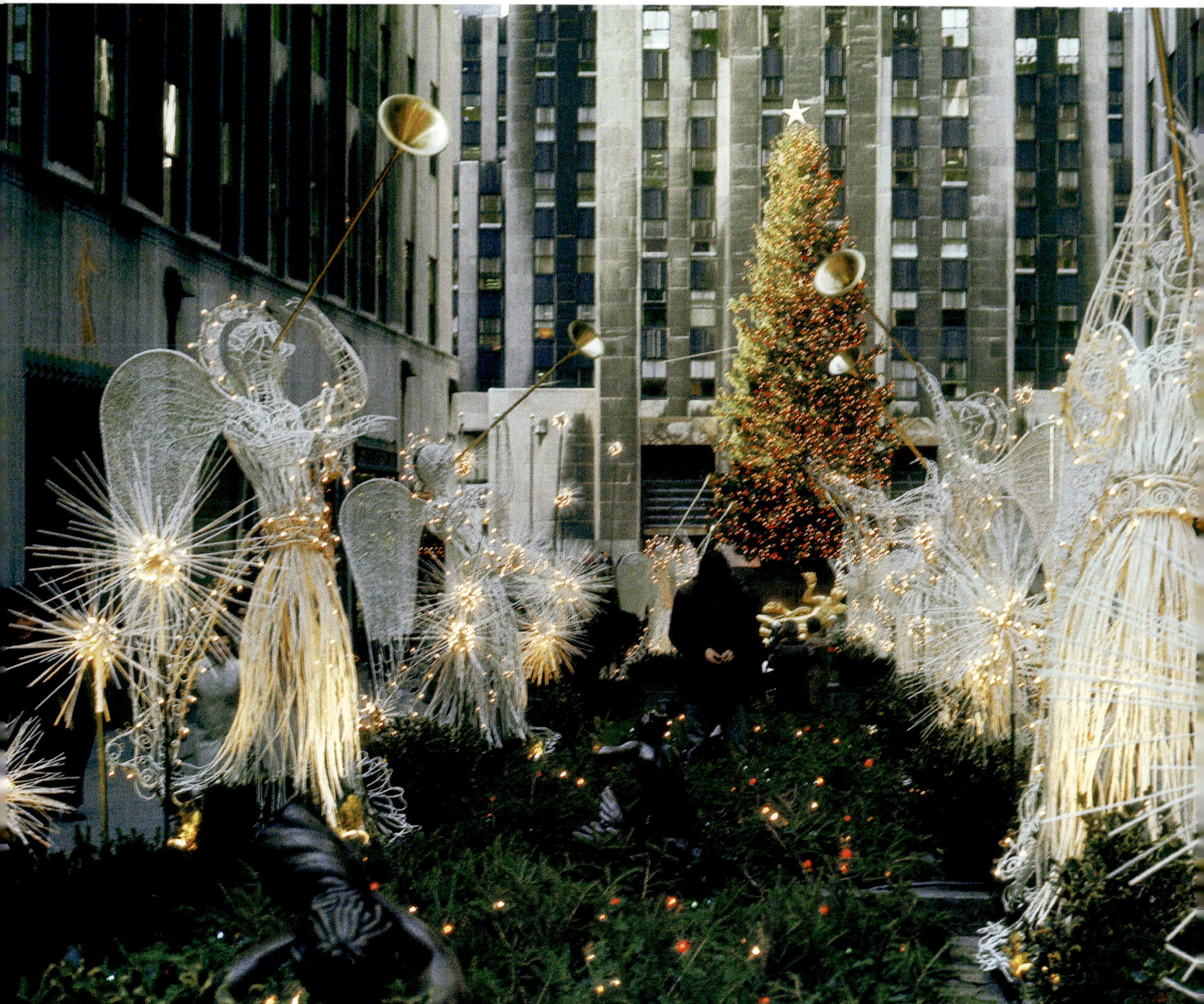

TRIOMPHE DE LA CONSOMMATION

Les Américains avaient un peu d'avance sur les Français. En 1946 en France, le ton n'était pas encore à la dérision. La guerre venait de se terminer et Noël héritait de l'espérance nouvelle de la relève.

Tino Rossi en fut un des symboles inattendus en entonnant en décembre 1946 *Petit Papa Noël* dans *Destins,* un film dont le souvenir reste uniquement dans la mémoire des cinéphiles, mais dont la chanson connaîtra une célébrité incroyable. Elle reçut le Disque d'or en 1949. En nous assurant que les jouets devaient «tomber par milliers» le refrain était en fait un appel à la consommation triomphante. Il fallait bien combler la génération du *baby boom,* qui n'avait plus l'intention de se contenter d'une orange ou de quelques bonbons fondants!

Dans cette période de reconstruction seront alors offerts aux garçons des jeux de construction et des meccanos, aux filles des ustensiles ménagers «modernes» comme ceux des femmes américaines, des habits d'infirmières avec toute la panoplie...

Santa Claus venait d'arriver et apportait avec lui les dernières techniques de marketing. *Le Figaro* du 21 décembre 1946 eut un éclair de lucidité lorsqu'il s'exclama:

> Les enfants de France devront bientôt considérer que le Père Noël est un sujet américain!

Lorsque John Wayne est mort, rappelle Mark Connelly, Maureen O'Hara suggéra d'inscrire en simple épitaphe: «John Wayne, Américain». De la même façon, poursuit-il, Santa Claus est réellement un Américain immortel!

Le cinéma a beaucoup œuvré pour promouvoir ce message et assurer sa prééminence sur les autres[96]. Or, tous les films américains à propos de Santa Claus font référence à la nature du capitalisme, mais un capitalisme repenti de ses excès et qui va toujours permettre de réparer l'injustice. *Le Miracle de la 34e rue*[97] en est un des exemples les plus assumés. À la fin du film, la petite fille interprétée par Natalie Wood constate avec bonheur que tous ses vœux ont été comblés. Sa mère divorcée retrouve l'âme sœur en la personne de l'avocat de Kriss Kringle (le Père Noël), et une villa de rêve leur est offerte en cadeau de mariage par ce vieil homme qui se prenait pour le «vrai» Père Noël et voulait échapper à la maison de retraite qui l'attendait.

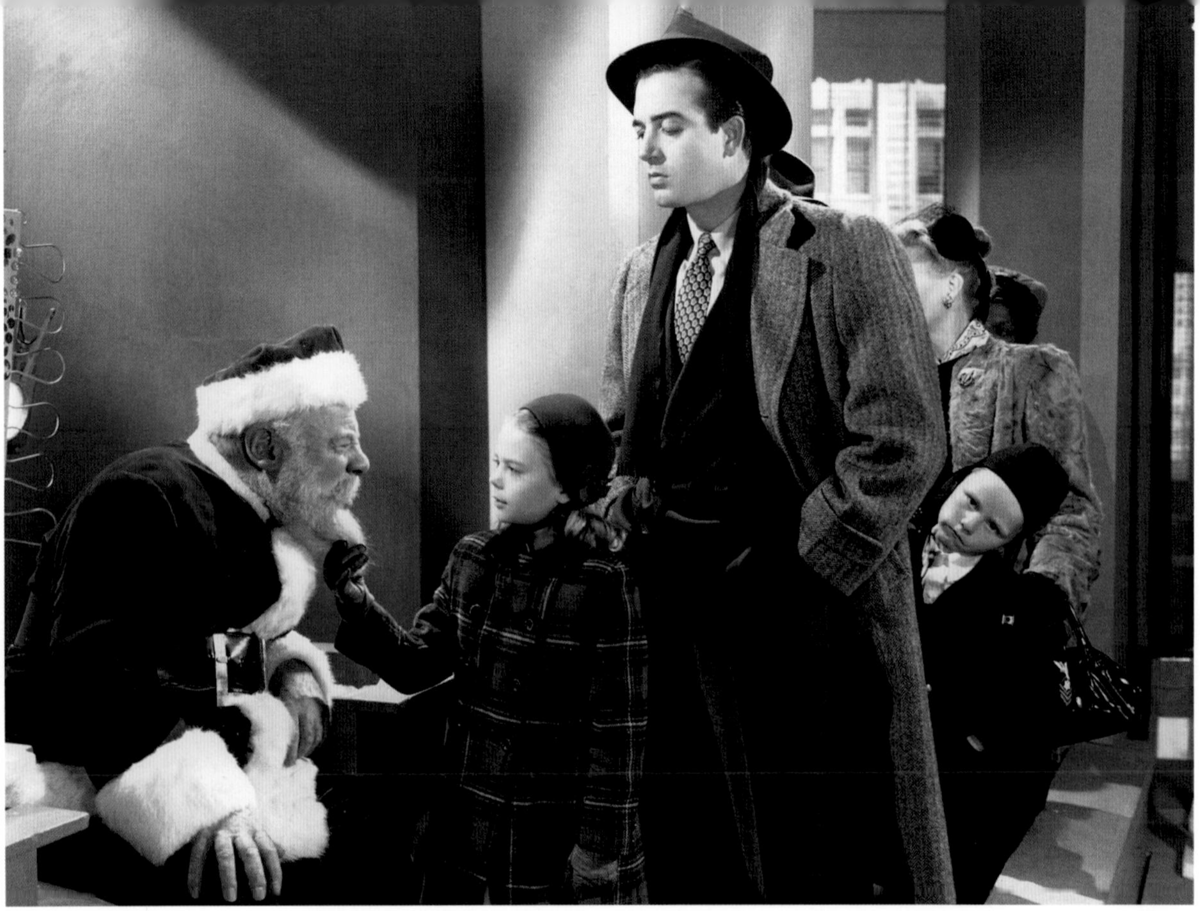

NOËL MADE IN USA

Les années 1950 font en France un triomphe à ce Noël *made in USA*. Toute une esthétique *glamour* l'accompagne. C'est l'époque où le film *Noël blanc* réalisé par Michael Curtiz (1954) enthousiasme le public des salles obscures à New York, Londres et Paris. Bing Crosby et son comparse Danny Kaye dansent et chantent comme on sait le faire à Hollywood dans les bonnes comédies musicales. Dans ce film qui annonce la neige, celle-ci n'arrive qu'au dernier moment. Elle sauvera le spectacle organisé par deux artistes de music-hall qui firent la guerre ensemble et ont décidé de sauver de la faillite probable l'auberge tenue – c'est ici la surprise – par leur ex-général bien-aimé. Solidarité, patriotisme et... réussite sont les ingrédients de ce film qui fut d'abord une comédie musicale à succès d'Irving Berlin. La chanson *White Christmas,* écrit Kara A. Marling[98], fut une sorte « d'hymne national non officiel » que les soldats américains voulurent écouter à la radio des « forces armées » lorsqu'ils combattirent dans le Pacifique et plus tard en Corée. Frank Sinatra, Paul Anka, Ella Fitzgerald et bien sûr Elvis Presley, qui avait déjà chanté le fameux *Santa is Back in Town,* reprirent chacun à sa manière ce *Noël blanc*. On en dénombra 350 versions et le film est souvent proposé par la télévision le jour de Noël.

Cette fillette, incarnée par Natalie Wood, doute que ce Père Noël installé chez Macy's réalise ses vœux. Elle sera comblée au-delà de ses rêves par celui qui se prenait pour le vrai Santa Claus. (*Le Miracle de la 34e rue,* 1947, National Film Archive London.)

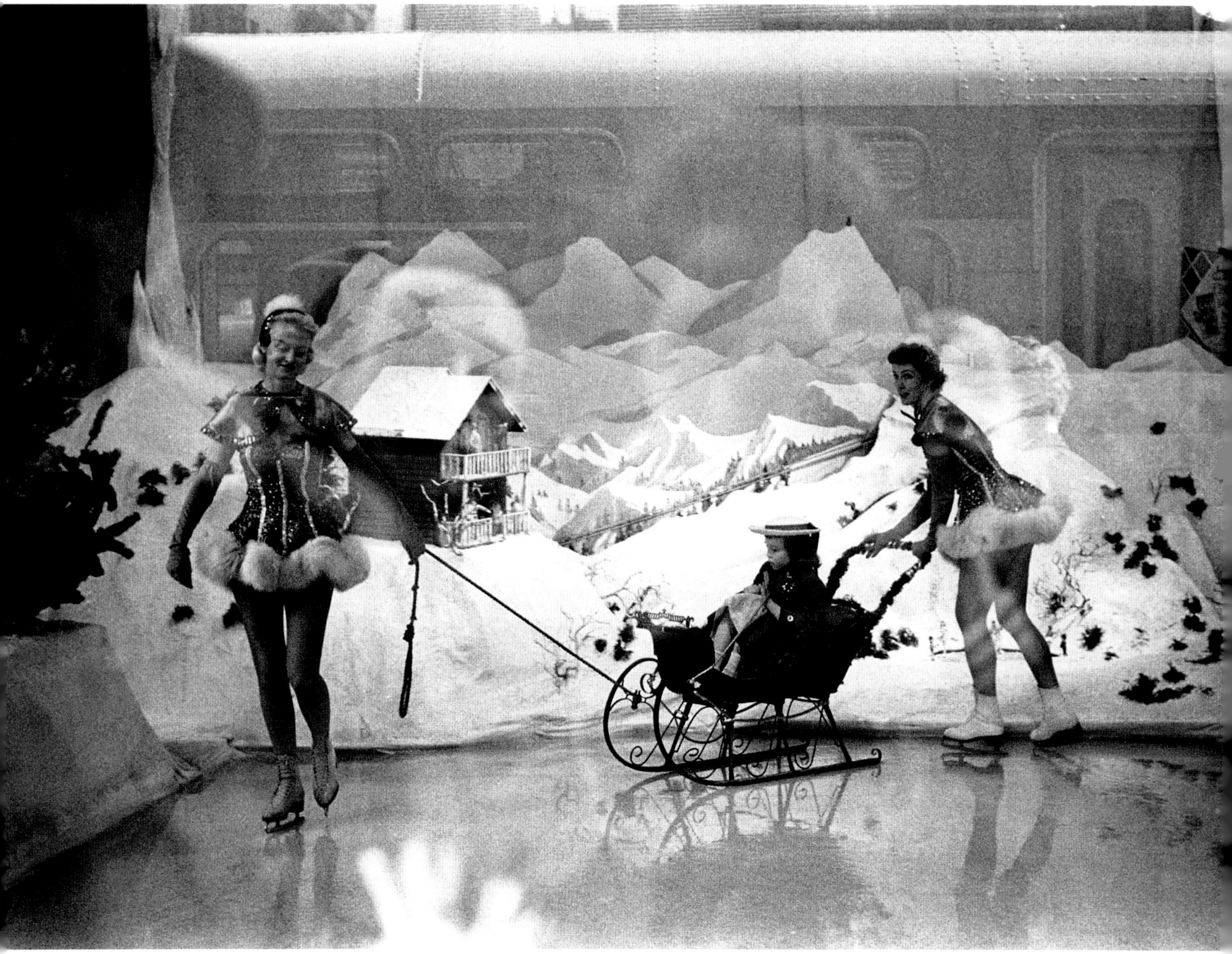

En France, la séduction exercée par le modèle américain a succédé à celle du Noël anglais au XIXe siècle, sans l'exclure. Les Français et surtout les Françaises sont « sous influence ». Les magazines féminins décrivent à longueur de colonnes la vie quotidienne si « moderne » des Américaines. La fête de Noël fait l'objet de grands articles étonnés mais admiratifs. On parle à son propos d'« obsession américaine », celle qui vous conduit à « ne pas acheter trop tard » et à « vivre les semaines qui précèdent comme un compte à rebours », celle encore qui impose d'économiser toute l'année dans les fameux *Christmas clubs* déjà évoqués, celle enfin qui fait dépenser à l'Américain moyen deux fois plus qu'à n'importe quelle autre période ! (*Carrefour* du 19 décembre 1951).

Les Français apprendront aussi que la Western Union peut envoyer des « télégrammes de Noël chantés » :

> C'est une sorte de réveil téléphonique en musique qu'on peut envoyer à n'importe quelle heure de la journée. Mrs Brown par exemple se prépare pour son Christmas dinner qui commence le jour de Noël à 14 h 30. À 14 h, le téléphone sonne, elle décroche et elle entend : « De la part de Mr Smith, écoutez ce chant. » Et un grand ténor, à l'autre bout du fil, lui chante sa mélodie favorite[99].

Le décor urbain est un sujet d'étonnement permanent. À Paris, les premiers grands sapins aux carrefours ont été dressés, mais ils ne supportent pas encore la comparaison avec ceux de New York, devenu dans tous les cœurs la capitale de Noël.

> Aux États-Unis, ce sont des avenues de plusieurs kilomètres de long qui sont bordées de sapins étincelants. Il n'est pas rare de voir s'élever des arbres de Noël dont la hauteur atteint celle d'une maison de cinq étages ! New York devient une véritable forêt de sapins (des baumiers du Canada expédiés par wagons entiers) [...] ; à la fin de la fête, ceux-ci sont brûlés au coin des rues[100].

L'Amérique est l'emblème d'une dépense nouvelle que la France s'autorise grâce à son entrée toute récente dans « les Trente Glorieuses ». Malgré tout, une différence majeure semble encore séparer les deux nations : le « cadeau utile » :

> Depuis quelques années, on a remarqué en France une tendance à offrir des cadeaux utiles. En Amérique, au contraire, une machine à laver, un Frigidaire ou même une machine à écrire seraient mal accueillis. Ils sont considérés comme des accessoires des travaux de chaque jour et pour rien au monde on ne voudrait les faire figurer dans la féerie de Noël. Un cadeau doit apporter un peu de luxe, de superflu[101]...

Les années cinquante ont inventé le Noël kitsch. Le décor de montagne enneigée devient un motif paysager stéréotypé. (New York, Madison Avenue, 1958.)

L'après-guerre est l'époque où les journaux français vont commencer à publier systématiquement des pages « idées de cadeaux ». Une véritable « fièvre » s'empare de la capitale, preuve que « Noël est bien là ».

> Une armée de dindes a envahi les Halles. Les confiseurs offrent aux passants le spectacle des vitrines plus séduisantes les unes que les autres. Les retardataires se procurent le traditionnel sapin qui émerveillera les petits. Dans les magasins, c'est la cohue. Dehors, la circulation est intense et les piétons déambulent, chargés de paquets... Noël est là, qui, en dépit des vicissitudes sera joyeusement fêté[102].

Les « sorties » en famille pour « aller voir » les vitrines s'instituent, récompense des enfants, tendre épreuve pour les parents que des photographes comme Willy Ronis et Robert Doisneau ont tenu à immortaliser. Ils n'ont pas résisté à l'extase des bambins, à leur souffle retenu, aux gestes attentifs des parents. L'émerveillement de l'enfant à Noël est devenu une priorité, un motif littéraire et un sujet photographique. Cet engouement pour Noël ne quittera plus les Français. Même dans les périodes de crise comme celle entraînée par le premier choc pétrolier, ils ne renonceront pas à faire bombance. La dépense augmentera progressivement et, à la fin du XXe siècle, les statistiques révéleront l'incroyable part financière consacrée aux cadeaux[103]. Si l'on s'en tient au nombre offert, c'est-à-dire huit cadeaux par personne, les Français sont devenus les « champions d'Europe des cadeaux de Noël[104] » !

Au lendemain de la Seconde Guerre mondiale, Noël est américain, enneigé et patriotique. Danny Kaye et Bing Crosby incarnent deux héros qui sont partis à la guerre ensemble avant de faire du music-hall. (*Noël blanc*, film de Michael Curtiz, 1954.)

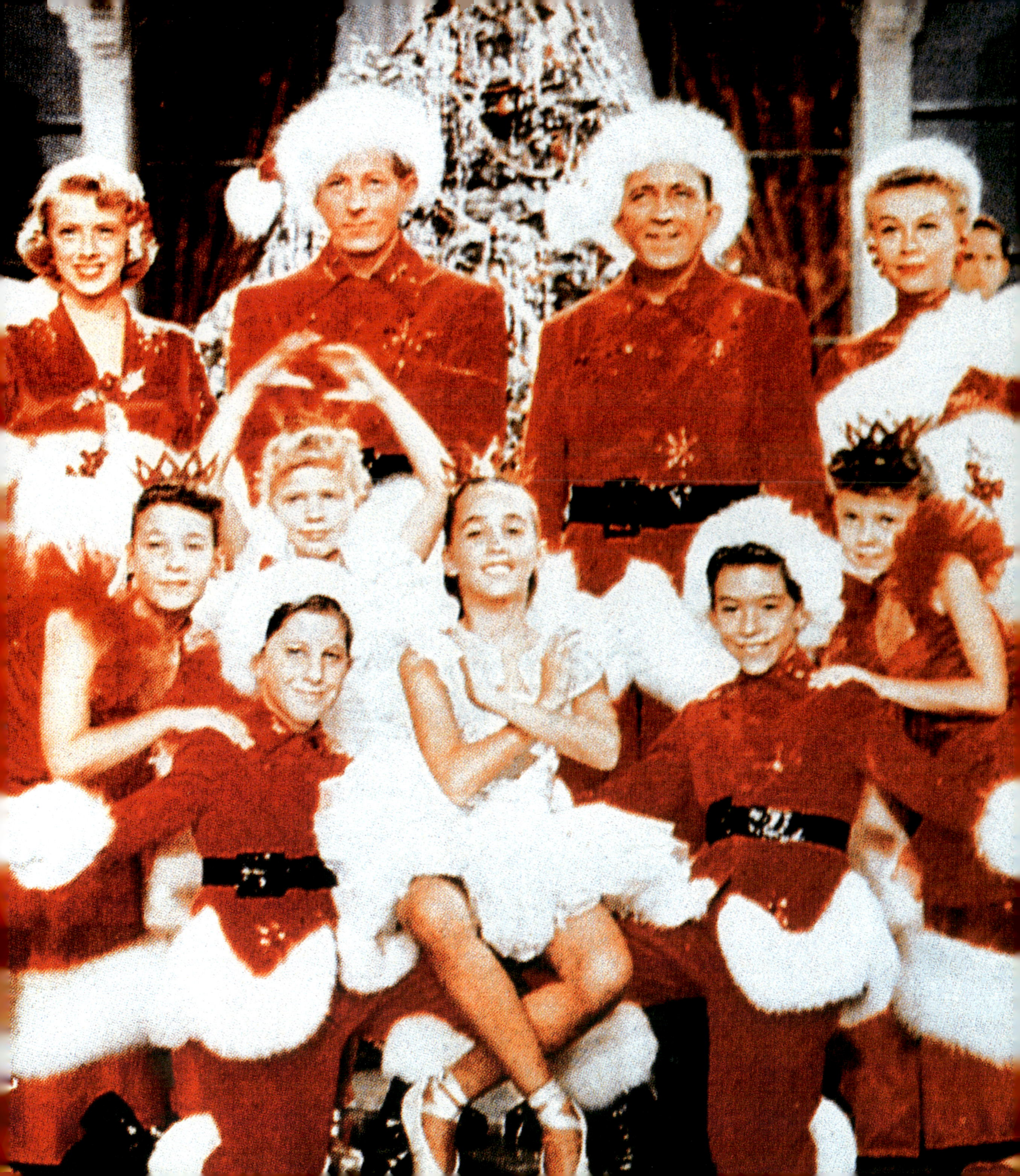

L'ENFANT GÂTÉ : DE LA QUÊTE AU DÛ

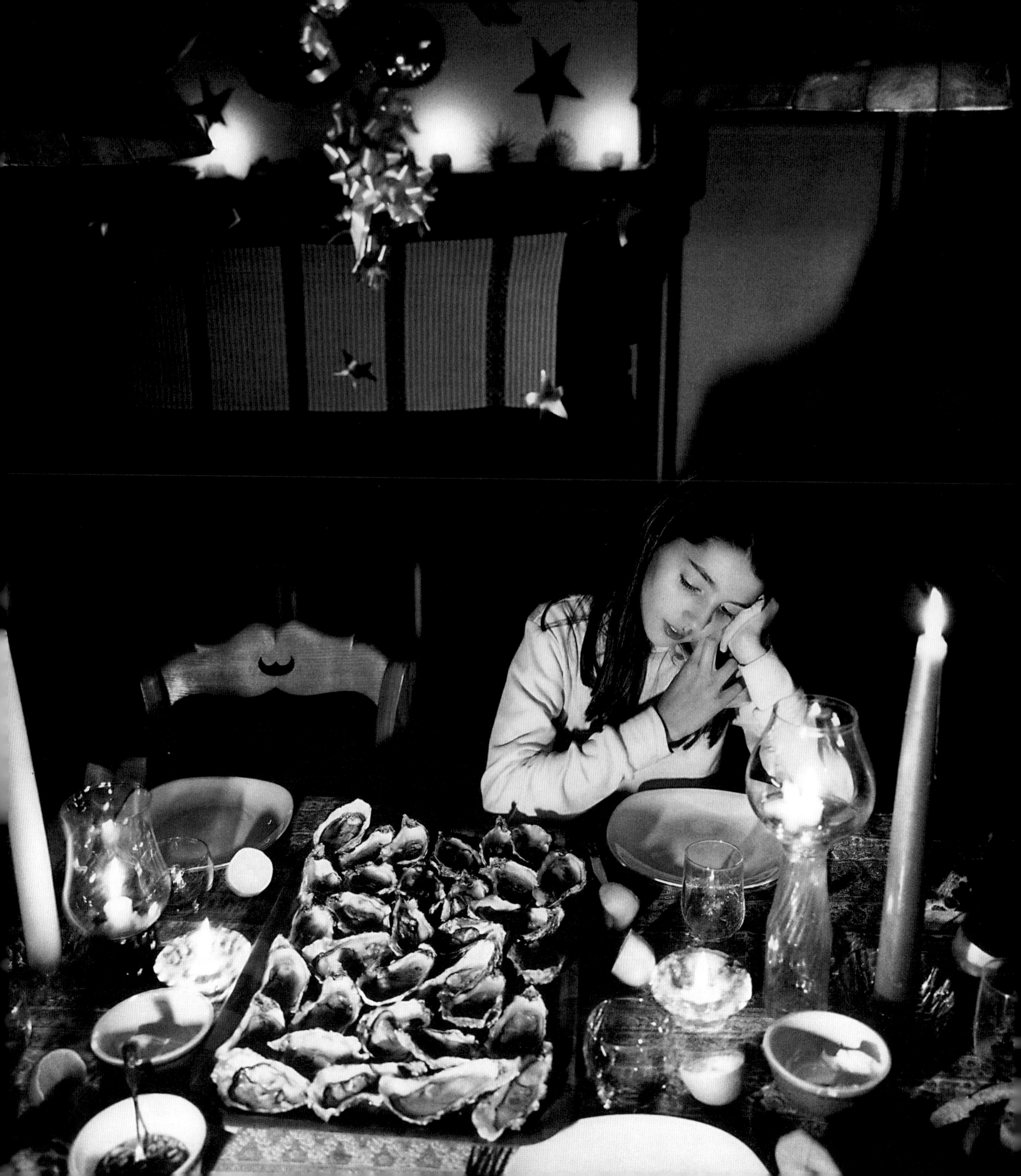

La naissance d'un enfant est, c'est vrai, le trait principal de Noël et, à ce propos, il est intéressant de noter que recevoir un cadeau – sens premier de Noël pour les enfants – est, inconsciemment, associé à l'idée de la naissance d'un enfant, don primordial par excellence.
Ernest Jones, 1931[105]

L'enfant est devenu « le héros de la fête[106] », il resserre les liens de la famille, demande beaucoup de présents, qu'il reçoit en général. On sacrifie pour lui plaire à « la course aux cadeaux », on invente des mises en scène sophistiquées pour ne pas le décevoir.

Au Moyen Âge, les enfants n'attendaient pas patiemment que leurs jouets « tombent » dans la cheminée. Souvent costumés, ils formaient ces bandes de *guisarts*[107] qui allaient de maison en maison présenter leurs vœux et chanter, en échange de fruits et de gâteaux ou de quelques pièces de monnaie.

Ces tournées de quête avaient lieu dans toute la France et dans toute l'Europe. On retrouve leurs traces jusqu'au siècle dernier. Les vœux des enfants avaient un caractère incantatoire qui pouvait s'inverser brutalement et devenir comminatoire : si les habitants ne leur donnaient rien, la menace était parfois la mort !

Voici un chant écossais du XVIIIe siècle[108] qui en dit long sur ce « marchandage » :

> Debout, bonne femme et ne sois pas trop paresseuse pour donner ton pain, tant que tu es là
> Le temps viendra où tu seras morte
> et où tu ne voudras ni repas, ni pain.

En Armagnac, on parlait des tournées de l'*Aguilloné* dont les couplets réclament des « douceurs » pour l'Enfant Jésus. Si les quêteurs avaient affaire aux pingres, ils leur lançaient ce souhait[109] :

> Dieu vous conserve la santé
> Comme l'eau dans une outre percée.

Dans les Landes, la veille de Noël, les jeunes gens munis de sacs à grain parcouraient les rues et s'arrêtaient devant chaque maison où une naissance avait eu lieu dans l'année. Ils criaient à tue-tête :

> Au prous, prous, prous !!!

Page précédente : l'enfant est devenu le héros de la fête. Son émerveillement comme sa rêverie n'échappent plus à l'objectif du photographe.

À droite : une fillette submergée par la marée des cadeaux semble interdite devant tant d'abondance. (Mark Lancelot Symons, *Le Lendemain de Noël*, fin XIXe siècle, Lancs, Bury Art Gallery & Museum.)

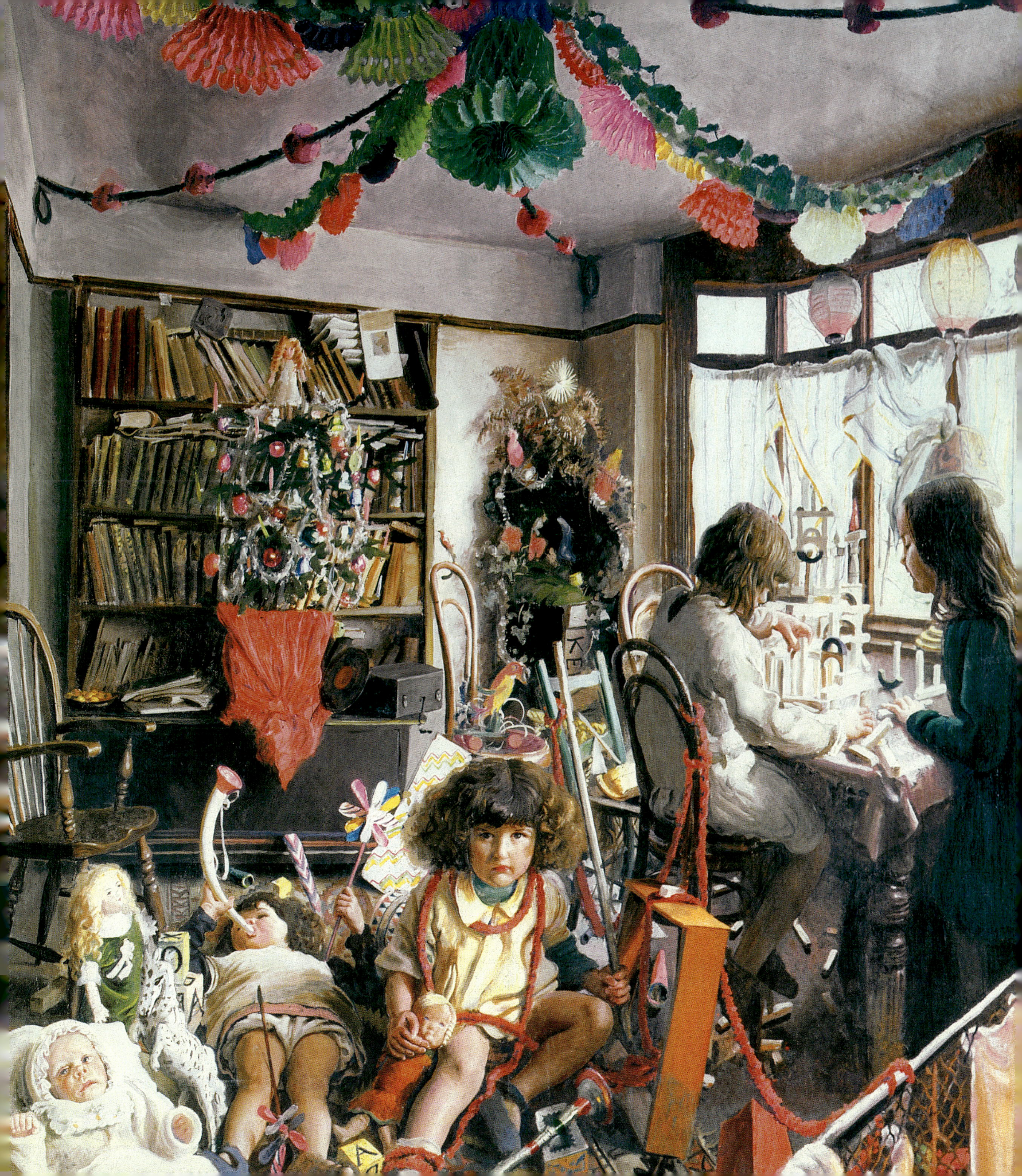

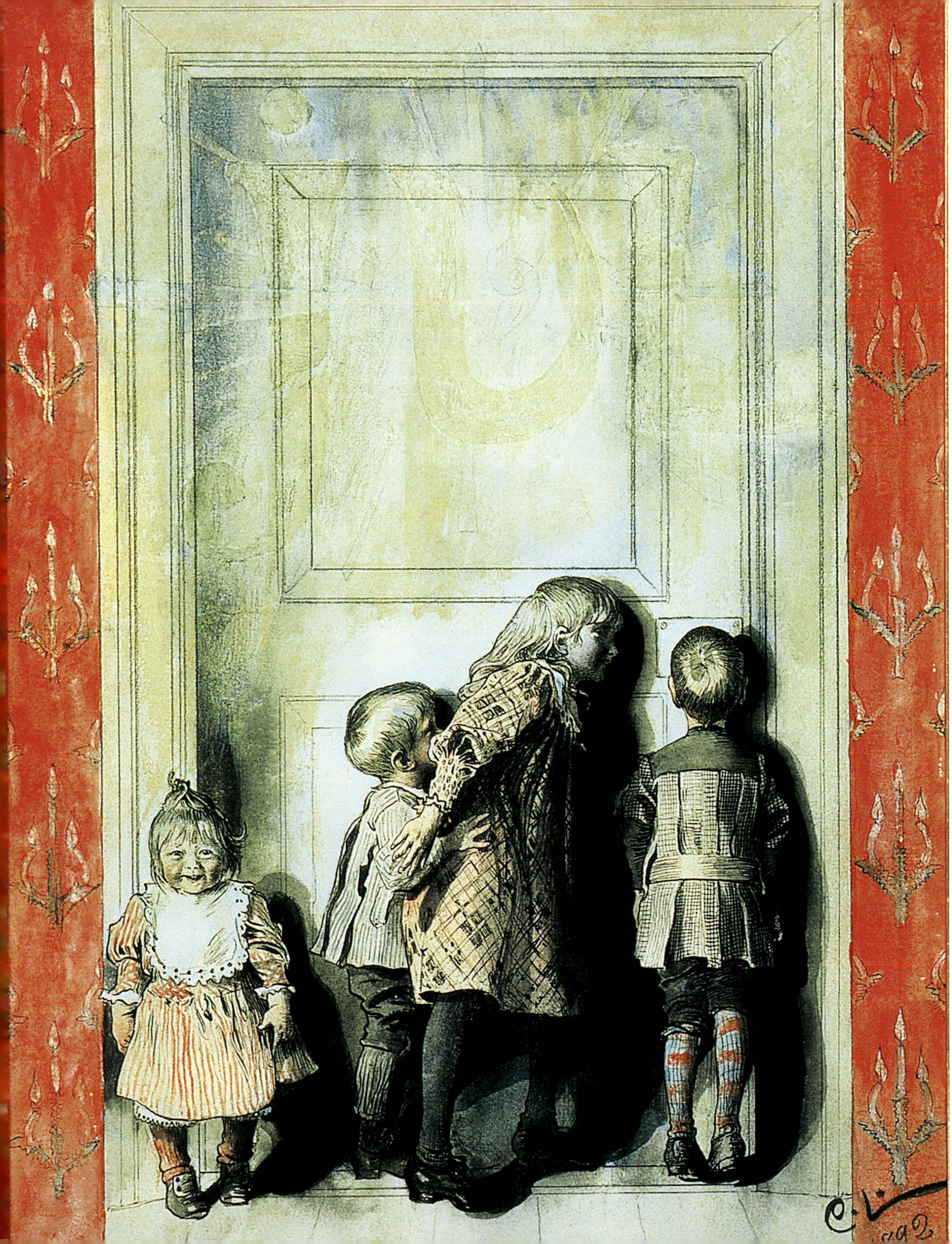

Si rien ne tombait de la fenêtre, alors montaient les insultes et les malédictions contre le nouveau-né:

Patchic, patchoc,

Qu'il ne grandisse pas plus qu'un sabot!

En Bigorre, on les nommait «les joyeux». À Sainte-Menehould, ils faisaient halte devant les épiceries aux cris de:

Noël, Noël ma petite chandelle!

Aux environs de Ploërmel, ils chantent:

Pour une pomme, pour une poire

Pour un p'tit coup d'cidre à boire!

Ils reçoivent parfois des châtaignes, des petits pains, des friandises et quelques sous. Dans le Cantal, les jeunes gens qui parcouraient la campagne dans le froid et la neige, la besace sur l'épaule, étaient surnommés les *rabeillés*, les «réveilleurs». Ces enfants ou ces adolescents ne sont pas des mendiants

À gauche: les enfants attendent derrière la porte l'arrivée des cadeaux. Dupes ou complices? (Carl Larsson, *La Veille de Noël,* 1892.)

Ci-dessous: l'enfant chante à Noël, en échange d'une récompense de l'adulte. Il assure le passage de l'ancienne année à la nouvelle et porte chance aux généreux. (Tim Cratchit dans *Un conte de Noël*, adaptation cinématographique du conte de Dickens, 1938.)

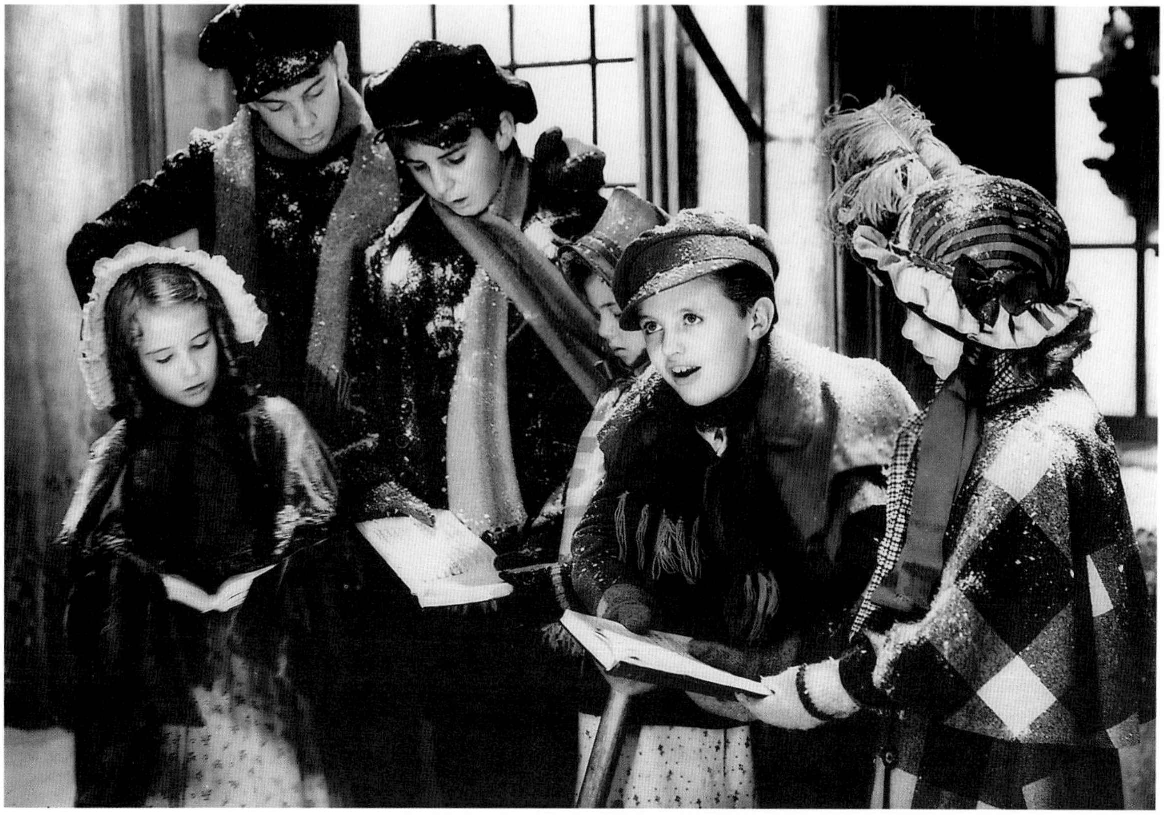

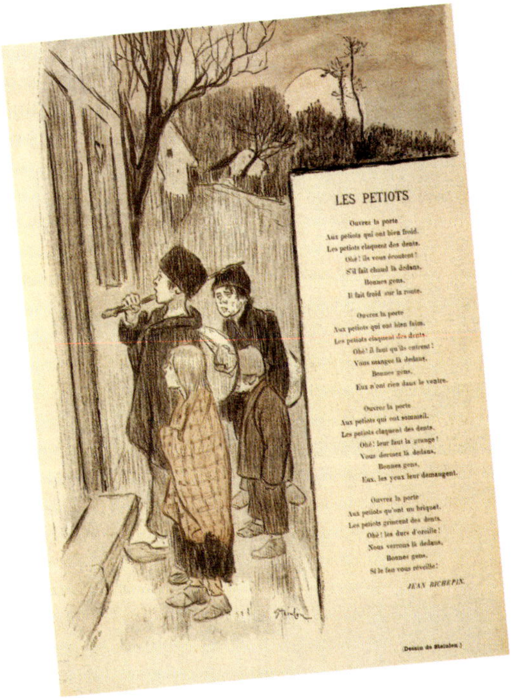

bien qu'ils soient souvent pauvres et parfois accompagnés par ces derniers et par des femmes, comme les *étrenneurs* en Bretagne. Marginaux chacun à sa façon, l'enfant, la femme et le pauvre sont des « passeurs » de la vieille année à la nouvelle. Le dessinateur Steinlen les a immortalisés dans *La Quête des pauvres petits petiots*.

> « Les tournées commencées en chansons, écrit M. Vloberg, s'achèvent donc par un rappel très vif du premier devoir [...]. L'amour du pauvre, par amour de l'Enfant né sans gâteries afin d'exalter la nécessaire souffrance, voilà ce que réveille chez beaucoup le passage des petits quêteurs. »

Les écrivains du XIXe siècle les ont mis en scène. Les « misérables » et les « sans famille » sont présents dans la littérature comme dans la réalité au moment même où les familles se resserrent autour de Noël. Désormais, la célébration séparera deux groupes d'enfants bien distincts, ceux du dedans, au chaud devant l'âtre ou au pied d'un sapin resplendissant, et ceux du dehors et de la nuit, grelottant sous la neige. Les cartes victoriennes ont souvent repris ce « motif » : les fenêtres des maisons anglaises cossues deviennent un écran entre les deux mondes et l'on voit souvent les enfants pauvres y coller leur nez pour admirer le Noël des autres. Leur histoire triste fournira le thème de récits édifiants à lire aux enfants riches, au coin du feu. Voici l'un d'eux, raconté par le poète allemand Rückert :

> Un enfant étranger parcourt les rues d'une ville le soir de Noël, pour contempler les lumières qui brillent. Il s'arrête devant chaque maison, il voit les appartements éclairés où s'élèvent des arbres garnis de bougies. Le malheur le poursuit partout. Il pleure. Il frappe à toutes les portes, aux fenêtres, aux volets, mais personne ne lui ouvre. Les habitants sont sourds. Chaque père songe à ses enfants ; la mère leur distribue ses présents ; elle ne pense pas à autre chose. Alors l'enfant implore le Christ : « Oh, sois mon conseiller. » Alors dans une ruelle sombre et écartée, précédé d'une lumière, se tient un autre enfant vêtu d'une robe blanche. Sa voix est douce. C'est le Christkindel. « Pour moi, lui dit-il, tous les hommes sont égaux. » Il lui offre dans cette ruelle un arbre de Noël si éclatant qu'aucun ne l'égale. Quelle émotion lorsque l'enfant aperçut son arbre de Noël. Des anges lui tendirent les mains et l'attirèrent dans un océan de lumière. Il oublia ses douleurs au ciel[110].

On retrouve ici une croyance populaire allemande qui veut que le Christ accorde une place au paradis à tous les enfants qui n'ont pas eu leur arbre de Noël.

Ci-dessus : l'enfance pauvre qui mendie fait désormais partie de l'imagerie de Noël. (« Les pauvres petits petiots » dessinés par Steinlen, revue *Gil Blas*, vers 1890.)

À droite : les enfants des rues regardent les réjouissances de Noël. La fête bourgeoise a laissé les enfants « sans famille » dehors, dans le froid et la neige. (Gravure de A. E. Mulready pour le *Illustrated London News*, 25 décembre 1886.)

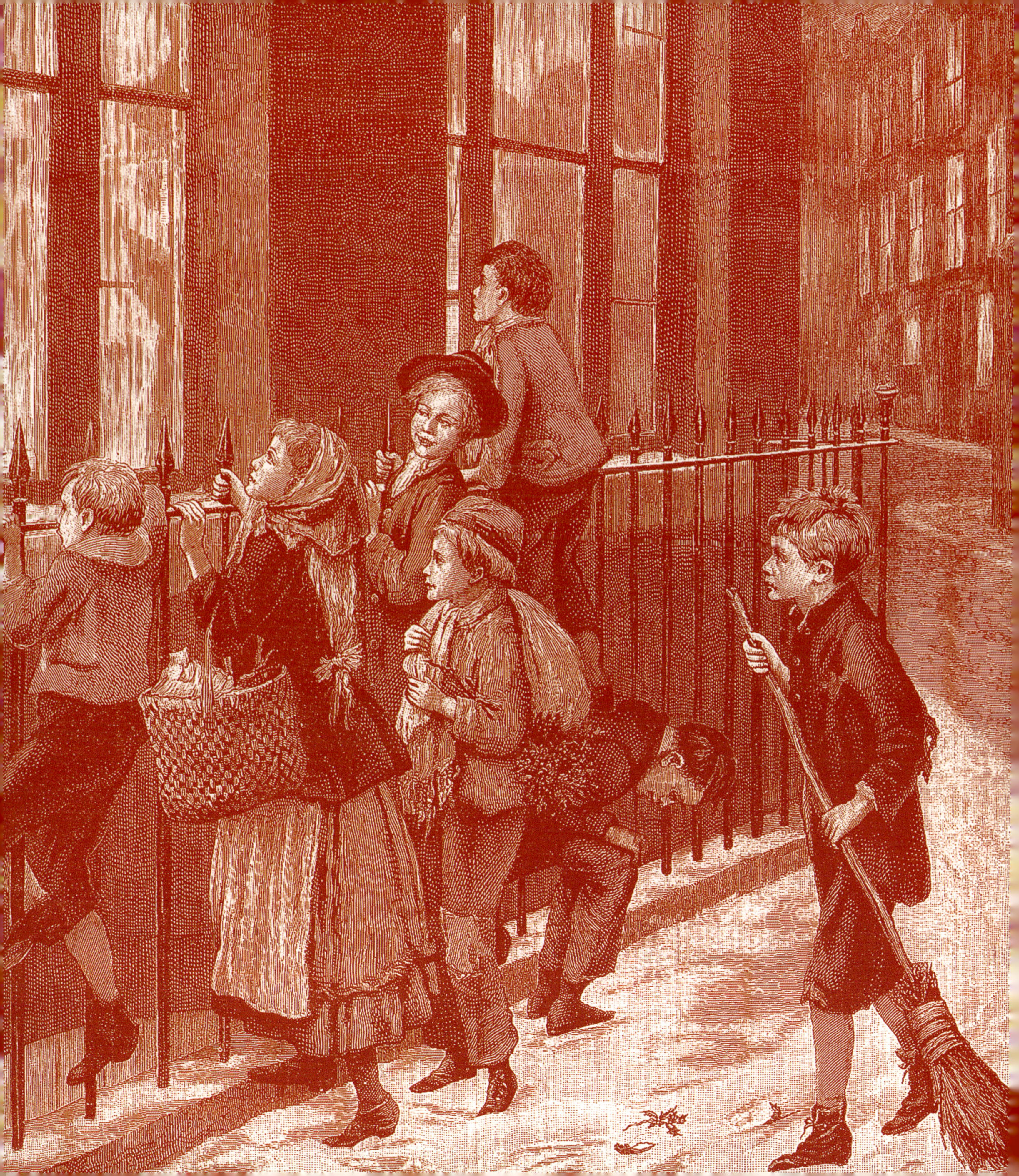

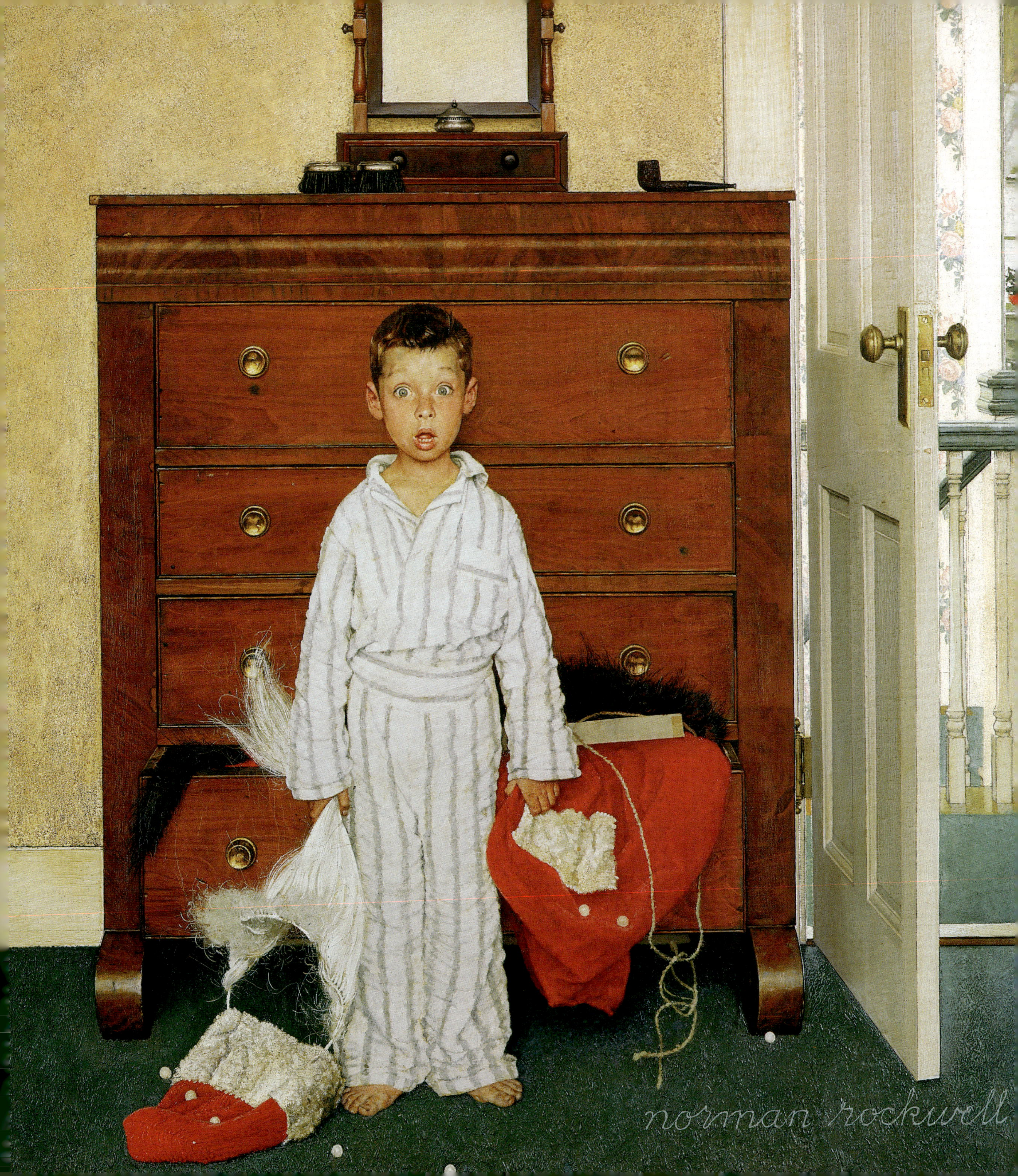
norman rockwell

NOËL, UN DROIT DE L'ENFANT

À la même époque, et d'abord en Amérique, Noël devint un « droit de l'enfant », celui d'avoir des cadeaux et une vraie fête. Santa Claus fut en quelque sorte leur saint patron. Il les protégeait autant qu'il les gâtait. Dans ce contexte, la crédulité de l'enfant fut l'objet de tous les soins et l'inquiétude de la voir entamée gagna la société dans son ensemble.

Un fait divers donne la mesure du souci américain. En 1897, une petite fille du nom de Virginia O'Hanneton écrivit au *New York Sun* la lettre suivante :

> Cher directeur,
>
> J'ai huit ans. Certains de mes amis prétendent que le Père Noël n'existe pas. Papa dit : « Si tu le vois dans le *Sun*, c'est vrai. »
>
> S'il vous plaît dites-moi la vérité, le Père Noël existe-t-il ?

Voici quelques extraits de la longue réponse de l'éditorialiste Francis Church :

> Virginia, tes amis te trompent. Ils sont atteints par le scepticisme d'une époque sceptique. Ils pensent que rien ne peut exister qui ne soit pas compréhensible par leurs petits esprits. Tous les esprits, Virginia – que ce soient ceux d'adultes ou ceux d'enfants –, sont petits. Dans ce grand univers qui est le nôtre, l'homme est un vulgaire insecte lorsqu'il est mesuré à l'aune de l'intelligence capable de saisir l'intégralité de la Vérité ou de la Connaissance. Oui Virginia, le Père Noël existe. Il existe aussi certainement que l'amour, la générosité et le dévouement existent. Hélas, comme le monde serait lugubre sans le Père Noël !
>
> Peut-on ne pas croire au Père Noël ? Personne ne voit le Père Noël, mais ce n'est pas un signe de sa non-existence. Les choses les plus réelles du monde sont celles que ni les enfants ni les adultes ne peuvent voir.
>
> Pas de Père Noël ? Dieu merci, il vit, et il vit pour l'éternité. Et dans mille ans, Virginia, non, dans dix mille ans, il continuera de réjouir le cœur des enfants[111].

La réponse de cet éditorialiste devint ce qu'on appelle en langage journalistique un « marronnier », refleurissant chaque année à la même époque pour rassurer les enfants sceptiques, et cela durant les cinquante années qui suivirent !

La révélation du mystère du Père Noël et la stupéfaction de l'enfant ! (Norman Rockwell, *The Discovery*, *The Saturday Evening Post*, 29 décembre 1956, Stockbridge, The Norman Rockwell Museum.)

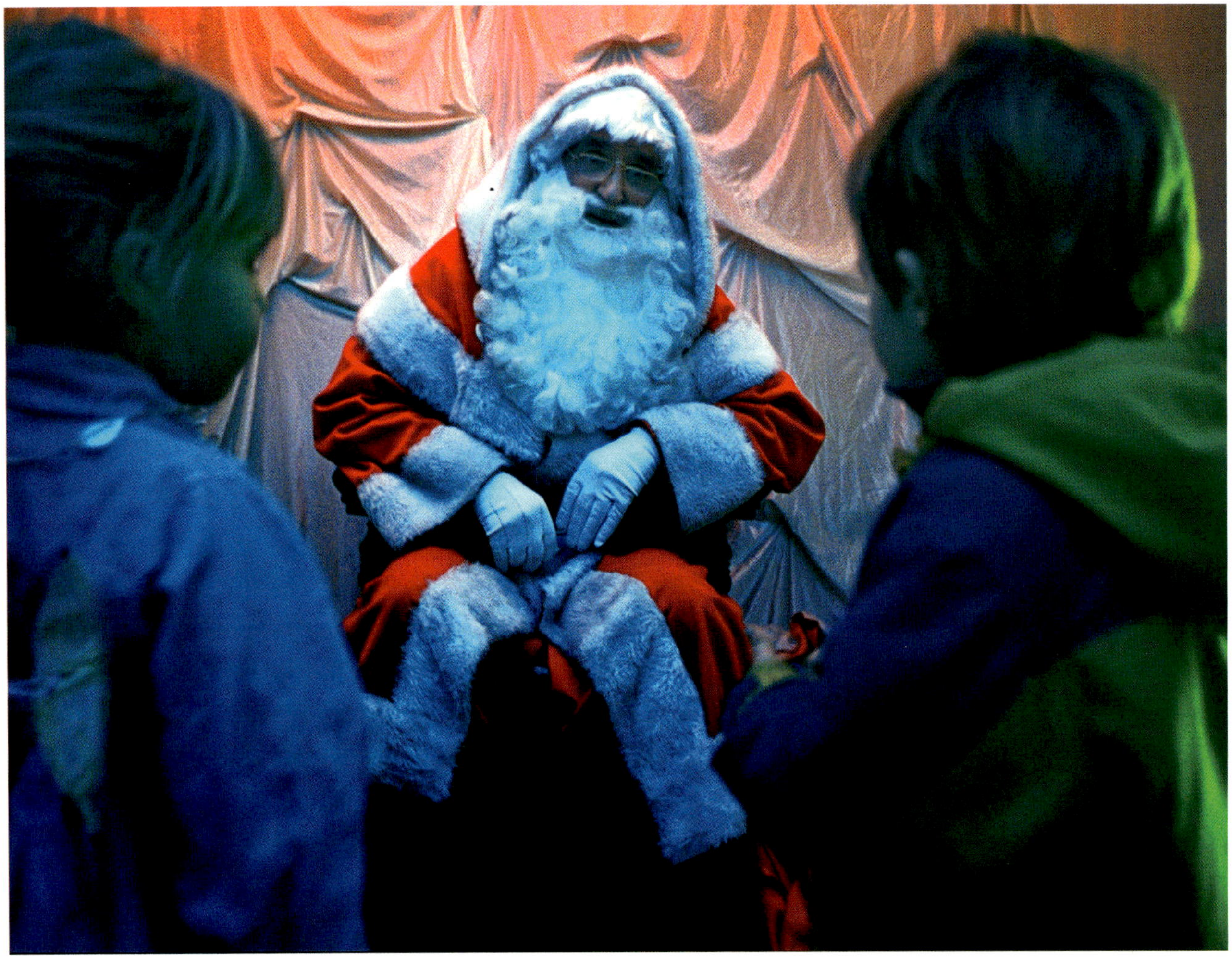

Dans le même souci de préserver la croyance des enfants, une association fut créée en 1914 à New York, la Santa Claus Association.

Son objectif était double : elle lisait les lettres que les enfants écrivaient au Père Noël et se chargeait d'offrir des cadeaux aux enfants défavorisés.

En 1927, les catholiques s'inquiétèrent du succès croissant de Santa Claus auprès des enfants. Cette fois, c'est le juge Hatcher en Virginie-Occidentale qui plaida sa cause. À la fin d'un *ex parte*, il demanda à la cour de « ne pas dépouiller l'enfance de son plus intrigant mystère. Que celui-ci reste pour les générations futures une joyeuse croyance pour les enfants, un acte de générosité et d'indulgence de la part des parents et un beau souvenir pour les anciens ».

En 1939, c'est au tour d'un sénateur californien d'attaquer les publicitaires, qui à force de multiplier les Pères Noël risquaient de semer le doute dans les esprits.

On pense inévitablement à « laissez venir à moi les petits enfants ». Le Père Noël est une figure d'ancêtre universel. (Londres, 2000.)

Cette préoccupation atteint alors une échelle nationale. Noël et la croyance en son donateur magique deviennent une revendication sociale, politique, et une spécificité bien américaine. En France, on se souviendra que la même croyance mit le Père Noël en péril et décida de son sacrifice en place publique à Dijon. Cependant les mentalités changeaient, et cinquante ans après les New-Yorkais la poste française eut l'idée de créer elle aussi un courrier du Père Noël à Libourne. Derrière cette initiative du ministre des PTT se cachait une sœur célèbre, la psychanalyste Françoise Dolto. C'est elle qui, en 1962, rédigea le premier modèle de réponse du Père Noël aux enfants.

Cette année-là, le centre reçut deux mille lettres ! Et, depuis, plus de quatre cent mille lettres arrivent chaque année. Lettres individuelles ou courriers collectifs arrivent de toutes les régions de France, mais aussi d'Ukraine, de Russie, de Corée, d'Afrique ou du Japon !

Des cartes préimprimées sont prévues pour répondre aux milliers d'enfants qui ont rédigé lisiblement leur nom et leur adresse. Deux mille cartes vierges sont même disponibles pour des réponses personnalisées dans les cas plus délicats. Chaque année on emploie des saisonniers en nombre suffisant pour assurer aux enfants une réponse avant Noël.

La psychologie de l'enfance était passée par là et la croyance n'était plus traitée comme un « amollissement de l'âme enfantine », mais comme un nécessaire passage quasi initiatique, la vérité sur l'origine du don devant faire accéder l'enfant à une autre classe d'âge.

UN DON GRATUIT

Le seul moment où l'enfant n'est pas en dette vis-à-vis de ses parents est bien celui où le donateur est un personnage magique auquel on peut tout demander. Et d'ailleurs on lui demande tout. Les listes s'allongent démesurément, et les cadeaux éclosent comme des champignons au pied de l'arbre. Le déballage se fait sous le regard attendri des générations réunies et nul Père Fouettard n'est là pour gâcher le plaisir ou incarner la punition. Les ruses parentales pour créer l'effet de surprise sont infinies : le Père Noël a perdu des lambeaux de barbe, a vidé la moitié de sa bière et ses rennes ont croqué la carotte posée à côté du sapin. De ces dons, véritables offrandes tous les ans renouvelées par les parents, mais aussi par toute la communauté, Claude Lévi-Strauss a pu dire qu'il était un « sacrifice véritable » pour que la vie continue et que les générations se succèdent.

> La croyance où nous gardons nos enfants que leurs jouets viennent de l'au-delà apporte un alibi au secret mouvement qui nous incite, en fait, à les offrir à l'au-delà sous prétexte de les donner aux enfants. Par ce moyen, les cadeaux de Noël restent un sacrifice véritable à la douceur de vivre, laquelle consiste d'abord à ne pas mourir[112].

La dépense est proportionnelle au désir de combler l'enfant qui nous assure symboliquement le passage de l'ancienne à la nouvelle année. Les quêtes enfantines d'autrefois mettaient les adultes au défi par quelques formules et chansons. Dans certaines régions, le benjamin de la famille tenait la main de son aïeul au moment où celui-ci « baptisait » la bûche de Noël en l'aspergeant avec du vin et du sel. L'enfant gâté, lui, attend son dû mais son rôle de passeur est resté le même. Cet enfant roi, dont nous dépendons sentimentalement en cette fin d'année, est aussi très fragile. Les cadeaux sont ainsi autant de conjurations d'un sort toujours aléatoire. Comment s'étonner alors qu'au lendemain de la Seconde Guerre mondiale les cadeaux de la chanson de Tino Rossi pouvaient tomber du ciel par milliers...

Chaque fin d'année, le surmenage guette les mères et les vendeuses. (Norman Rockwell, *Tired Sales Girl on Christmas Eve*, *The Saturday Evening Post*, 27 décembre 1947, Stockbridge, The Norman Rockwell Museum.)

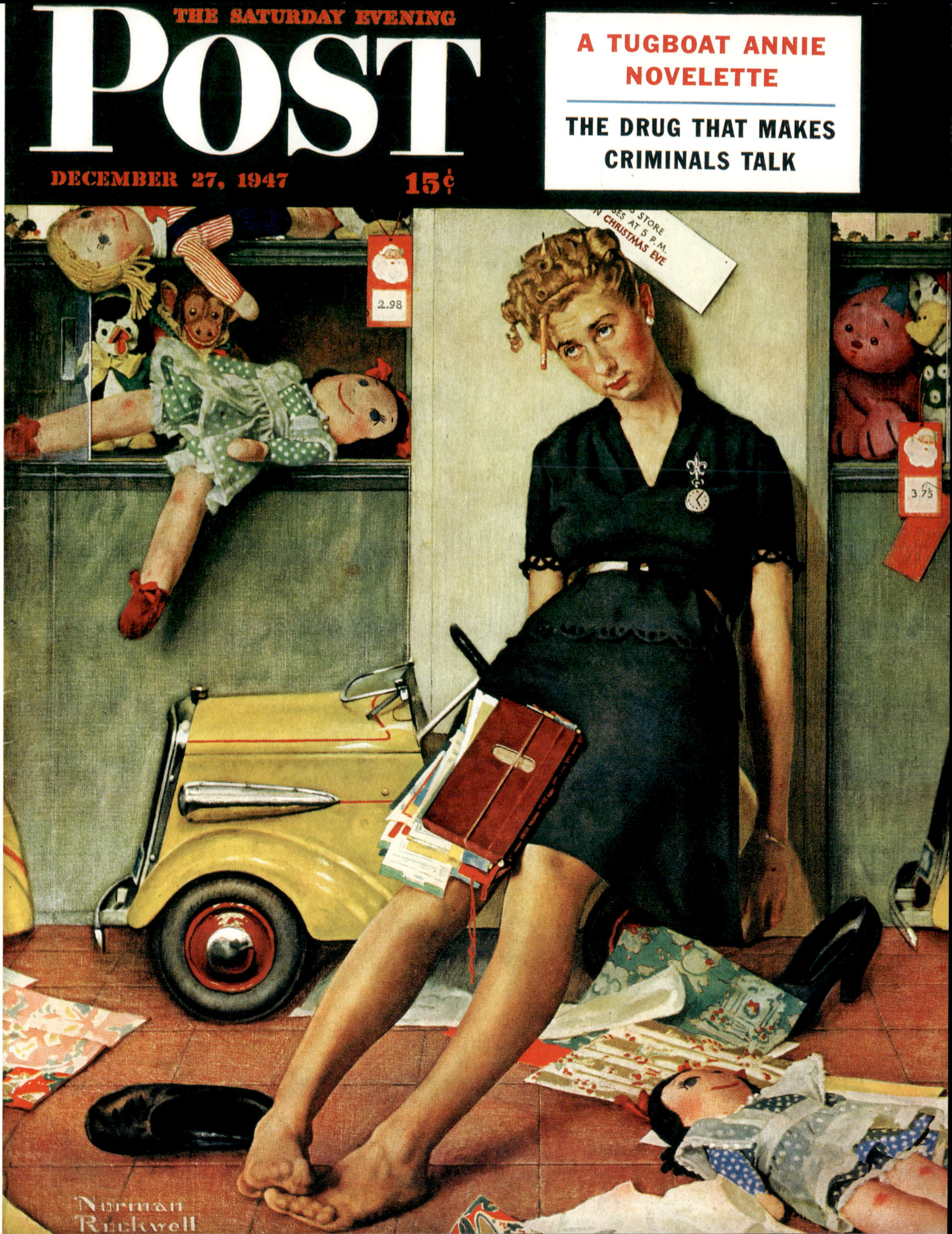
THE SATURDAY EVENING
POST
DECEMBER 27, 1947
15¢
A TUGBOAT ANNIE NOVELETTE
THE DRUG THAT MAKES CRIMINALS TALK
CHRISTMAS EVE
2.98
3.75
Norman Rockwell

MON
BEAU
SAPIN

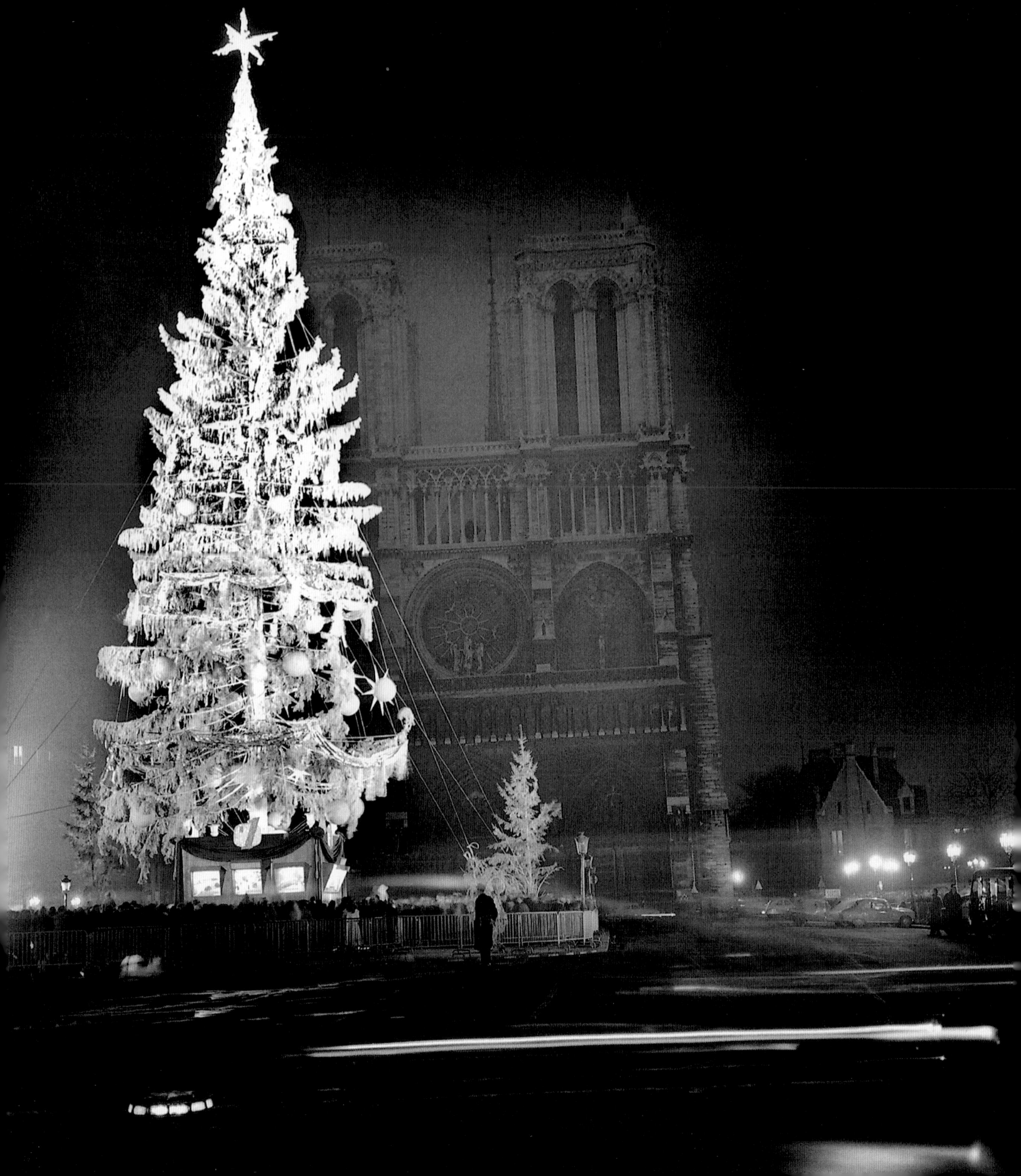

Et l'on vit des fruits suspendus même sur les chardons, surtout des pommes ressemblant à un prévôt respectable et honorable aux joues rouge cuivré, et des noix dorées, comme le saint Christ les cueille du sapin pour notre jeunesse.
Gottfried Jakob Shaller, 1802[113].

Ce « roi des forêts » a fait couler beaucoup d'encre. À l'instar de saint Nicolas, il attire la légende. Parmi les plus répandues, on trouve celle de saint Boniface, au VIIe siècle, qui fait abattre un arbre sacré à Geismar (Germanie) et le consacre au Christ, et celle de Luther présenté comme « l'inventeur » de l'arbre de Noël parce qu'il fut, une nuit de Noël, ébloui par le ciel étoilé.

À l'instar du Père Noël, le sapin qu'il tient parfois à la main ou transporte dans sa hotte est un objet hautement syncrétique. En raison de ce caractère culturellement « bricolé », il a, à son tour, inspiré beaucoup d'interprétations au sujet de ses origines. Il serait ainsi lié symboliquement à l'arbre surnaturel, « couvert de lumière », présent dans les romans de la Table ronde. On se souvient que le Perceval de Chrétien de Troyes a la vision d'un arbre orné de mille bougies. Cet arbre de lumière n'est pas éloigné non plus de la mythologie nordique, de ses bois sacrés et de ses arbres cultuels[114].

Historiquement, les faits sont plus clairs, même si les interprétations restent souvent fantaisistes. Le sapin de Noël dériverait ainsi de « l'arbre du paradis », présent sous la forme d'un pommier lorsque se jouent au XIIe siècle les grands mystères chrétiens sur le parvis des cathédrales. Il est au centre de la tentation d'Ève et d'Adam, et de la Rédemption. Dans la légende médiévale, il est aussi parfois assimilé à l'arbre de la connaissance qui servit à fabriquer la croix.

En fait, c'est à plusieurs descriptions d'arbres officiels, comme celui érigé dans la salle de l'hôtel de ville de Sélestat en 1600, et surtout à leur décor de pommes et d'hosties, que l'on doit cette association entre l'arbre du paradis et le sapin de Noël. Les pommes symbolisent en effet la chute d'Adam et Ève et leur sortie du paradis, les hosties non consacrées, parfois nommées *oublies* (« petites choses offertes »), symbolisent la Rédemption.

Gérard Leser cite en témoignage ce document étonnant qui est le récit de l'échanson du magistrat de la ville, Balthasar Beck[115] :

Page précédente : gigantesque arbre de Noël sur le parvis de Notre-Dame de Paris, décembre 1957. Le premier sapin parisien fut érigé par Hélène de Mecklembourg au jardin des Tuileries, en 1840.

Les mais sont dressés. Le soir de Noël, les gardes forestiers transportent en ville et à la Herrenstube (siège des membres du conseil de la ville) les arbres qui sont érigés le soir de Noël. Le soir, les domestiques et garçons de courses aident le tenancier à les décorer de pommes et d'hosties. Lesdites personnes (les domestiques) se rendent devant les maisons des patriciens jusqu'au moment où commencent les matines, et, munies de torches et de lanternes, accompagnent les patriciens aux matines et les reconduisent à leurs domiciles.

LE BERCEAU ALSACIEN

En 1419, rappelle Gérard Leser, «la coutume apparaît dans les archives de la ville de Fribourg en Allemagne où la confrérie des garçons boulangers avait dressé, dans la salle de réunion de l'hôpital du Saint-Esprit, un grand arbre de Noël «pour la nouvelle année».

> Pour la nouvelle année, les compagnons boulangers ont porté en procession à travers la ville un bretzel géant, accompagné par la musique et le drapeau de la corporation. Le bretzel a été remis au responsable des pauvres. Puis celui-ci avait le droit de «secouer» le grand arbre de Noël et les pauvres pouvaient ramasser les friandises et les fruits qui en tombaient[116].

C'est pourtant l'Alsace qui est présentée comme le berceau officiel du sapin de Noël et il y a beaucoup de raisons à cela.

C'est en effet à Sélestat, en 1521, qu'un édit municipal autorisa les gardes forestiers à laisser les habitants couper de petits sapins pour les fêtes de Noël. Strasbourg bénéficiera d'une décision identique en 1539. Qu'on ne s'y trompe pas, cet édit était une façon de protéger la forêt contre l'abattage excessif, ce qui laisse à penser que l'habitude était plus ancienne et déjà bien ancrée dans les familles.

On donna alors deux schillings aux forestiers pour qu'ils surveillent la forêt juste avant Noël, le jour de

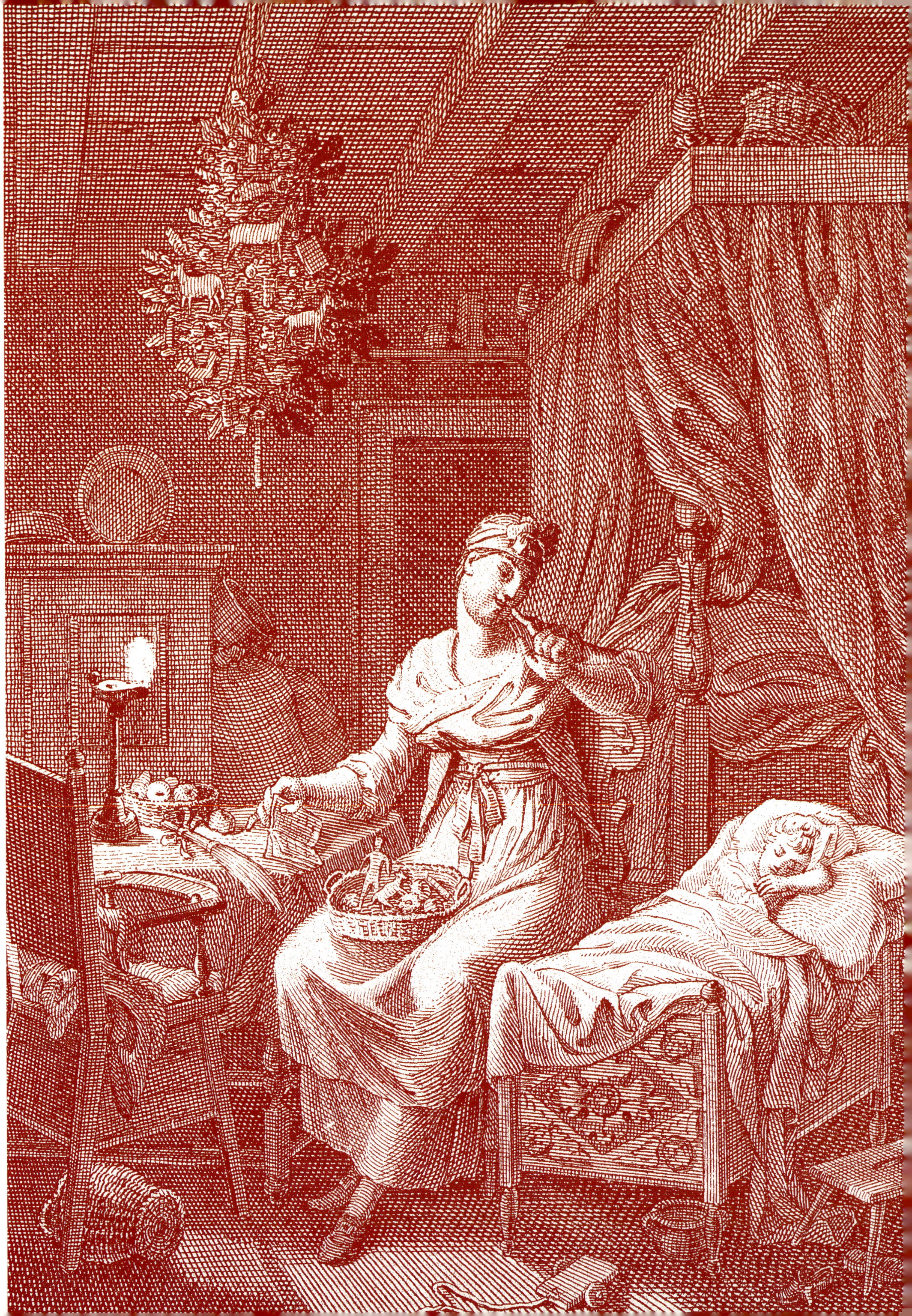

la Saint-Thomas précisément. L'abattage illicite fut puni et, quelques années plus tard, on décida dans certains villages de limiter le prélèvement forestier à un seul arbre par habitant. Une peinture strasbourgeoise datant de cette époque (1521) représente une procession où un arbre décoré – sans doute la plus ancienne figuration de l'arbre de Noël – est porté par un cavalier couronné[117].

Puis, sans quitter l'hôtel de ville ou la salle des corporations, le sapin de Noël va entrer progressivement dans tous les foyers d'Alsace.

Il est alors décoré de roses en papier multicolores, d'hosties, de pommes, comme au Moyen Âge, mais s'y sont ajoutés des fruits secs et des fils d'or qui grésillent au moindre courant d'air, du massepain et un ange de Bethléem qui le surplombe et protège la maisonnée de ses ailes argentées.

En 1806, une gravure de Benjamin Zix témoigne pour la première fois du sapin décoré à l'intérieur d'une maison, ce qui ne signifie pas qu'il n'ait pas existé avant. Il est suspendu à une poutre. Une jeune mère essaie d'endormir un enfant dans son berceau en lui lisant une histoire. Sur la table encombrée d'objets, on distingue des sujets décoratifs à silhouettes humaines et animales. Cette coutume de pendre le sapin à la poutre serait, dit-on, une façon de le protéger des enfants trop curieux, de ne pas envahir l'espace, ou bien encore imiterait les rameaux du nouvel an aux vertus protectrices. Toujours est-il que cette « suspension » sera abandonnée lorsque les plafonds seront progressivement plâtrés. Un premier sapin, haut de huit pieds, avait déjà été posé sur le sol d'Alsace au XVIe siècle ; les faits se côtoient souvent avant de se succéder vraiment. À la fin du XIXe siècle, toute famille alsacienne digne de ce nom devait désormais faire un arbre de Noël. Étienne Seinguerlet, dans son *Histoire de Strasbourg* parue en 1876, écrit[118] :

> En Alsace, il n'y a pas de famille, si pauvre qu'elle soit, qui n'ait son arbre de Noël. Quand un Alsacien émigre, il emporte la coutume héréditaire avec ses pénates. On l'a retrouvée dans les placers boueux de Californie, dans les sables du Sahara, dans les tranchées de Sébastopol, si bien qu'on a pu dire : « Là où est une famille alsacienne, là est un arbre de Noël. »

Celui qu'Émile Littré semble encore au XIXe siècle mal connaître, sinon sous la forme d'une « branche garnie de bonbons et de joujoux », se diffusera au gré des conquêtes et des immigrations. Bien qu'Hélène

À gauche : *Er schloft*, la plus ancienne représentation d'un arbre de Noël connue en Alsace, 1806. (Dessin de Benjamin Zix pour illustrer un recueil de poèmes alémaniques de Johann Peter Hebel, Paris, musée national des Arts et Traditions populaires.)

Double page suivante : à New York, en 1913, un sapin de plus trente mètres de hauteur attend d'être dressé à Madison Square Garden, pour le Noël des sans-logis.

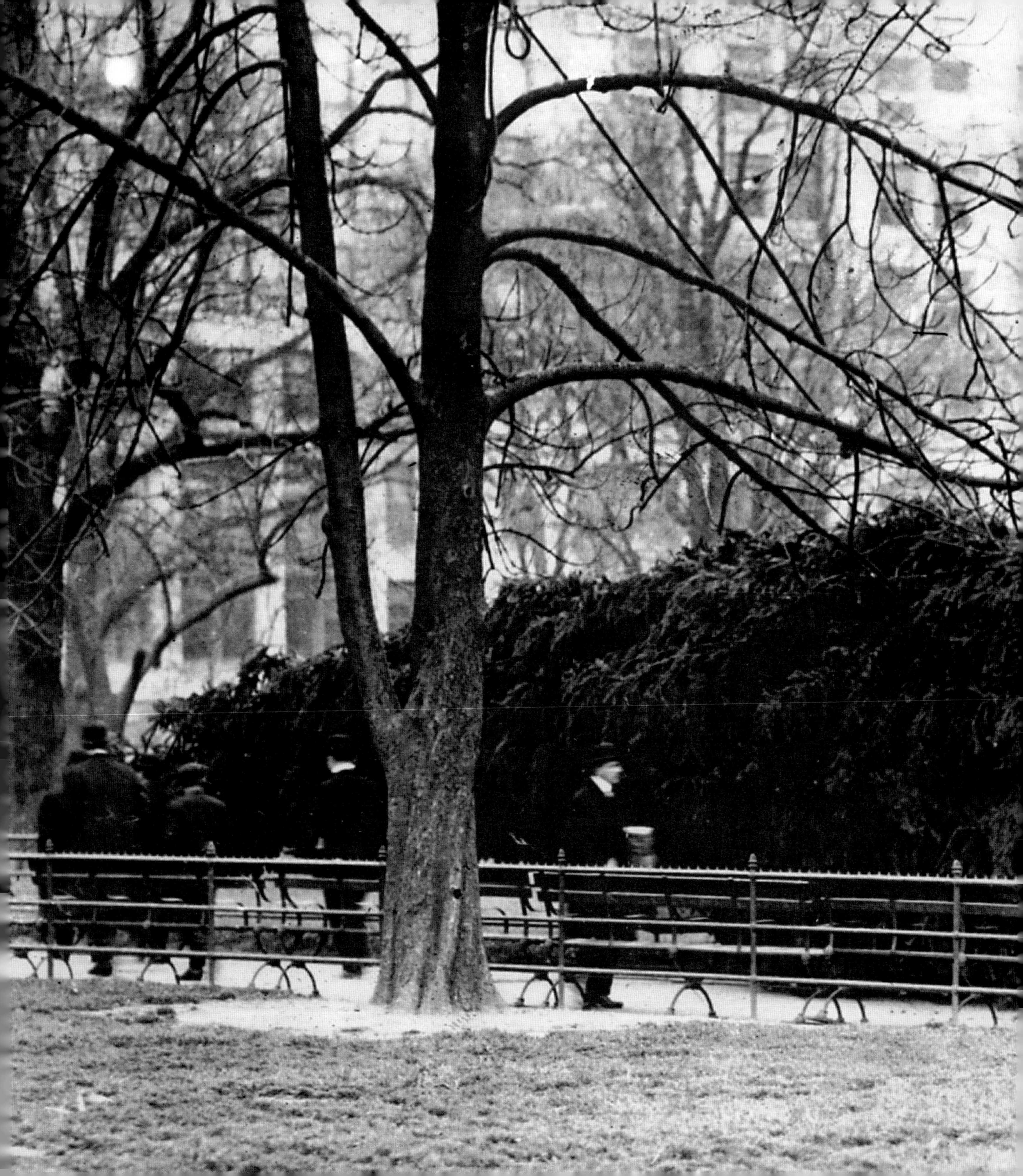

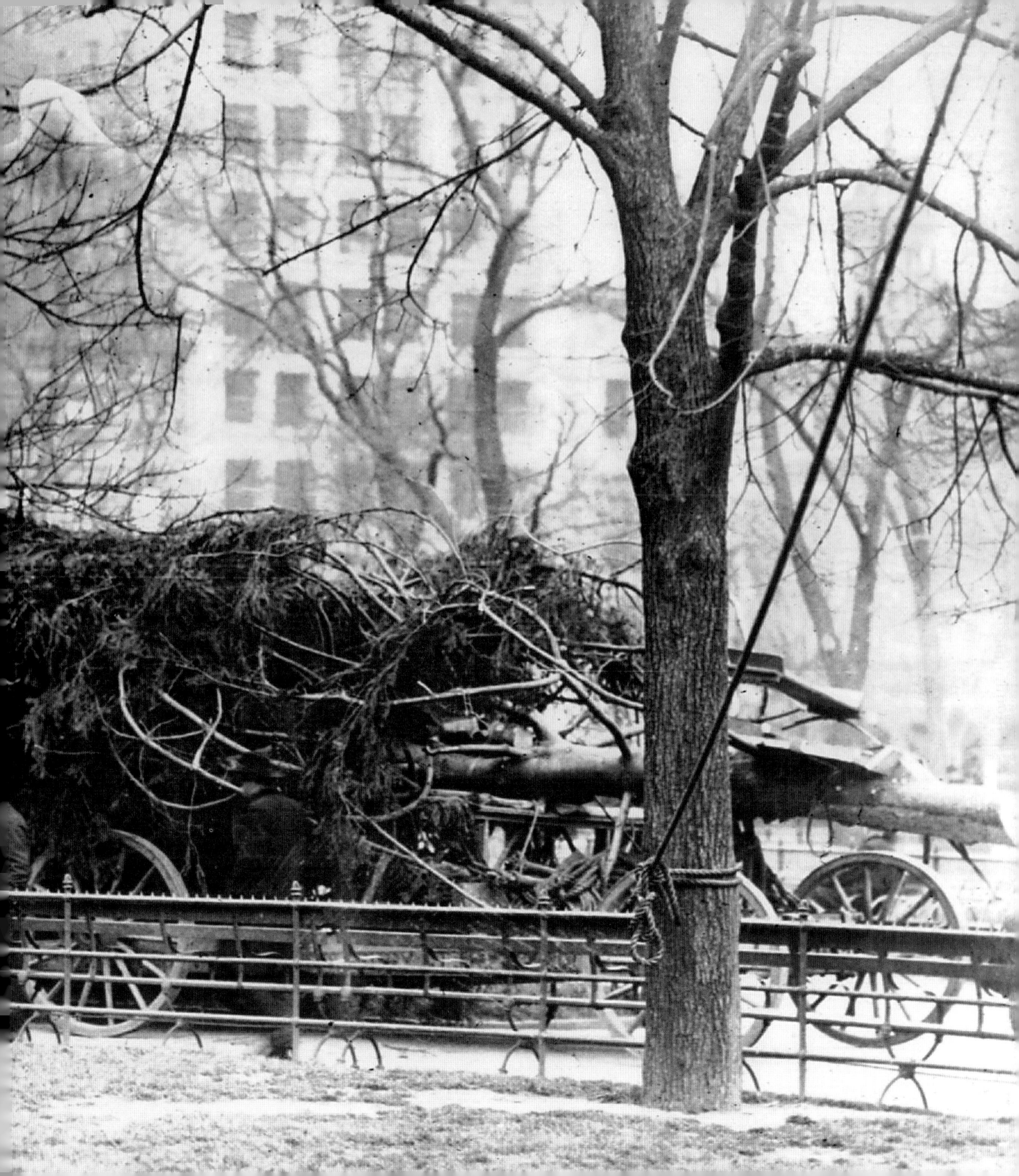

de Mecklembourg en ait fait planter un au jardin des Tuileries à Paris, en 1840, son initiative resta sans lendemain. Il fallut attendre la guerre de 1870 pour que la coutume alsacienne commence à faire des adeptes au-delà de la région. L'occupation allemande en 1870 l'imposa aussi, d'abord dans les casernes, les hôpitaux et les infirmeries. Après la guerre, l'association d'Alsace-Lorraine organisa des « arbres de Noël » qui prirent le sens élargi de fête avec distribution de cadeaux ou de nourriture pour les enfants. En 1882, un de ces rassemblements se déroula place du Châtelet. Dans ce contexte, l'arbre de Noël était aussi devenu un symbole de la résistance à l'Allemagne et le chérubin aux ailes d'argent placé à la cime avait été remplacé par un petit mais symbolique drapeau tricolore.

Malgré tout, en dehors de l'est de la France et de la région parisienne, le sapin de Noël restera encore longtemps inconnu dans les campagnes. L'école, où il fera son entrée en 1940, jouera un rôle décisif dans sa propagation.

LE SAPIN DE NOËL EST-IL PROTESTANT ?

Aux États-Unis, il semble que les soldats hessois combattant aux côtés des Anglais pendant la guerre d'Indépendance l'aient importé pour la première fois en Pennsylvanie. En 1835, c'est à un certain Follen de Cambridge dans le Massachusetts que l'on en attribue l'initiative[119]. Follen était un professeur allemand de Harvard qui s'intéressait aux coutumes étrangères. En 1890, le sapin de Noël fit une entrée en grande pompe à la Maison-Blanche et devint un symbole national.

Il arrive en Angleterre, à Manchester, en 1820, où la communauté des marchands allemands est nombreuse. Mais c'est la reine Victoria et son époux Albert de Saxe qui firent planter un sapin au château de Windsor. Dickens l'appela « le petit jouet allemand », il n'avait pas tort.

Ce sapin illuminé et décoré s'imposa en effet comme une tradition dans le nord et l'est de l'Europe, à dominante protestante. Il fut introduit en Suède et au Danemark dès le début du XIXe siècle par l'intermédiaire de l'aristocratie puis de la grande bourgeoisie allemande. Les pays méditerranéens catholiques comme l'Espagne, le Portugal, l'Italie restèrent très longtemps fidèles à la crèche.

En 1935, *L'Osservatore Romano* le condamna comme « coutume païenne[120] » et le gouvernement italien en interdit la vente, dans le but avoué de protéger la forêt. Peut-être le sapin tira-t-il de cette hostilité « papiste » la réputation d'avoir été plutôt protestant.

Mais à l'instar du Père Noël, le sapin fut jugé à son tour trop catholique pour les protestants, trop protestant pour les catholiques, et trop païen pour les deux religions, selon les périodes de son histoire. Au XVIIe siècle, le prédicateur protestant alsacien Conrad Dannhauer le traita de « futilité avec laquelle on passe le vieux temps de Noël » et de « jeu d'enfant » [121].

Au lendemain de la Seconde Guerre mondiale, lorsqu'il illuminera les grandes avenues des capitales du monde, leurs places et leurs carrefours, il connaîtra un autre destin, urbain et marchand, et la question de son appartenance religieuse deviendra secondaire.

LUMIÈRE !

L'alliance de la lumière et de la verdure est le symbole de Noël, mais en réalité ce n'est que tardivement, en 1785 exactement, que l'on prit connaissance de cette décoration lumineuse grâce aux descriptions alsaciennes de la baronne d'Oberkirsch :

> Le grand jour arrive, on prépare dans chaque maison le « Tannen », le sapin couvert de bougies et de bonbons, avec une grande illumination[122].

Vers 1825, les premières bougies sont déposées sur des roues en bois qui font le tour de l'arbre, en partie ébranché. À cette époque il y a souvent douze bougies qui, d'après certains folkloristes, ont pu symboliser les douze apôtres, ou onze, sans Judas. Mais ces bougies pouvaient être aussi au nombre de vingt-quatre, évoquant les vingt-quatre heures du jour. On évitait le nombre treize, mais la treizième, exceptionnellement, pouvait figurer le Christ.

Des vertus magiques leur sont aussi attribuées : celle de protéger de l'orage, notamment, ce qui renoue clairement avec les fonctions prophylactiques de la vieille bûche de Noël.

D'autres pratiques rappellent également que « le sapin est devenu un symbole d'amour », conclura Van Gennep. En Alsace, les sapins sont en effet parfois replantés dans les cimetières. À Strasbourg, les tombes d'enfants en sont décorées et leurs bougies allumées pendant toute la période de Noël. Cette dernière coutume rappelle celle qui existe en Norvège où une bougie est déposée sur chaque tombe le 24 décembre. Le sapin est sans doute protestant, mais il est assurément païen à travers ces usages qui convient les morts à la fête en leur faisant partager la lumière espérée en cette très longue nuit.

L'arbre illuminé renvoie au symbolisme de la verdure et de la lumière. Les générations se regroupent pour l'admirer comme un symbole de renouveau et une promesse d'avenir à travers les enfants qu'il émerveille. (Albert Chevallier Tayler, *L'Arbre de Noël*, 1911, collection particulière.)

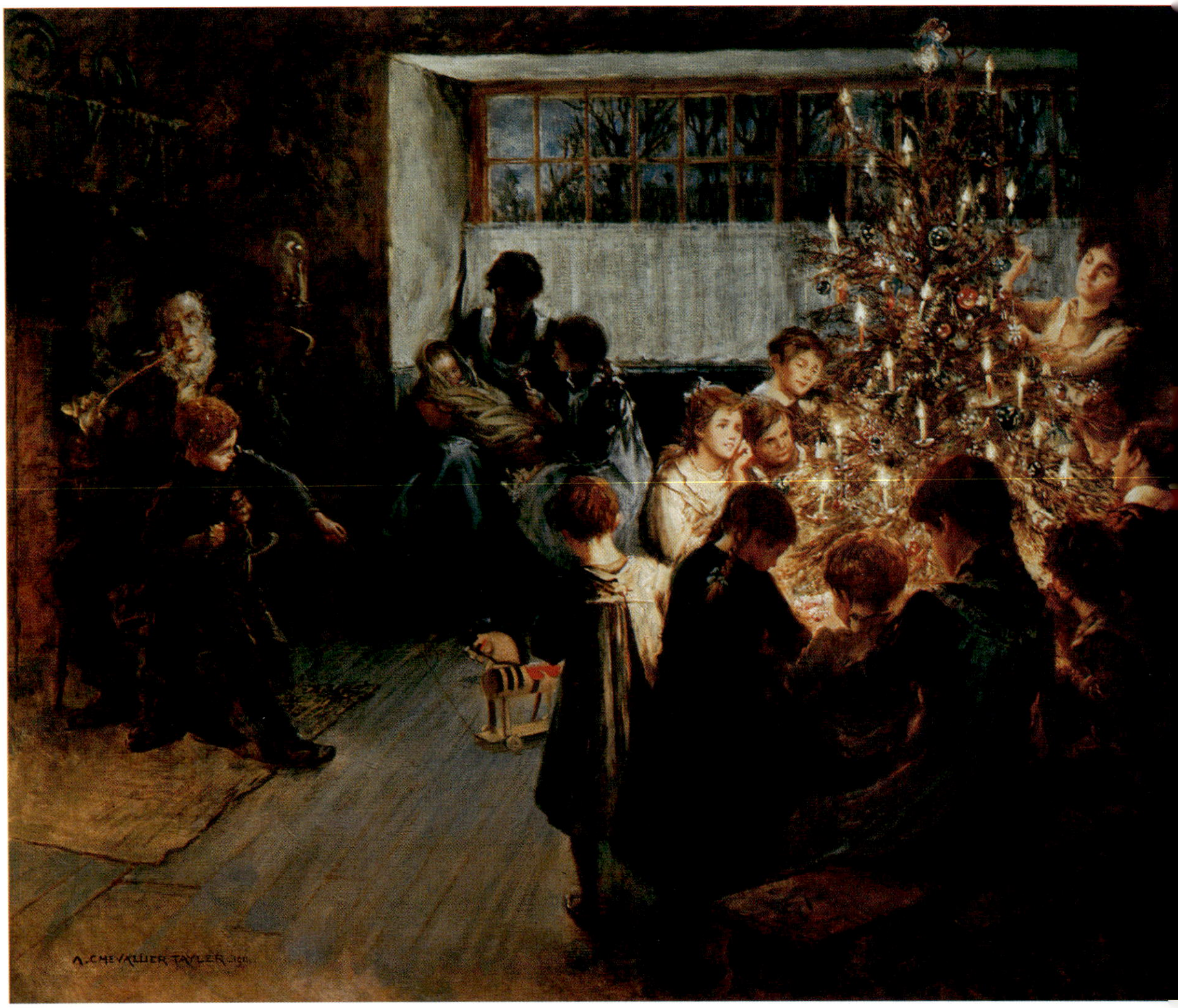

GUIRLANDES ÉLECTRIQUES

Les bougies accrochées aux branches sont belles, romantiques, poétiques et fortement symboliques ; mais elles sont dangereuses, car l'incendie guette l'espace des réjouissances. Les familles en furent réduites à les allumer un très bref moment. Près du sapin un seau d'eau ou de sable était toujours tenu prêt à l'emploi. Cette menace réelle qui entachait les festivités de fin d'année donna l'idée à la General Electric Company, fondée par Thomas Edison, de créer une guirlande de petites ampoules lumineuses et colorées, c'était en 1887[123].
La sécurité fut le *leitmotiv* des annonces publicitaires : *Safety first* (sécurité d'abord), pouvait-on lire sur cette affiche de 1914 parue dans *The Saturday Evening Post*, phrase suivie par ce commentaire : « Les bougies sont dangereuses, ne transformez pas votre Noël en tragédie ! » Un jeune enfant tendait sa main potelée vers l'ampoule brillante. La guirlande se branchait directement sur un lustre ou une lampe, et à ceux qui étaient encore privés d'électricité on proposait des batteries.

Cette invention transforma complètement le décor des grandes villes. Surmonté d'une étoile de Bethléem électrique, un premier arbre de Noël de trente mètres de haut fut érigé à Madison Square Garden en 1912. Cet « arbre de lumière » était offert à tous, riches et pauvres, jeunes et vieux. Deux mille ampoules furent commandées pour l'illuminer à la General Electric Company. Le sapin de Noël était américain, moderne, et il était désormais impossible de l'imaginer sans cette illumination électrique. L'événement fut agrémenté d'un concert gratuit : les chants de plusieurs communautés ethniques furent entonnés et un ténor également invité à chanter utilisa un mégaphone. Le succès dépassa toutes les espérances. Malgré la tempête de neige qui s'abattit sur New York ce soir-là et le froid intense qui régnait, vingt-cinq mille personnes de tous milieux et de tous âges vinrent assister à cette féerie[124] !
Les autres États d'Amérique allaient bientôt adopter cette nouvelle « tradition cent pour cent américaine », écrit Kara A. Marling. Elle devait, dans l'esprit des organisateurs, remplacer « les Noëls d'autrefois et offrir au pays un nouveau symbole de paix, de générosité et de progrès[125] ».

En France, c'est au lendemain de la Seconde Guerre mondiale que les sapins illumineront les grandes villes, Paris en tête.

Noël aux États-Unis est devenu, dès le début du siècle, une attraction urbaine et une féerie lumineuse. (Boston, vers 1930.)

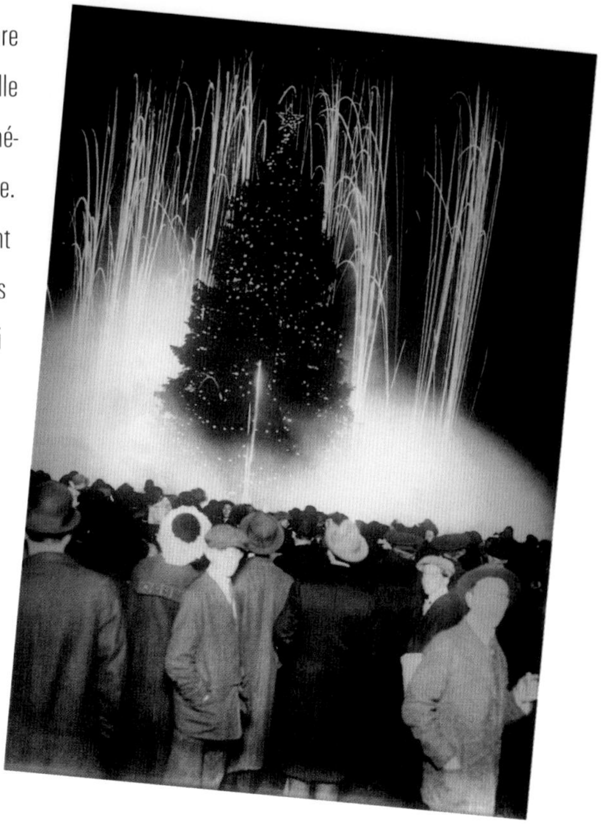

CHARITÉ, CORPORATISME ET PATERNALISME

L'arbre de Noël fut au centre de toutes les distributions de cadeaux organisées par des associations charitables, des écoles, et même des épouses de présidents. En France, la tradition des « Noël à l'Élysée » commença à la fin du XIXe siècle avec Mme Loubet. En 1900, elle remit aux veuves dans le besoin et chargées de famille la somme de sept mille francs et aux enfants des cadeaux « utiles » tels que des boîtes de compas et des livres.

Aux États-Unis, les « arbres de Noël » furent aussi organisés par la *Christmas Tree Society* dont les mises en scène furent grandioses. Lors de son 16e programme qui eut lieu en 1908 à Brooklyn, cette association réunit près de quatre mille enfants pauvres, les nourrit, s'employa à les distraire et les couvrit de cadeaux. La manifestation était ordonnancée comme un spectacle de variétés, une assemblée nombreuse de parents et de bourgeois philanthropes y assistait, assise sur des gradins. Le Père Noël était présent sur scène. Il fut photographié devant le sapin gigantesque à côté d'une fillette déguisée en ange, et le cliché reproduit dans *Leslie Weekly* du 9 janvier 1908[126]. Orphelins, enfants d'employés, écoliers, enfants pauvres et enfants riches, tous eurent bientôt droit à ces distributions de cadeaux collectives, souvent accompagnées d'attractions, d'un orchestre ou d'une chorale et, bien sûr, d'un grand sapin illuminé.

L'« arbre de Noël » existe aussi en France dans les comités d'entreprise, les écoles, et même pour le « troisième âge » des maisons de retraite. Le Père Noël ne se déplace plus pour ces personnes âgées, mais l'arbre, lui, est souvent là, imperturbable et hiératique, réjouissant encore leurs yeux usés.

À droite : les orphelins reçoivent à Noël des cadeaux offerts par les dames patronnesses. L'exercice de la charité est un des moments forts et ritualisés de la fête. (*Le Petit Parisien*, 27 décembre 1900.)

Ci-dessous : en 1942, l'Armée du Salut anglaise offre le repas de Noël aux rescapés du bombardement de Chalk Farm.

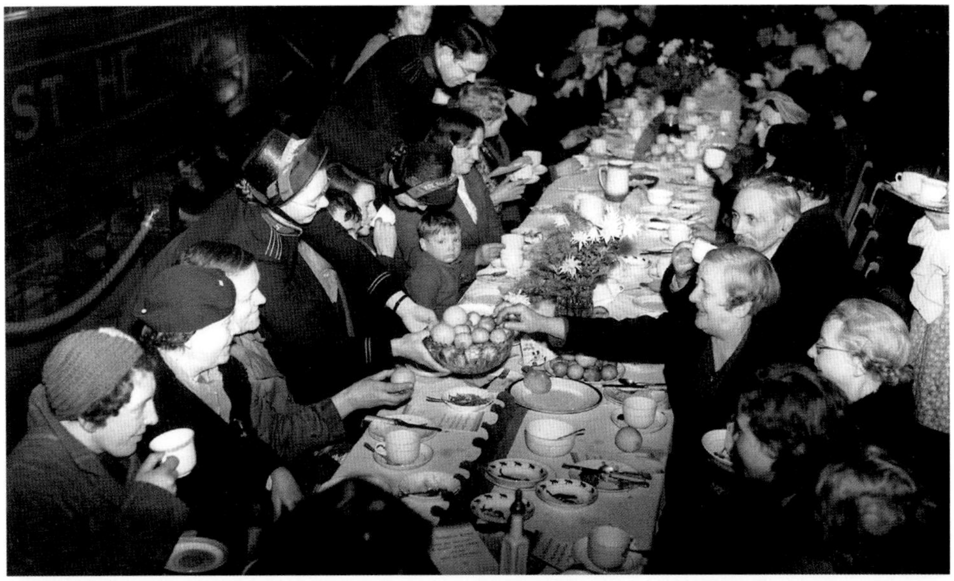

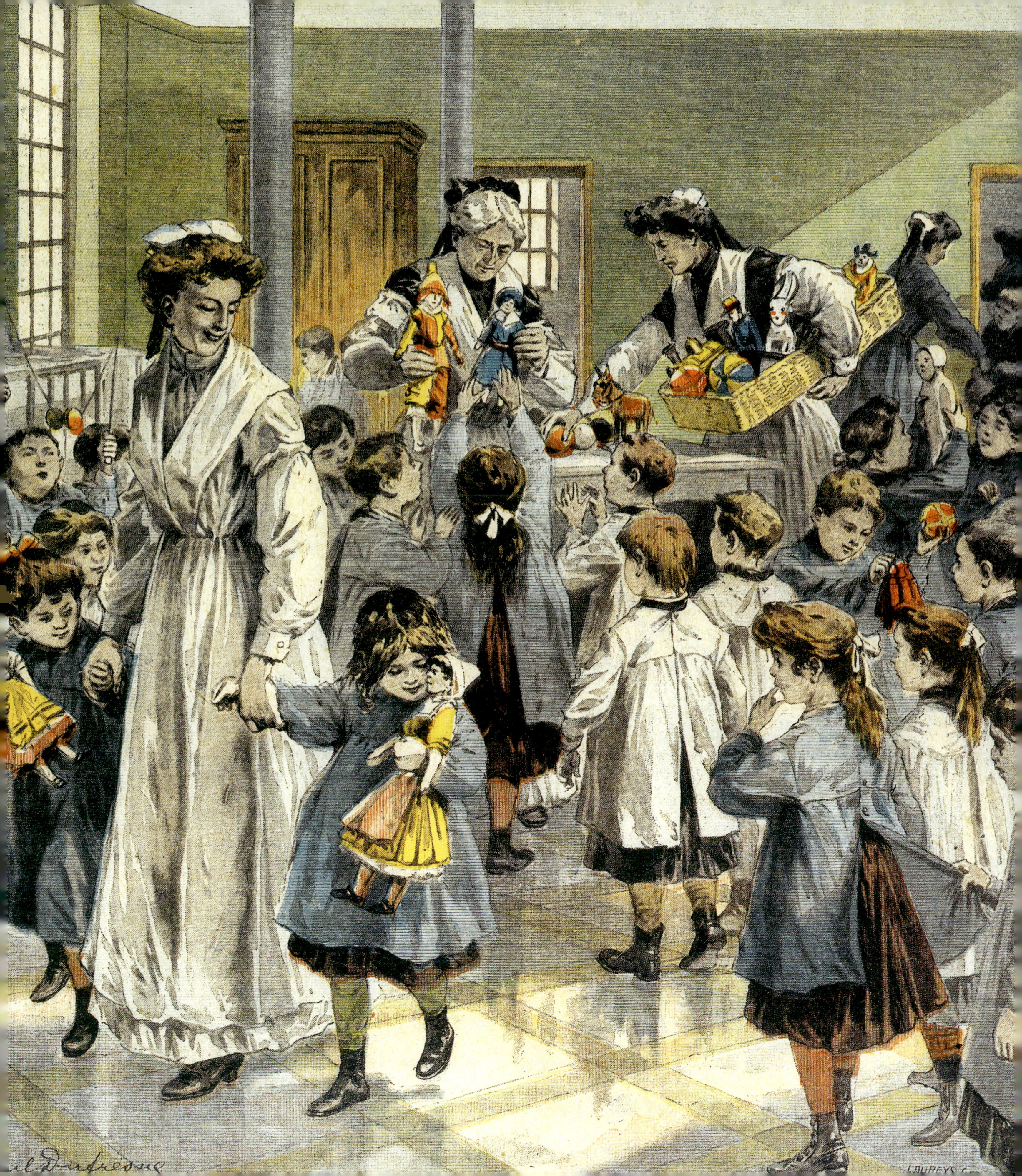

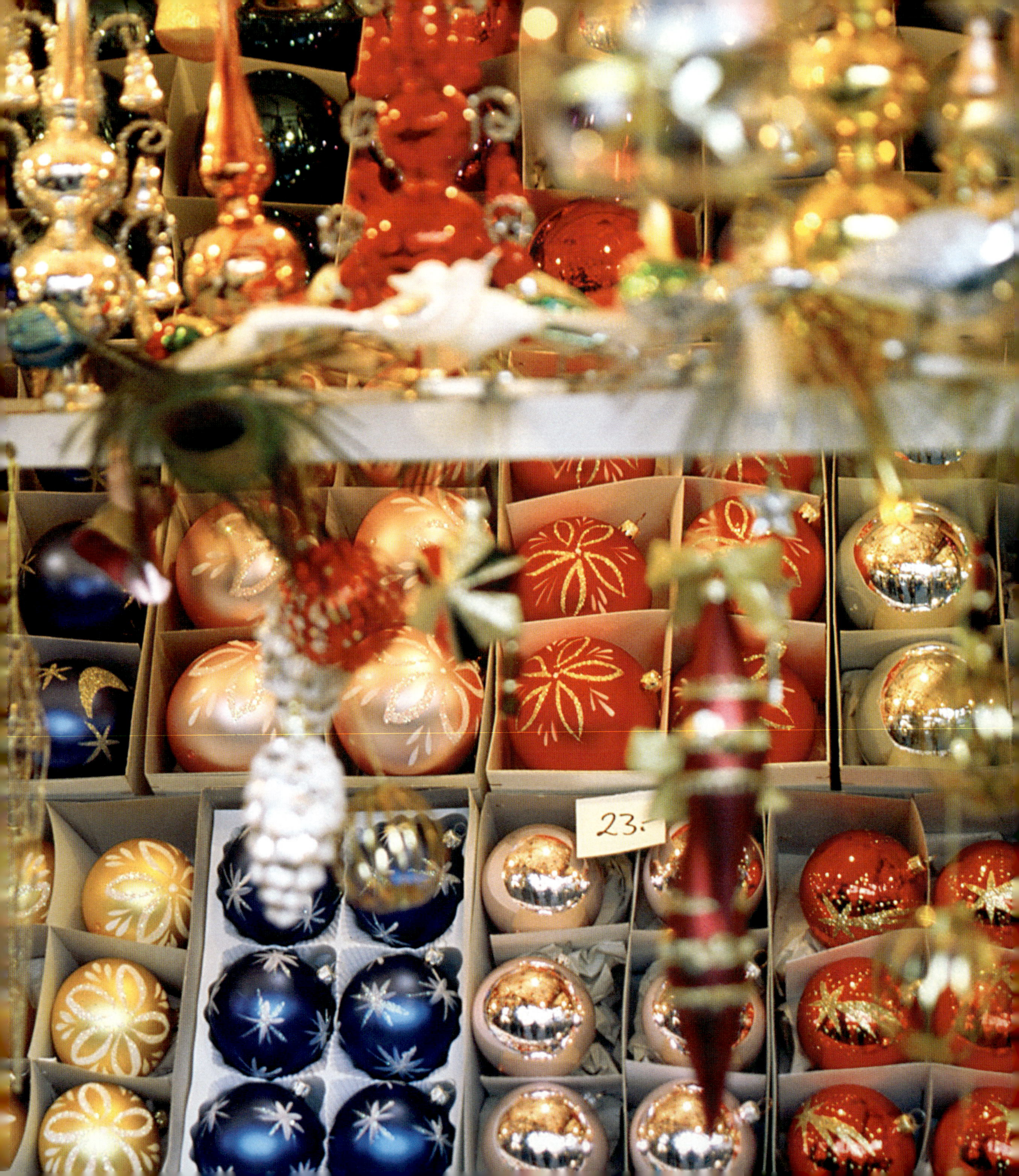
23.-

BOULES DE VERRE ET BOULES-DE-NEIGE

Le milieu du XIXe siècle fut l'époque des chromos victoriens et de la décoration allemande. Lauscha dans la forêt de Thuringe, mais aussi le Meisenthal lorrain et la Bohême sont les endroits où l'on souffle les boules de verre. Elles servaient au départ à la décoration des fenêtres et des jardins ; bientôt elles feront la beauté des sapins de Noël. Ce sont les villageois qui les peignaient à la main. Ce travail se faisait en famille et fut, la plupart du temps, féminin. En 1939, la cessation de toute relation avec l'Allemagne fut à l'origine du transfert aux États-Unis de cette activité, qui y prit rapidement une dimension industrielle. En une minute, on pouvait produire plus de pièces qu'une famille entière en douze heures, mais, comme souvent, on perdit en variété et en beauté ce qu'on gagna en rapidité[127].
Aujourd'hui on assiste à la revalorisation de cet artisanat. Les boules de verre « faites main » sont devenues des objets de luxe alors que les boules en plastique ou en papier mâché qui se fabriquent depuis vingt ans à Taiwan, à Hong Kong et aujourd'hui en Chine populaire sont bon marché. Les ouvriers et artisans du Sud-Est asiatique savent reproduire des crèches à l'italienne, des boîtes à musique du XVIIIe, des boules-de-neige « années cinquante » enfermant des villages blancs où un petit train circule en boucle.
Chaque pays exporte son artisanat local, acheté par les grands magasins : boucs en paille scandinaves, lutins germaniques, chandeliers en bois norvégiens, boules pourpre et or russes. Le décor de Noël est devenu universel, comme la fête elle-même, mais il cultive encore assez la coutume locale. Esprit du temps oblige !

Boules de verre pour décorer le sapin, sur le marché de Noël de Nuremberg. Les premières furent fabriquées en Allemagne.

SAPIN PUBLIC ET SAPIN PRIVÉ

Le sapin a mis plus de quatre siècles à pénétrer dans tous les foyers, à ritualiser son espace en devenant le centre de la distribution des cadeaux. Il les abrite désormais sous ses branches, comme des oisillons colorés, emballés, étiquetés. Il n'est plus secoué depuis le début du siècle pour en faire tomber bonbons et gâteaux tels des fruits mûrs. Il n'est plus érigé et décoré le soir même pour créer un effet de

Le sapin illuminé et richement décoré entre aujourd'hui dès le mois de novembre dans les intérieurs et doit, selon la coutume, y rester jusqu'à l'Épiphanie.

surprise, une véritable apparition. Bien au contraire ! Il arrive de plus en plus tôt dans les salons, dès le 2 novembre en général, aux lendemains de la Toussaint et aujourd'hui de Halloween. Les fleuristes et les hypermarchés le reçoivent « emmailloté » dans un filet de nylon comme des saucissons. Il y a là l'épicéa rugueux, le vieux sapin alsacien aux couleurs cendrées, qui supporte mal la chaleur du foyer. Ceux-ci deviennent assez vite squelettiques, mais exhalent cette odeur indéfinissable et douce ; mélange de forêt, de résine et de miel, « l'odeur de Noël » qui se reconnaît à toute une vie de distance. Il y a encore l'épicéa bleu du Colorado, enfin, le dernier arrivé, celui qui détrône tous les autres, le nordmann scandinave, aux aiguilles bien fixées qui ne tomberont pas sur le parquet, même au bout d'un bon mois. C'est le préféré des mères de famille, mais il n'a pas d'odeur.

Les versions bleu et rose layette, rouge royal et noir de suie existent aussi, mais sont plus prisées par les commerçants pour décorer leur vitrine que par les enfants. Dès le début du mois de novembre, les préposés à la fixation cruciforme, souvent des « extras », s'activent chez les pépiniéristes et les fleuristes. Difficile de choisir un arbre serré dans sa gaine de nylon lorsqu'on est petit. Alors, en général, on jette son dévolu sur le plus grand. Une fois déployé, la surprise est elle aussi, très grande, quand l'arbre envahit la moitié du salon et transforme la maison en forêt vosgienne !

SAPIN ÉCOLOGIQUE

Le « sac à sapin » est aussi une trouvaille récente pour éviter la dispersion des aiguilles sèches, car il faut tenir jusqu'à l'Épiphanie, jour traditionnel de la sortie du sapin de la maison, du déshabillage délicat de ses ornements qui sont sagement rangés dans une boîte jusqu'à l'année suivante. Alors, la silhouette raidie et dégarnie n'a plus qu'à se tenir prête sur les trottoirs dans l'attente d'un ramassage municipal, nue ou recroquevillée dans son sac recyclable. Triste fin, en vérité, qu'en 1996 les magasins suédois IKEA voulurent éviter, en enjoignant les clients déjà culpabilisés à le rendre, bien enraciné, après l'avoir arrosé, soigné et à peine décoré pour ne pas lui nuire.

L'idée forte était « d'offrir à la Terre » son cadeau de Noël :

> Et voici notre cadeau de Noël à notre Mère la Terre, les sapins que nous vendons ont des racines. Si vous nous les rapportez entre le 5 et le 18 janvier compris, nous vous les rembourserons en bons d'achat et nous replanterons ceux qui ont bien supporté les fêtes !

Un « SOS sapin » venait d'être lancé. Une mesure de protection de l'arbre de Noël était peut-être à envisager. Mais l'opération fut peu convaincante ni même commercialement réussie : peu de sapins repoussèrent après tant de chaleur et de convivialité autour d'eux. Les pépiniéristes, surtout vosgiens, qui n'arrivent pas à écouler toute leur production malgré les 15 millions de sapins vendus annuellement, s'étonnèrent devant tant de « vraie fausse » ignorance botanique et d'innocence écologique.

Sur la place Beaubourg, cette même année 1996, 1 200 arbres furent plantés, pour faire respirer les Parisiens, par les Lorrains dont la région possède la plus grande surface forestière en France et par le Conservatoire international des parcs et jardins et du paysage de Chaumont-sur-Loire, qui revendique de se fournir auprès des « éleveurs de sapins » de la région. La contre-offensive était claire, le sapin de Noël ne présentait aucune menace pour l'environnement.

À Sélestat, son berceau natal, un circuit emmène les touristes, dans le cadre d'un séjour « Noël en Alsace », au « pays du Sapin » après avoir visité celui des Mystères, des Veillées, des Étoiles et des Saveurs. Son dernier « destin » sera peut-être celui d'être un objet patrimonial.

Il est déjà le représentant d'une « tradition » régionale à l'écomusée d'Alsace à Ungersheim dans le Sundgau, où il trône dans un intérieur alsacien du XIXe siècle, reconstitué pour la circonstance.

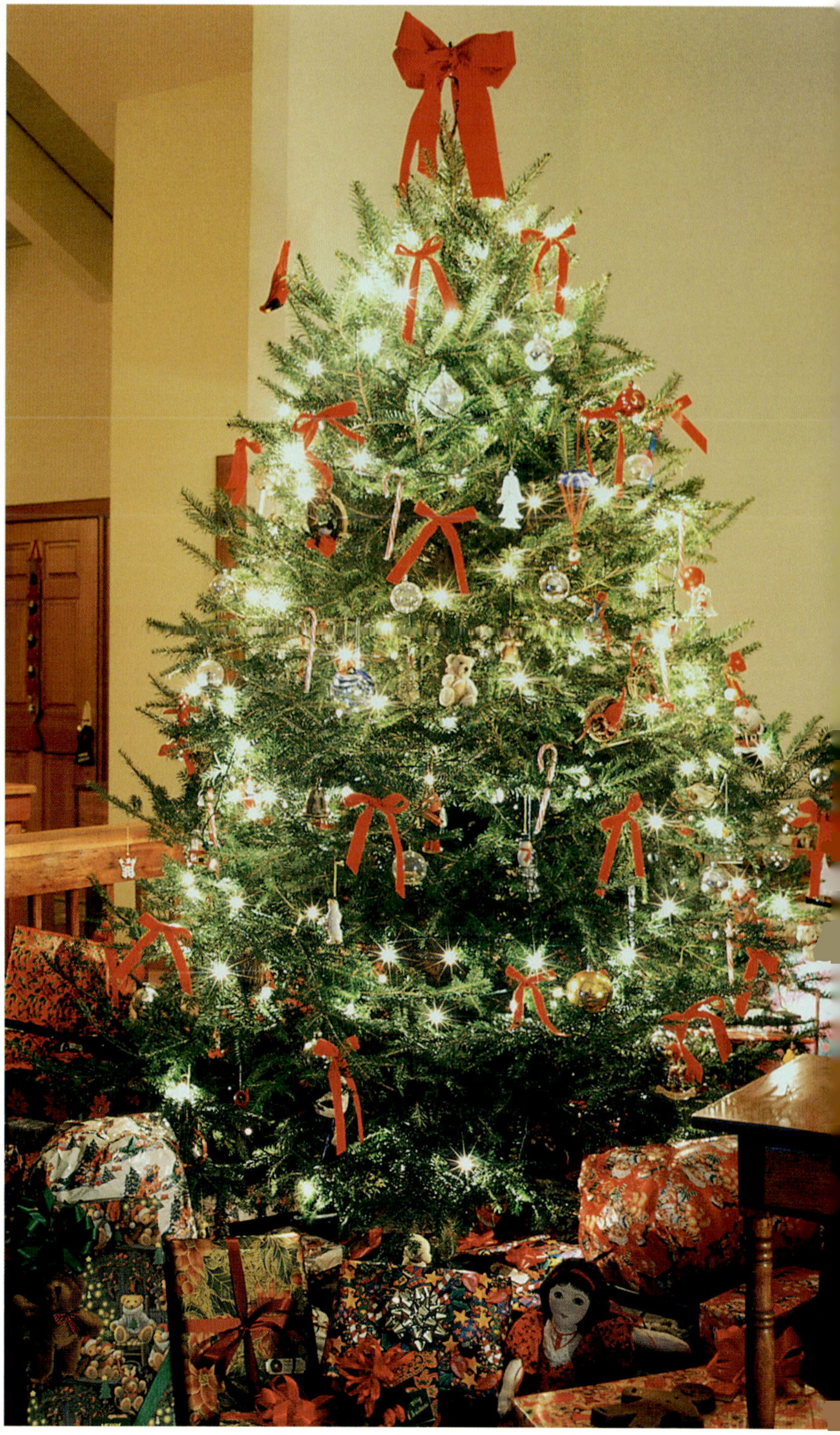

NOËL
HORS
SOL

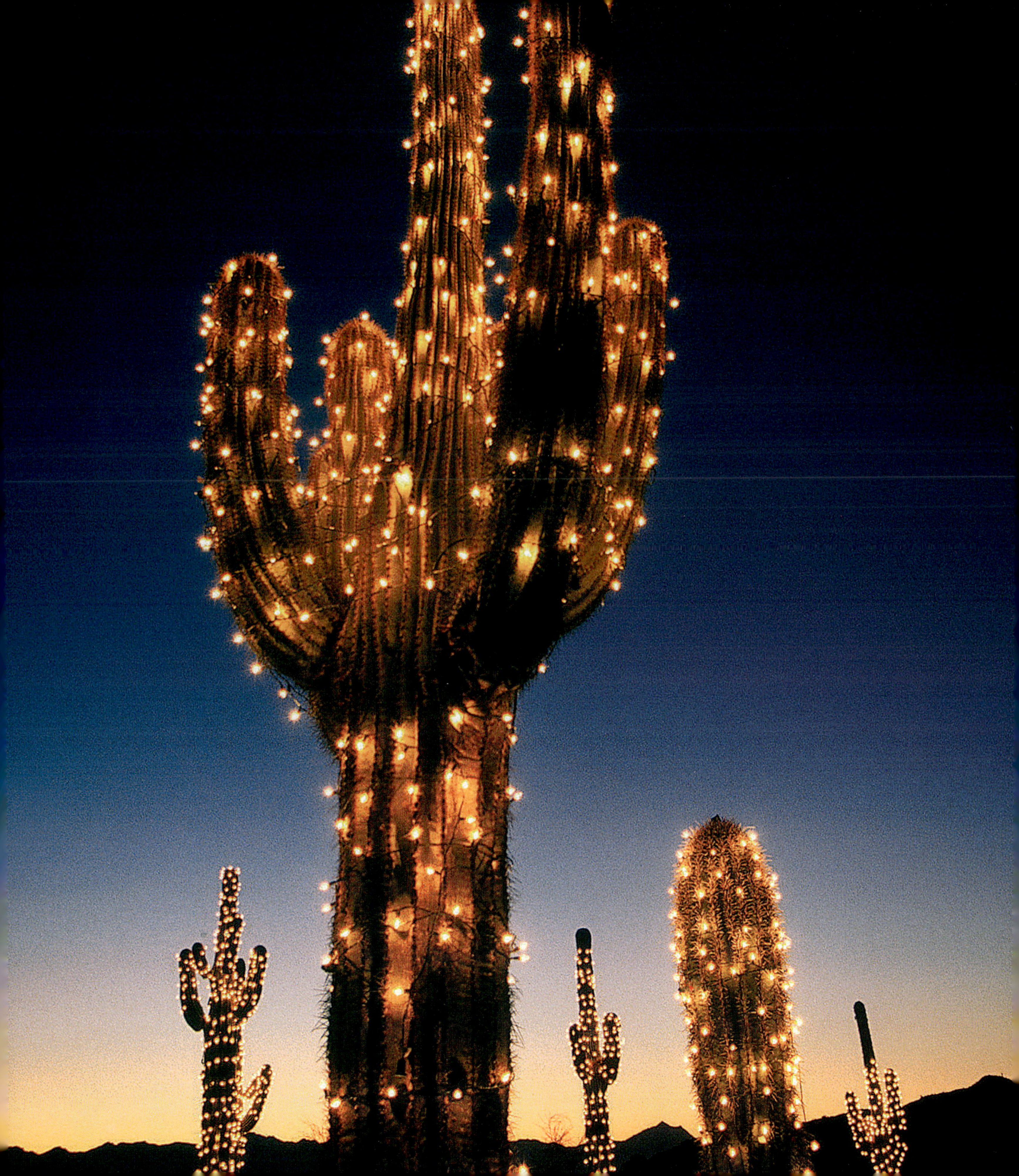

C'est un fait curieux qu'avant même d'avoir découvert une monnaie universelle, une loi universelle, un gouvernement universel, un langage ou un système des poids et mesures universel, le monde ait inventé un Noël universel.
Michael Harrison, 1951[128]

Page précédente : cactus enguirlandés en Arizona. Un cas de métissage culturel ?

Ci-dessous : arrivée du *Concorde* en Laponie, à Rovaniemi, au « pays du Père Noël », ou l'environnement mis au service d'une légende.

Devenue aujourd'hui une fête, sinon une tradition universelle, Noël est un cas unique qui mobilise tous les 25 décembre les populations les plus diverses, loin, très loin de ses origines géographiques, culturelles et religieuses : Indiens d'Amérique du Nord, Eskimos du Groenland, habitants de Tokyo, juifs de New York, musulmans de Paris, etc. Aucun rituel n'a jamais connu une telle expansion, un rayonnement aussi considérable, une adhésion collective aussi fervente.

En dehors de sa signification religieuse, c'est la fête des enfants, celle de la solidarité et de la trêve, que Noël symbolise, qui s'est « exportée » sous différentes latitudes. La colonisation, ses administrateurs et ses missionnaires, mais aussi le commerce et le cinéma ont beaucoup fait pour la « réussite » de cette

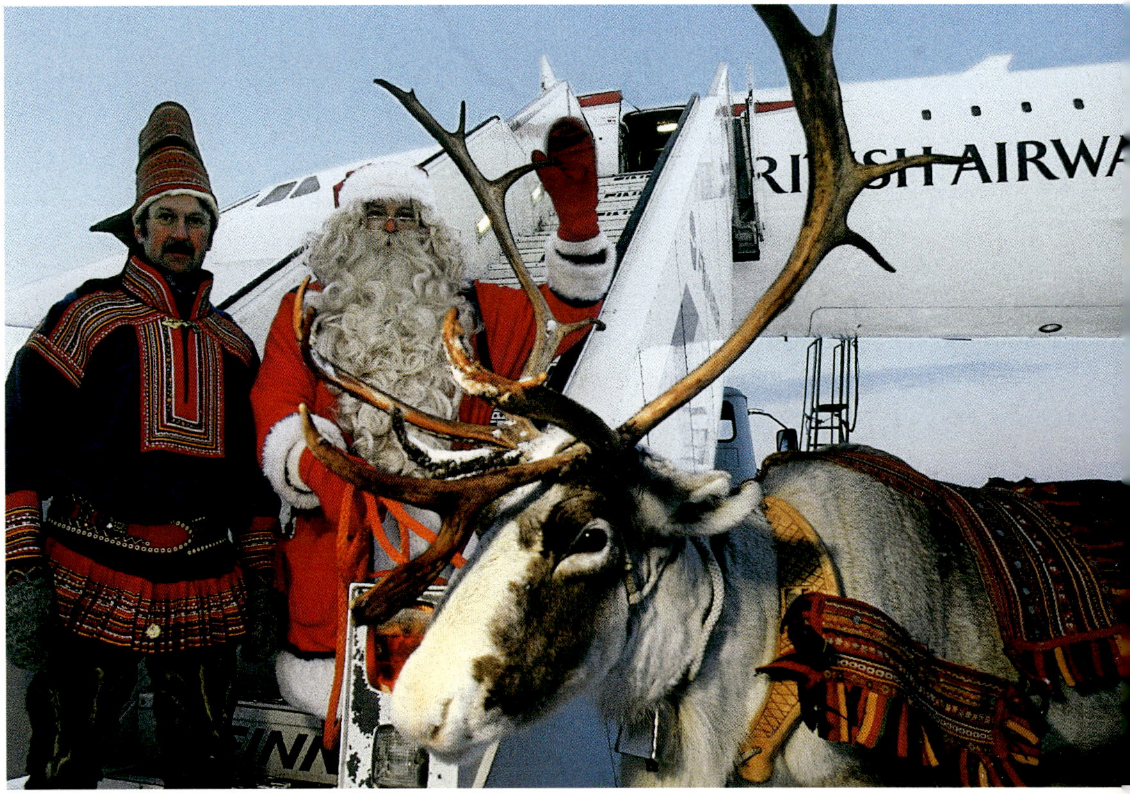

« globalisation » inattendue. Peut-être vaudrait-il mieux parler de « multiculturalisme » comme le fait Kara A. Marling. Les publications sur le thème de « Noël dans le monde » témoignent en effet d'une fascination réelle pour le folklore des « autres ». Mais les choses se complexifient quand ces « autres » n'ont jamais connu de traditions de Noël. On assiste alors à des adaptations inédites, des appropriations surprenantes, des détournements ingénieux qui méritent la même curiosité.

UN EMBLÈME DE L'EMPIRE BRITANNIQUE

L'Empire britannique a joué un rôle sans précédent dans la diffusion de la célébration de Noël dans ses colonies. Il était impensable pour un Anglais de ne pas fêter Noël alors même qu'il vivait en Inde, en Nouvelle-Zélande, en Afrique du Sud. Cette fête scellait la communauté expatriée[129].

Le *pudding,* l'oie et les *carols* devaient resserrer les liens entre les colons exilés et la famille restée en Angleterre, la « mère patrie » dont la nostalgie confondue avec celle du *home sweet home* était particulièrement exacerbée à cette époque de l'année. Celle-ci était d'autant plus forte que le climat tropical ou équatorial faisait regretter la neige, promesse des « Noëls blancs », le feu dans l'âtre et les odeurs d'oie rôtie à la sauce aux airelles. Pour retrouver l'esprit et l'ambiance de Noël, les *carols* furent particulièrement valorisés par les colons qui les entonnaient avec allégresse dans leurs *clubs* de Delhi ou Nairobi, tandis que leurs épouses organisaient des réceptions dont aucun membre de la communauté ne devait être exclu. Noël devint ainsi un symbole à la fois patriotique et impérialiste.

Ces *carols* furent en effet « un outil précieux » pour les missionnaires qui faisaient chanter les autochtones en chœur. Ils avaient, écrit Mark Connelly, « un double avantage, en familiarisant la population avec la chrétienté, ils apprenaient simultanément à parler anglais[130] ». On se souvient comment Noël avait, au cours du XIXe siècle, rallié les couches populaires de la Grande-Bretagne ; il continuait sa mission évangélisatrice, éducative et familialiste au-delà de ses frontières. Parallèlement la célébration s'adaptait au nouvel environnement et se déroulait la plupart du temps, comme en Australie ou en Nouvelle-Zélande, en pleine nature autour d'un pique-nique. Une gravure parue dans l'*Illustrated London News* le 29 décembre 1909 représente « un Noël en Nouvelle-Zélande » – c'est son titre. Trois jeunes femmes ont installé en pleine forêt une nappe sur le sol où trône un magnifique *pudding*, dans le cœur duquel est plantée une tige de houx ; des enfants endimanchés attendent avec une impatience visible de pouvoir déguster ce mets engageant. Un groupe d'hommes et de femmes discutent et, en arrière-fond, on devine des chevaux attachés aux arbres par leur licol. Le repas de Noël s'est transformé en repas champêtre ou en *garden party.*

Noël fut l'occasion de « démontrer l'unité de l'Empire ». Les produits exotiques en seront un signe concret lorsqu'ils enrichiront les repas de Noël en Grande-Bretagne : fromage canadien, oranges d'Afrique du Sud, beurre, fromage et miel de Nouvelle-Zélande, café d'Afrique de l'Est. En 1931, la publicité de *Hamper's* avait pour message : « Faisons en sorte que votre Noël soit celui d'un Empire » *(Let your Christmas be an Empire one).*

La colonisation française aura également une influence décisive à travers les missions et les dames patronnesses qui organiseront des « goûters de Noël » pour les enfants marocains, algériens, indochinois. Des sapins tout décorés seront envoyés aux missionnaires du Groenland ou d'Afrique. Mais la célébration n'aura pas, aussi fortement qu'en Grande-Bretagne, cette fonction de représentation de la France dans ses colonies.

UN GARANT DE LA CITOYENNETÉ AMÉRICAINE

Ne pas fêter Noël, c'était, dit-on, « ne pas être tout à fait anglais ». Le fêter c'était aussi le meilleur moyen d'être reconnu comme un bon citoyen américain. Les communautés juives émigrées d'Europe de l'Est à New York au début du XXe siècle avaient bien compris cet état d'esprit et beaucoup l'inclurent dans leur propre cycle festif après Hanoukka. Les Noirs américains convertis par leurs anciens maîtres les planteurs du Sud fêtaient Noël avec force musique, danse et chants. Ils avaient fini par

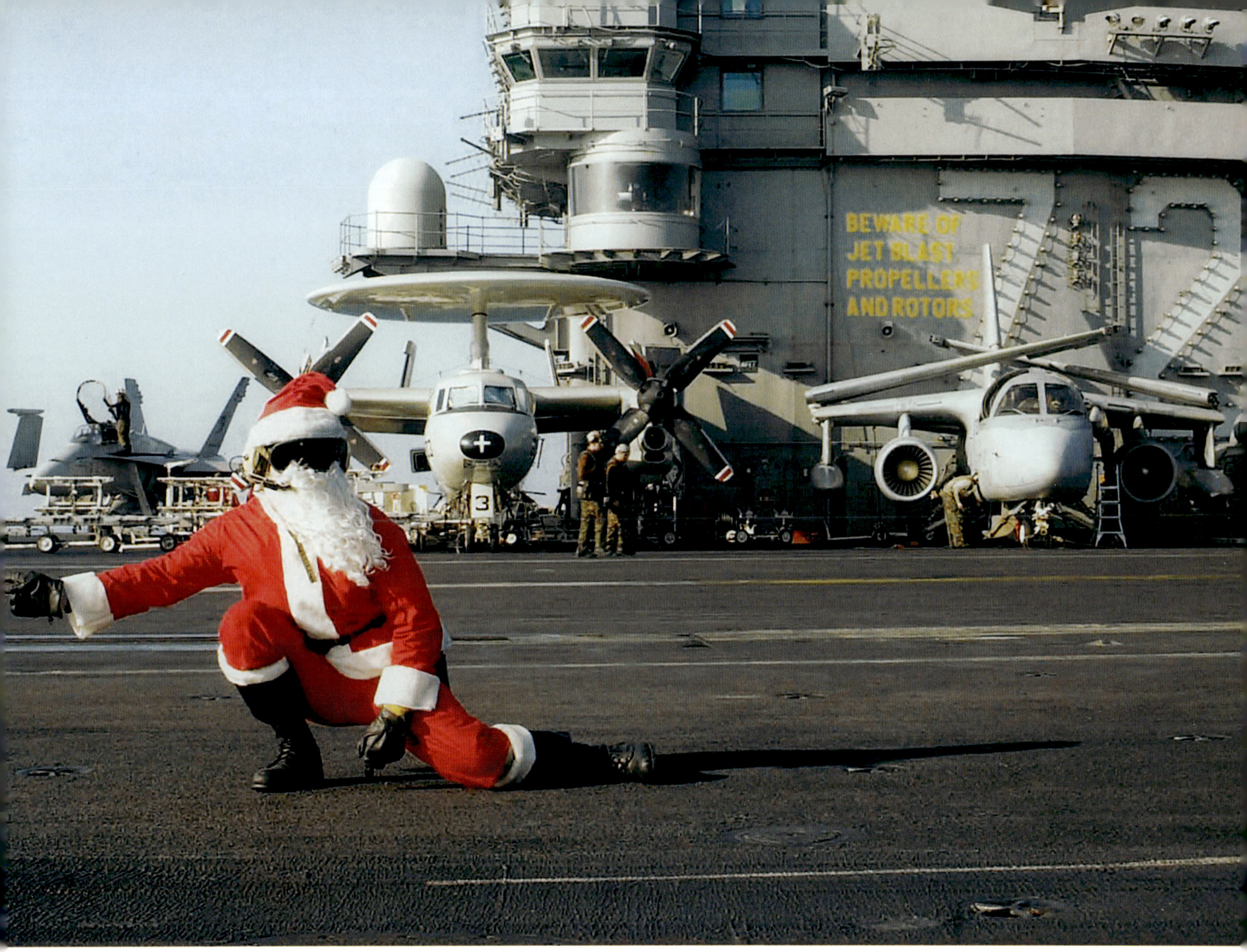

devenir pour les Américains des « images d'Épinal » du « Noël dans le Sud », dont sont d'ailleurs nées de nombreuses illustrations. Kara A. Marling, qui rapporte ces faits, attire encore notre attention sur les communautés chinoise et japonaise, totalement étrangères à cette célébration et donc totalement « différentes » pour tout Américain moyen. Et de fait, écrit-elle, Noël devint « une sorte de « test réactif » *(litmus test)* de bonne citoyenneté américaine ». L'étranger absolu, au fond, était celui qui ignorait l'existence de Noël[131]. Mais tout enfant étranger, s'il croyait en Santa Claus, était logiquement et moralement prêt à devenir un citoyen américain.

Lancement du premier avion de la journée par le Père Noël à bord du porte-avions américain *Abraham Lincoln*, le 30 novembre 2000, en Arabie saoudite.

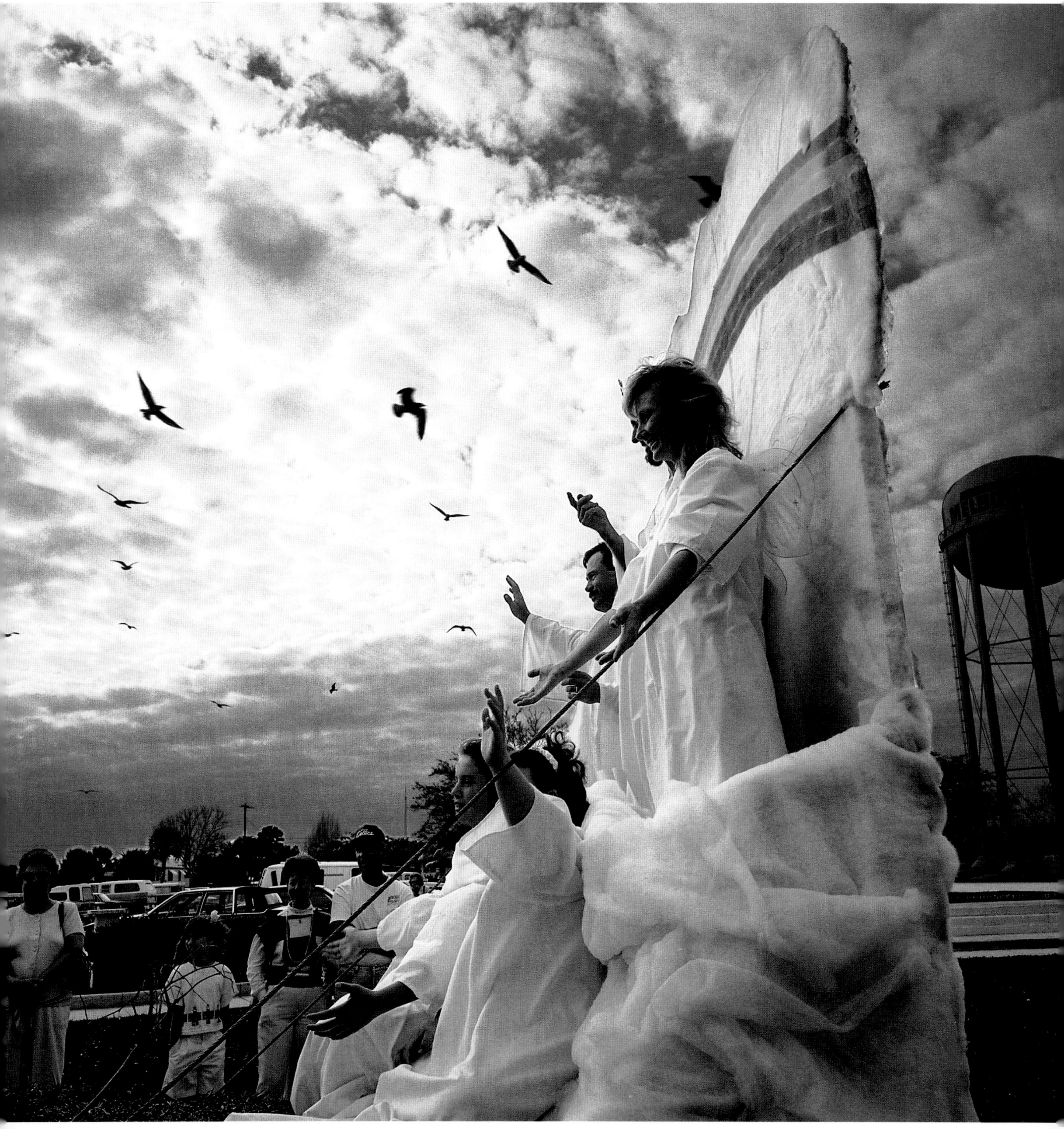

VARIATIONS PLANÉTAIRES

Bien sûr des sphères résistent, du côté des intégrismes et des orthodoxies, qui refusent la fête vécue comme une tradition étrangère, ne permettant pas d'affirmer son identité, mais « l'esprit de famille », l'amour des enfants, le sens du partage et celui du commerce ont plus rallié qu'ils n'ont exclu. À cette époque de l'année, les grandes capitales du monde se mettent à se ressembler et s'alignent sur New York et Londres, villes emblématiques de la fête. Les guirlandes orneront sans vergogne cactus mexicains et palmiers californiens, les sapins importés ou artificiels embelliront tous les halls d'aéroports, les entrées des vieux palaces et des hôtels internationaux. Les Pères Noël australiens risqueront l'insolation en restant trop longtemps à côté des maîtres nageurs des plages de Sydney. Cependant, l'ironie s'arrête là car il est rare d'assister à la réplique de la fête sans que le pays, la tribu, la région, le village n'y ajoute son empreinte personnelle. « L'emprunt est une innovation », disait le préhistorien André Leroi-Gourhan, car la diffusion des coutumes subit au passage beaucoup de « retouches » culturelles.

À gauche : en réaction contre les parades commerciales de Noël, 133 églises de confessions diverses, à Melbourne en Floride et dans les environs, ont décidé d'organiser chaque année une parade religieuse dans les rues de la ville en jouant les scènes de la vie du Christ les plus populaires. (Melbourne, Floride, 1990.)

Ci-dessous : Noël à Chinatown, New York. Chaque communauté s'est approprié la fête.

Au Japon, Noël fut très longtemps inconnu. Aujourd'hui les choses ont changé et à Tokyo les habitants fêtent Noël avec une débauche de lumières et de marchandises stupéfiante. Noël est devenu un événement important dans « le cycle saisonnier de consommation domestique japonais[132] », le quartier commerçant (*downtown*), les clients portent une petite branche de houx en plastique au revers de leur manteau. Ils s'affairent dans les grands magasins bondés qui distribuent, pour faciliter les achats, des sacs rouge et vert. Santa Claus se transforme au gré des exigences de la vente. Dans le magasin Ginza il est encore reconnaissable sous le pseudonyme *Uncle Chimney*, Il y a quelques années on le trouvait même figurant en pleine scène de Nativité[133]. Des rennes scintillants ou fluorescents traversent

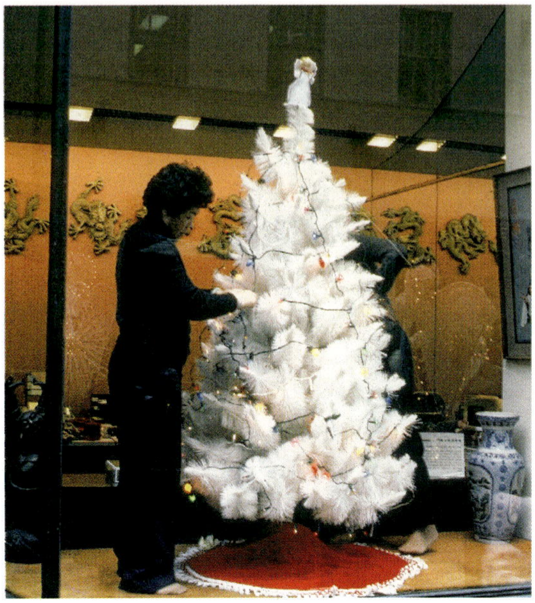

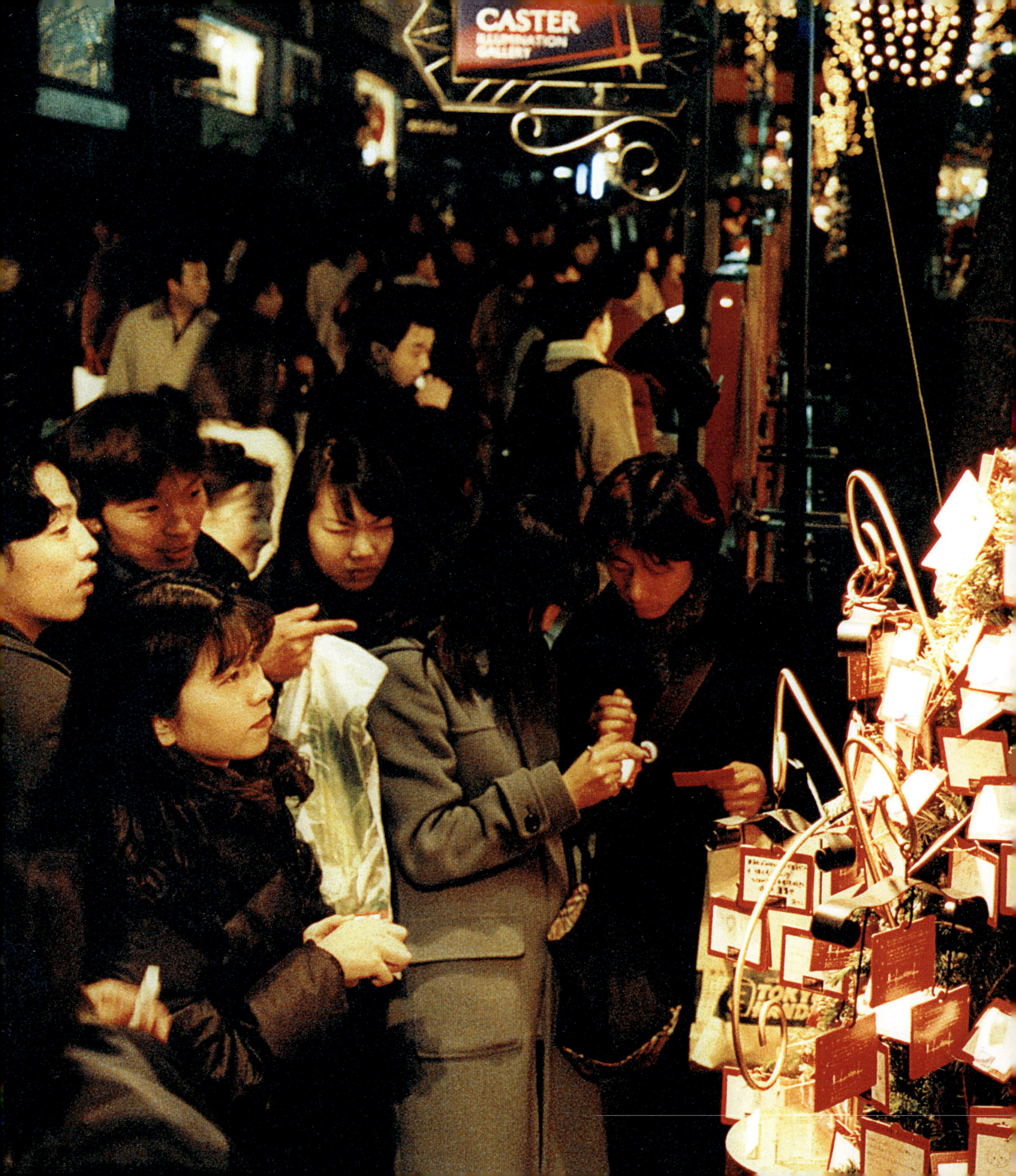
CASTER

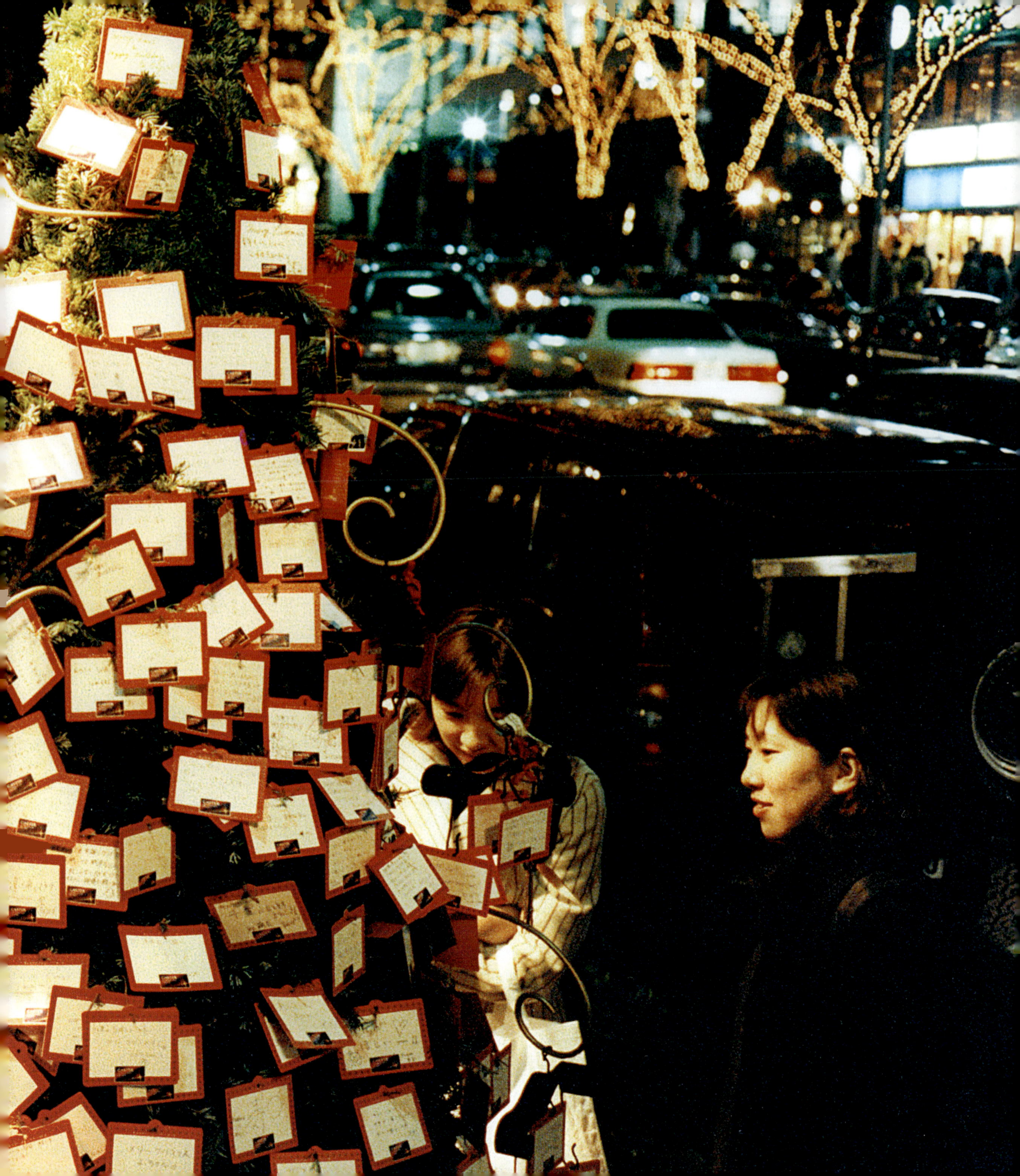

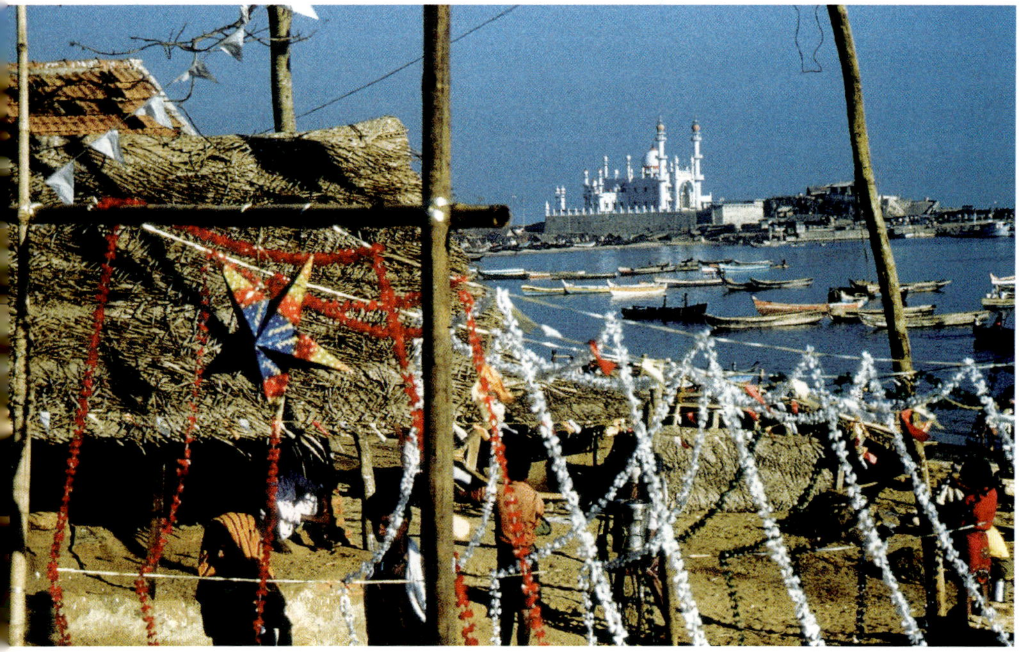

le ciel nocturne de Tokyo. Dans les bars on sert une étrange boisson bleue appelée « la sainte nuit ». Mais cette nuit-là, il n'est pas question de rester en famille, contrairement à ce qui se fait en Europe. Noël est devenu en effet la fête inattendue des jeunes couples, qui dînent en tête-à-tête dans des restaurants luxueux et enguirlandés, une sorte de Saint-Valentin précoce, avec parfois en fond de décor Marie et Joseph sagement agenouillés sous de douces chutes de neige artificielle[134]. Une façon de réveillonner très appréciée consiste à aller dîner à bord d'un yacht qui navigue dans la baie de Tokyo, ou encore de passer une nuit dans un hôtel luxueux en front de mer à Yokohama[135]. Quant à ceux qui ne peuvent s'offrir une telle soirée, ils pourront regarder en direct la messe de minuit depuis le Sacré-Cœur.

Noël est doté, on le voit, d'un don d'adaptation exceptionnel. Il s'acclimate, intègre d'autres coutumes et se revigore sans cesse par les contacts qu'il provoque[136].

Les Inupiak, Eskimos de l'Alaska, par exemple, en ont fait une « fête clef de l'hiver » associée à d'autres célébrations. Au cœur de l'hiver arctique, lorsque la faible lueur bleutée du jour n'apparaît qu'un court moment, les Inupiak transforment Noël en une fête collective qui dure une semaine avec des chants, des danses locales et un spectacle retraçant l'histoire de Noël joué par les enfants dans l'église presbytérienne du village. Convertis par les missionnaires au XIXe siècle les Inupiak ont fait de la célébration privée et domestique une fête publique qui permet à chacun de retrouver l'ensemble de la communauté et de sortir de chez soi[137].

À Trinidad, Noël est en relation « d'opposition morale », écrit Daniel Miller, avec le carnaval dont pourtant il marque le commencement. Moment de régulation sociale avant le grand défoulement, « Noël est aussi devenu une fête plus importante pour les communautés hindoues et musulmanes que chrétiennes »,

Ci-dessus : les guirlandes semblent sécher au soleil comme les filets de pêche. Décorations de Noël au Kerala, en Inde, dans un village de pêcheurs.

Double page précédente : Noël au Japon, ou l'art d'accommoder et d'acclimater une tradition étrangère. (Tokyo, 1997.)

À droite : nativité lumineuse dans une réserve des Indiens Crow, dans le Montana, 1999. Comme un esprit ancestral sur la tribu.

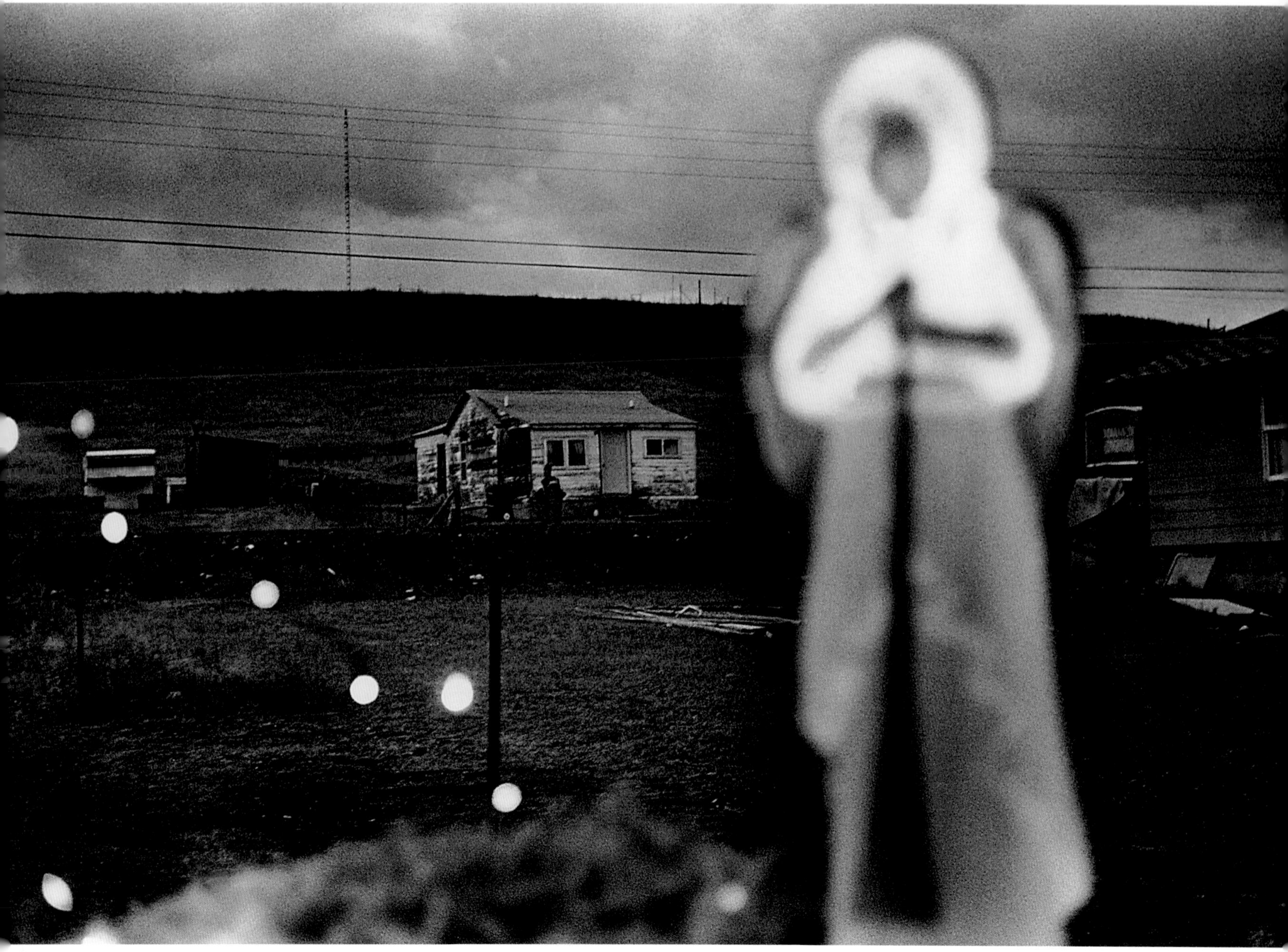

écrit Daniel Miller[138]. Pour les hindous qui le célèbrent avec ferveur, il succède à la fête de Divali (fête des Lumières) qui marque le début de la saison festive dans le calendrier trinidadien. Noël et carnaval occupent ainsi la population entière durant des mois, si bien que le reste de l'année semble presque perçu comme un « temps de récupération » avant de recommencer les préparatifs de l'année suivante[139]. Ainsi court Noël, de pays en culture, d'hiver boréal en été austral, inlassablement repris et recomposé, miroir admirable où viennent se refléter les joies et les peurs des uns et des autres.

UN PAYS NATAL

Bien longtemps avant que ne surgissent des « maisons du Père Noël », ce dernier fut doté d'un pays natal. Ce fut à l'initiative de l'illustrateur Thomas Nast en 1885 et de l'écrivain Joseph Philip Webster en 1886, que Santa Claus s'installa définitivement au pôle Nord. C'est là qu'il habite depuis plus d'un siècle et que son usine à jouets tourne à plein régime sous les glaces en été. En 1920, J. R. R. Tolkien adressa à ses enfants une série de lettres à l'écriture tremblée, envoyées par Santa Claus lui-même du pôle Nord, le timbre faisant foi. Illustrées par l'auteur, on y découvre au cœur des glaces une maison au dôme d'observatoire astronomique, sur fond de nuit polaire. Le mythe de fondation était en construction et comme souvent, après les écrivains, les illustrateurs et les enfants rêveurs, les prospecteurs du tourisme furent les suivants à s'en soucier. En 1927, l'imagination d'un conteur finnois la fixa plus précisément en Laponie près de Rovaniemi sur le cercle arctique. Après la Seconde Guerre mondiale et à l'occasion d'un voyage de réconfort effectué par Eleanor Roosevelt dans ce pays détruit et éprouvé, les Finlandais eurent l'idée de dresser un petit chalet en rondins figurant « la maison du Père Noël » pour accueillir la première dame des États-Unis. Dans les années soixante, les Américains reprirent les choses en main et lui adjoignirent une boutique de souvenirs et un bureau de poste. Dans les années quatre-vingt ce fut l'explosion touristique. Les séjours au pays du Père Noël commencèrent à se vendre comme des petits pains d'épice. La compagnie Finnair alla jusqu'à peindre un Père Noël dodu à souhait sur la carlingue de ses avions affrétés pour cette ligne particulière. L'opération fut enviée par les pays voisins dont l'environnement convenait tout aussi bien et la Norvège, le Danemark et la Suède essayèrent de lancer des opérations similaires, avec *Santa Land* et attractions attenantes. Mais la « légitimité » reste encore dans le camp des Finlandais, leur assurant un succès croissant chaque année.

LES TRADITIONS « REVISITÉES »

Cette planétarisation a son envers, ou plutôt son endroit : le local, le « régional », le « villageois ». Pas une tradition qui ne soit aujourd'hui tentée de sortir des manuels de folklore et des musées des Arts et Traditions populaires. Les marchés de Noël alsaciens, remis au goût du jour depuis une dizaine d'années, les crèches vivantes, le *pastrage*[140] provençal, le Noël des bergers dans les petites vallées des Hautes-Pyrénées ont entamé une deuxième « carrière » à la fois touristique, régionaliste et parfois muséographique.

Le marché de Noël est un bon exemple de ce phénomène. C'est à Strasbourg où il existe depuis le XVIe siècle que l'idée d'un parcours est née en 1991, entre la place Broglie où se tenait traditionnellement le *Christkindelmärik,* et la place de la Cathédrale. Ce parcours est ponctué de petits chalets en bois, proposant une variété presque infinie d'objets décoratifs et de douceurs : saints Nicolas et cœurs en pain d'épice, *männele* et *puppe* aux yeux de raisins secs (petits bonshommes de la Saint-Nicolas), toutes sortes de *bredle* (petits gâteaux aux noix, à l'anis...), du vin chaud parfumé à la cannelle, des pommes d'amour rubicondes, de la bière rousse de Noël, des boules en verre scintillantes et fragiles, des boîtes à musique, des santons bien rangés, des angelots en paille tressée, des Pères Noël automates, des étoiles lumineuses, des bougies multicolores, des guirlandes d'or et d'argent... Le marché est devenu une grotte d'Ali Baba où se côtoient les « traditions » – alsaciennes, provençales, allemandes, finlandaises, et même américaines. Beaucoup d'entre elles sont passées par les ateliers de Hong Kong et de Taiwan avant de retomber dans les cabanons alsaciens.

Le succès de cette manifestation est tel qu'en 1992, la ville décide de la reconduire et d'y adjoindre un programme complet d'animations – concerts, exposition, spectacles de rue. Elle se promeut, cette même année, « capitale de Noël ».

Le *pastrage,* ou l'offrande de l'agneau à Noël par les bergers durant la messe de minuit, aux Baux-de-Provence. Cette coutume, comme beaucoup d'autres, est devenue une curiosité touristique.

Strasbourg a mis la légitimité historique de son côté. Depuis le Moyen Âge, en effet, ses habitants allaient acheter des friandises et des petits objets le jour de la Saint-Nicolas au *Niklausmarkt.* En 1570, un prédicateur protestant, Johannes Flinner, critiqua sévèrement le patronage de saint Nicolas le «papiste» et enjoignit aux fidèles de lui préférer le *Christkindel* pour apporter des cadeaux aux enfants. C'est depuis cette époque que le marché s'appelle le *Christkindelmärik* et que la distribution des présents s'est déplacée du 6 décembre à Noël.

Ce marché se tenait devant la cathédrale, puis, à partir de 1830, il eut lieu sur la place Kléber. Depuis 1870 il occupe la place Broglie et dure toute la période de l'Avent pour s'achever le soir du 24 décembre. Depuis 1992, date à laquelle existaient huit marchés en Alsace, leur nombre a été multiplié par dix...

Le succès est contagieux et d'autres marchés en France se font jour, à Pontarlier, Paris, Lyon, Amiens... où une telle «tradition» n'existait pas. «Strasbourg, capitale de Noël» a été présentée dans une quinzaine de salons internationaux de tourisme grand public ou professionnel à Milan, Paris, Berne ou Varsovie. Le concept «marché de Noël» se vend désormais «clefs en main» et l'on a vu fleurir un peu partout en France, dès le premier dimanche de l'Avent, ces petits cabanons qui proposent à la vente des cadeaux «par milliers» et transforment provisoirement «l'esprit des lieux».

Certains personnages tombés aux oubliettes du XXe siècle, comme la Tante Arie déjà évoquée, ont également tendance à reprendre vie. À Pontarlier, elle a fait une réapparition au moment de Noël, filmée et commentée par la télévision régionale, puis nationale.

Le folklore est à la mode quand la mondialisation est synonyme d'uniformisation, et sa redécouverte donne parfois lieu à des innovations, là ou nulle coutume de Noël n'existait ou n'était restée en mémoire. Les «maisons» du Père Noël comme celle de Poix-Terron dans les Ardennes, née en 1996, se construisent, et deux musées lui sont déjà consacrés, l'un près de Fontainebleau, l'autre au Cannet.

La hotte touristique et folklorique est inépuisable. Le vrai miracle de Noël réside peut-être dans cette infinie déclinaison.

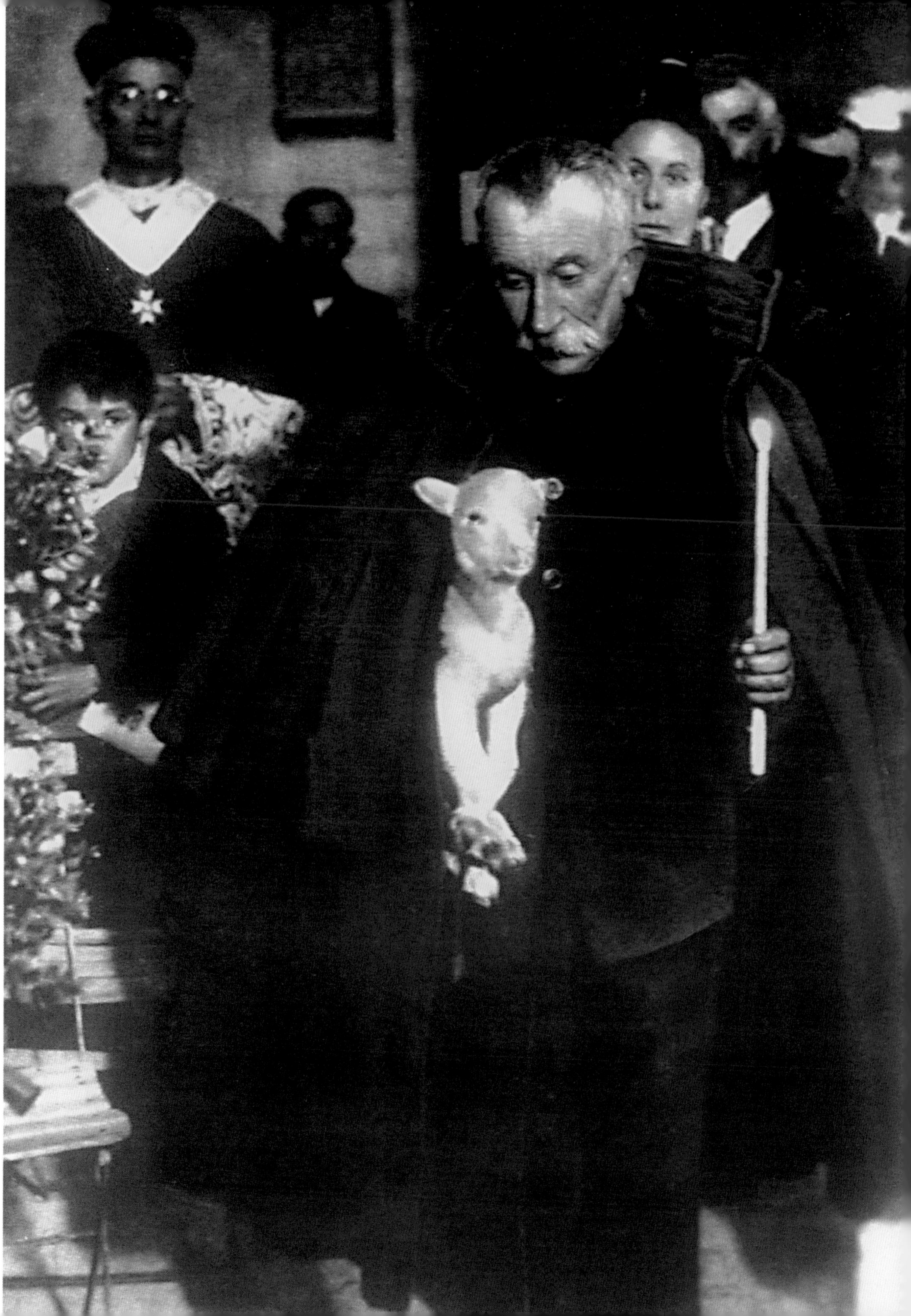

À L'ANNÉE PROCHAINE !

Noël est fini, il reviendra dans un an, jour pour jour. Ponctuel et récurrent, il éclairera à nouveau la longue nuit des contrées qui subissent le solstice d'hiver, nom qui signifie littéralement que le soleil s'arrête[141] tout en marquant le début du retour de la lumière.

Cette lumière renaissante est au cœur du symbolisme de la Nativité dans l'expérience chrétienne, où elle a pris les traits d'un Sauveur nouveau-né. Elle est pour d'autres celle du sourire des enfants devant l'arrivée des cadeaux, «don du ciel», et du Père Noël dont l'universalisation est certainement un des caractères les plus marquants de la fête contemporaine.

Noël s'est peu à peu éloigné de sa dimension carnavalesque propre au Moyen Âge pour devenir une célébration familiale où l'échange des cadeaux, au cours du réveillon, vient chaque année confirmer le «prix» des liens. La dépense exorbitante est le seul excès et l'unique transgression qui nous sont aujourd'hui accordés au nom des nôtres, leur donnant ainsi la preuve de notre attachement. L'adage populaire «quand on aime on ne compte pas» trouve ici son expression sociale favorite.

Noël ouvre chaque année un intervalle très ritualisé où s'exposent certains des grands «motifs» de la vie en société: la famille, l'enfant, la solidarité, le don. Au cours de cette période toutes les choses de la vie sont en quelque sorte «surexposées», les antagonismes comme les solidarités sont accentués, la famille honorée et l'enfant hissé au rang de «héros de la fête». L'enchantement demeure à la mesure de la nostalgie des souvenirs d'enfance et l'adhésion reste forte en dépit de quelques inflexibles réfractaires.

Aujourd'hui, le monde entier fête Noël, et certains s'y préparent dès le début de la nouvelle année. Les cadeaux se multiplient, les sapins s'exportent, le Père Noël reste inébranlable. Doté du don d'ubiquité et d'un solide sens du commerce et de la publicité, il s'adapte à tous les climats et défie les différences culturelles. Le bricolage incessant dont cette fête est l'inspiratrice témoigne de l'ingéniosité de ceux qui l'empruntent et la recomposent sans cesse. En ce sens Noël n'est pas seulement une célébration religieuse, une ancienne fête de l'hiver et celle plus récente des enfants, c'est aussi, par sa pérennité et son étendue géographique exceptionnelle, l'histoire d'une prodigieuse institution humaine.

Double page suivante : apprentissage de la pose des perruques dans une école de Pères Noël, aux États-Unis.

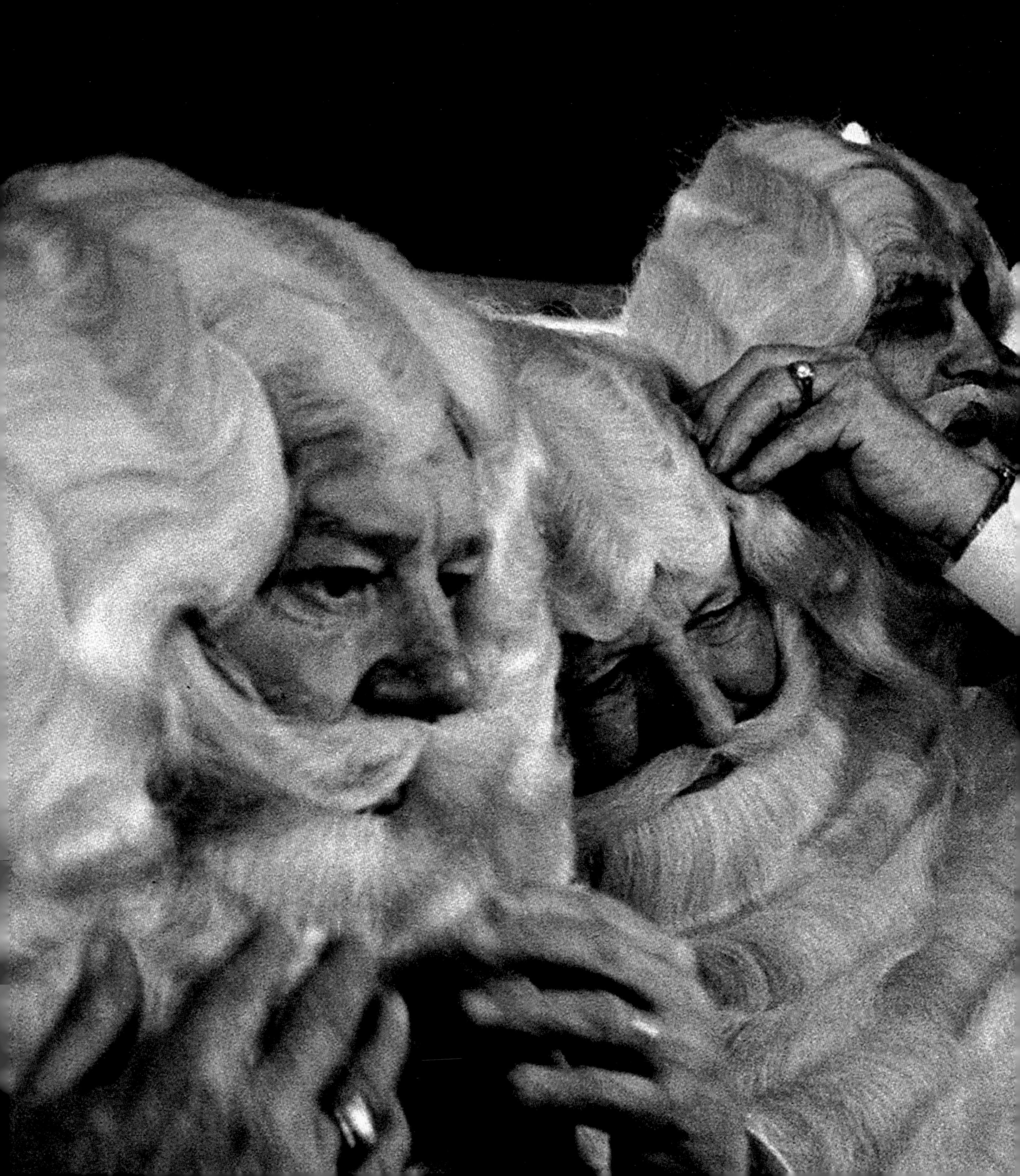

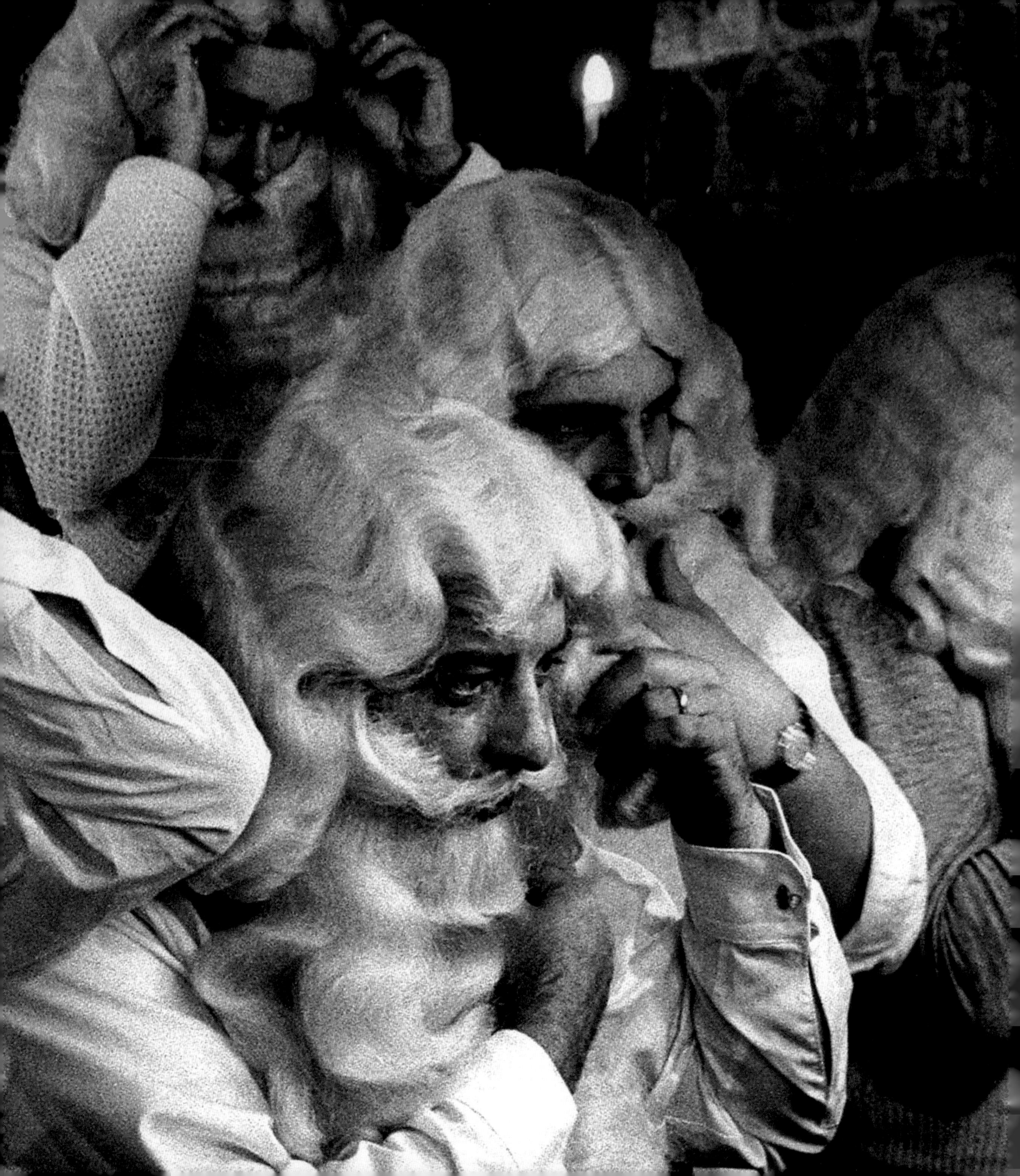

BIBLIOGRAPHIE

LIVRES

ANDERSEN, Hans Christian, *Contes* (éd. Régis Boyer), Paris, Gallimard, coll. « Folio classique », 1994.

APREMONT, Arnaud d', *Père Noël*, Paris, Pardès, coll. « B.A.BA », 1999.

ARIÈS, Philippe, et DUBY, Georges (éd.), *Histoire de la vie privée*, t. IV, *De la Révolution à la Grande Guerre* (volume dirigé par Michelle Perrot), Paris, Éd. du Seuil, 1987.

ATTIAS-DONFUT, Claudine, *Générations et Âges de la vie*, Paris, PUF, coll. « Que sais-je ? », 1991.

ATTIAS-DONFUT, Claudine, LAPIERRE Nicole, SEGALEN Martine, *Le Nouvel Esprit de famille*, Paris, Odile Jacob, 2002.

ATTIAS-DONFUT, Claudine, et SEGALEN Martine (éd.), *Le Siècle des grands-parents, une génération phare, ici et ailleurs*, Paris, *Autrement*, n° 210, novembre 2001.

BAILLAUD, Catherine *et al.*, *Noël, l'Avent et après*, Les éditions Ronald Hirle, 1998.

BARNETT, James H., *The American Christmas. A Study in National Culture*, reprint 1984, Ayer Company Publishers Inc., Copyright 1954 by The Macmillan Company, New York.

BELK, Russell W., « Materialism of the Modern Christmas », *in* MILLER, Daniel (éd.), *Unwrapping Christmas*, Oxford, Clarendon Press, 1993.

CHAPMAN, James, « God Bless Us, Every One, Movie Adaptations of *A Christmas Carol* » *in* CONNELLY, Mark, *Christmas, a Social History*, Londres-New York, Tauris Publishers, 1999.

CONNELLY, Mark, *Christmas, a Social History*, Londres-New York, Tauris Publishers, 1999.

CONNELLY (éd.), *Christmas at the Movies*, Londres-New York, Tauris Publishers, 2001.

CRETIN, Nadine, *Le Livre de Noël, fêtes et traditions de l'Avent à la Chandeleur*, Paris, Flammarion, 1997.

DELEURY, Guy, « 25 décembre, il est né le divin Mithra » (dossier sur les origines païennes de Noël), in *Historia*, décembre 1999.

DICKENS, Charles, *Un conte de Noël*, Genève, Éd. Slatkine, 1996.

DICKENS, Charles, *Esquisses de Boz*, Paris, Gallimard, coll. « Bibliothèque de la Pléiade », 1986.

FRAZER, James George, *Le Rameau d'Or*, Paris, Robert Laffont, coll. « Bouquins », 1983.

GOLBY, J. M. et PURDUE, A. W., *The Making of Modern Christmas*, Londres, 1984, Athens University of Georgia Press, 1986.

HALL, Catherine, « Sweet Home », *in* PERROT Michelle, *Histoire de la vie privée* (ARIÈS Philippe et DUBY Georges, éd.), t. IV, *De la Révolution à la Grande Guerre*, Paris, Éd. du Seuil, 1987.

HUE, Jean-Louis, *Dernières Nouvelles du Père Noël*, Paris, Grasset, 1987.

HUGO, Victor, *Les Misérables*, Paris, Pocket classiques, 1998.

JONES, Charles, *Saint Nicholas of Myra, Bari, Manhattan*, Chicago University, 1976.

JONES, Ernest, « La signification de Noël » in *Essais de psychanalyse appliquée*, t. II, *Psychanalyse, Folklore, Religion*, Paris, Payot, 1973.

KAPLAN, Fred, *Charles Dickens*, traduit de l'anglais par Éric Diacon, Paris, Fayard, 1990.

LAJOUX, Jean-Dominique, « La grande ronde des fêtes alpines », in *L'Alpe*, n° 10, Grenoble, Glénat, hiver 2000.

LA SOUDIÈRE, Martin de, « Le paradigme du passage » in *Communications*, « Passages, Seuils », Paris, Éd. du Seuil, mai 2000.

LA SOUDIÈRE, Martin de, *Au bonheur des saisons, voyage au pays de la météo*, Paris, Grasset, 1999.

LEMONNIER, Camille, *Le Noël du petit joueur de violon*, in *Contes fantastiques de Noël*, anthologie présentée par Xavier Legrand-Ferronières, Paris, Flammarion, coll. « Librio », 1997.

LEPAGNOL, Catherine, *Biographies du Père Noël*, Paris, Hachette, 1979.

LESER, Gérard, *Noël-Wihnachte en Alsace*, Mulhouse, Éd. du Rhin, 1989.
LÉVI-STRAUSS, Claude, « Le Père Noël supplicié », in *Les Temps modernes,* mars 1952.
MALOT, Hector, *Sans famille,* Paris, Gallimard, 1997.
MARKALE, Jean, *Halloween, histoire et traditions*, Paris, Imago, 2000.
MARLING, Kara Anna, *Merry Christmas, Celebrating America's Greatest Holiday,* Harvard University Press, Cambridge (Mass., USA), London (England), 2000.
MARTIN-FUGIER, Anne, « Les rites de la vie privée bourgeoise » *in* PERROT, Michelle, *Histoire de la vie privée* (ARIÈS Philippe et DUBY Georges éd.), t. IV, *De la Révolution à la Grande Guerre*, Paris, Éd. du Seuil, 1987.
MÉCHIN, Colette, *Saint Nicolas, fêtes et traditions populaires d'aujourd'hui,* Paris, Berger-Levrault, coll. « Espace des hommes », 1978.
MÉCHIN, Colette, « Ils étaient trois petits enfants », in *La Grande Oreille* n° 8, revue de littérature orale, Paris, Silène, hiver 2000-2001.
MILLER, Daniel (ed.), *Unwrapping Christmas*, Oxford, Clarendon Press, 1993.
MOTTET, Marie-Christine, *Le Père Noël est une figure,* Paris, Desclée de Brouwer, 1996.
NISSENBAUM, Stephen, *The Battle of Christmas*, New York, Alfred Knopf, 1996.
PERROT, Martyne, *Ethnologie de Noël*, Paris, Grasset, 2000.
PERROT, Martyne, « La nuit de Noël, démons et merveilles », *in* NAHOUM-GRAPPE, Véronique (éd.), *La Nuit*, in *Sociétés et Représentations,* n° 4, 1997.
PERROT, Martyne, *Idées reçues sur Noël*, Cavalier Bleu, 2002.
PERROT, Martyne, « La majesté de l'aïeul », *in* SEGALEN Martine et ATTIAS-DONFUT Claudine (éd.), « Le Siècle des grands-parents, une génération phare ici et ailleurs », *Autrement,* n° 210, novembre 2001.
PERROT, Michelle, *Histoire de la vie privée* (ARIÈS Philippe et DUBY Georges éd.), t. IV, *De la Révolution à la Grande Guerre,* Paris, Éd. du Seuil, 1987.
ROCKWELL, Norman, *332 Couvertures de magazines*, Éditions Abbeville, Petit Carré, New York-Paris-Londres, 1996.
SEGALEN, Martine, *Rites et Rituels contemporains*, Paris, La Table ronde, 1997 ; Paris, Nathan, 1998.
SEGALEN, Martine et ATTIAS-DONFUT, Claudine, *Grands-Parents. La Famille à travers les générations*, Paris, Odile Jacob, 1998.
TCHEKHOV, Anton, *Récits, 1892-1903,* Paris, Gallimard, 1971.
TOLKIEN, John Ronald Ruel, *Letters from Father Christmas*, Baillie Tolkien ed., Londres, Collins Childrens'Books, 1990.
TURCAN, Robert, *Mithra et le mithriacisme*, Paris, Les Belles Lettres, 1993.
VAN GENNEP, Arnold, *Manuel de folklore français contemporain*, t. I, 7, *Cycle des Douze Jours, Noël,* et t. I, 8, *Cycle des Douze Jours, de Noël aux Rois,* Paris, Picard, 1987 et 1988.
VILLON, François, *Poésies*, texte présenté et commenté par Jean Dufournet, Paris, GF Flammarion, 1993.
VLOBERG, Maurice, *Les Noëls de France*, Grenoble, Arthaud, 1934.

PÉRIODIQUES

Courrier international, décembre 1998.
Ethnologie française, n° 4, « Les cadeaux à quel prix ? », sous la direction de Anne MONTJARET et Sophie CHEVALIER, Paris, PUF, octobre-décembre 1998.

NOTES

1. Arnaud d'Apremont, *Père Noël*, Paris, Pardès, coll. « B.A.BA », 1999, p. 14.
2. Colette Méchin, *Saint Nicolas, fêtes et traditions populaires d'hier et d'aujourd'hui,* Paris, Berger-Levrault, coll. « Espace des hommes », 1978, p. 56.
3. Jean-Dominique Lajoux, « La grande ronde des fêtes alpines » in *L'Alpe,* n° 10, Grenoble, Glénat, hiver 2000, p. 11-24.
4. Jean Markale, *Halloween*, Paris, Imago, 2000.
5. Gérard Leser, *Noël-Wihnachte en Alsace,* Mulhouse, Éd. du Rhin, 1989.
6. Arnold Van Gennep, *Manuel de folklore français contemporain*, t. I, 7, *Cycle des Douze Jours, Noël,* Paris, Picard, 1987, p. 2871.
7. Arnaud d'Apremont, *op. cit.,* p. 79.
8. Gérard Leser, *op. cit.,* p. 15.
9. Arnold Van Gennep, *op. cit.*
10. James George Frazer, *Le Rameau d'or,* Paris, Robert Laffont, coll. « Bouquins », 1983, chap. VIII.
11. Arnold Van Gennep, *op. cit.*
12. Jean-Dominique Lajoux, *op. cit.*
13. Gérard Leser, *op. cit.* p. 122-123.
14. Arnaud d'Apremont, *op. cit.* p. 14.
15. Gérard Leser, *op. cit.*, p. 122-123.
16. Arnaud d'Apremont, *op. cit.*
17. Arnold Van Gennep, *op. cit.*
18. Anatole Le Braz, cité par Arnold Van Gennep, *op. cit.*
19. Exemples donnés par Arnold Van Gennep, *op. cit.* p. 3067.
20. *Id.*, p. 3068.
21. William Shakespeare, *Hamlet*, acte I, scène I.
22. Guy Deleury, « 25 décembre, il est né le divin Mithra », in *Historia,* décembre 1999.
23. Ernest Jones, « La signification de Noël », in *Essais de psychanalyse appliquée,* t. II, *Psychanalyse, Folklore, Religion,* Paris, Payot, 1973, p. 185-193.
24. Maurice Vloberg, *Les Noëls de France,* Grenoble, Arthaud, 1934, p. 54.
25. *Id.,* p. 48.
26. Arnold Van Gennep, *op. cit.,* p. 3294.
27. *Cf.* Maurice Vloberg, *op. cit.,* chapitres II et III.
28. Charles Dickens, *Esquisses de Boz*, Paris, Gallimard, coll. « Bibliothèque de la Pléiade », 1986.
29. Selon l'expression d'Anne Martin-Fugier, « Les rites de la vie privée bourgeoise » *in* Michelle Perrot, *Histoire de la vie privée* (Philippe Ariès et Georges Duby, éd.), t. IV, *De la Révolution à la Grande Guerre,* Paris, Éd. du Seuil, 1987, p. 215 - 227.
30. Michelle Perrot, *op. cit.*
31. *L'Illustration*, décembre 1844.
32. *L'Illustration,* janvier 1844.
33. Fred Kaplan, *Charles Dickens,* traduit de l'anglais par Éric Diacon, Paris, Fayard, 1990, p. 261.
34. *Ibid.*
35. James Chapman, « God Bless Us, Every One. Movie Adaptations of *A Christmas Carol,* in Mark Connelly (éd.), *Christmas at the Movies,* Londres-New York, Tauris Publishers, 2001, p. 13.
36. Les plus récentes étant une production très hollywoodienne réalisée en 1988 par R. Donner pour la Paramount et celle des studios Walt Disney en 1992, *The Muppet Christmas Carol*. *Cf.* James Chapman, *loc. cit.*

37. Charles Dickens, *Un conte de Noël,* Paris, Fleuron, 1996, p. 114-115.
38. *L'Illustration*, décembre 1845.
39. *L'Illustration,* décembre 1852.
40. Michelle Perrot, *op. cit.,* p. 19.
41. *L'Illustration,* décembre 1845.
42. Ce paragraphe est repris d'un article de l'auteur, « La majesté de l'aïeul », paru dans Claudine Attias-Donfut et Martine Segalen, « Le Siècle des grands-parents, une génération phare, ici et ailleurs », Paris, *Autrement*, n° 210, novembre 2001, p. 32-48.
43. Charles Dickens, *op. cit.*, p. 252.
44. Alain-Fournier, *Le Grand Meaulnes*, Paris, Fayard, 1971, p. 23.
45. Hans Christian Andersen, *Contes* (éd. Régis Boyer), Paris, Gallimard, coll. « Folio classique », 1994, p. 184.
46. Camille Lemonnier, « Fleur de Blé », in *Noël, une anthologie des plus beaux textes de la littérature mondiale*, présentée par Ismaël Kadaré, Montréal, L'Archipel, 1994, p. 152-163.
47. Anton Tchekhov, *Récits, 1892-1903,* Paris, Gallimard, 1971.
48. Hector Malot, *Sans famille,* Paris, Gallimard, 1997.
49. Victor Hugo, *Les Misérables,* Paris, Pocket classiques, 1998.
50. Camille Lemonnier, *Le Noël du petit joueur de violon,* in *Contes fantastiques de Noël*, anthologie présentée par Xavier Legrand-Ferronières, Paris, Flammarion, coll. « Librio », 1997.
51. Claudine Attias-Donfut, Nicole Lapierre, Martine Segalen, *Le Nouvel Esprit de famille*, Paris, Odile Jacob, 2002.
52. Claude Lévi-Strauss, « Le Père Noël supplicié », in *Les Temps modernes,* 1952, p. 1578.
53. *Ibid.*
54. Arnold Van Gennep, *op. cit.*, p. 3001.
55. Cité par Catherine Lepagnol in *Biographies du Père Noël,* Paris, Hachette, 1979, p. 124.
56. *Ibid.*
57. Claude Lévi-Strauss, *op. cit.*, p. 51.
58. Cité par Arnaud d'Apremont, *Père Noël*, Paris, Pardès, coll. « B.A.BA », 1999, p. 65.
59. Arnold Van Gennep, *op. cit.*, p. 2296.
60. Arnaud d'Apremont, *op. cit.,* p. 38-39.
61. Arnold Van Gennep, *op. cit.,* p. 2296.
62. *Cf.* Arnaud d'Apremont, *op. cit.,* p. 40.
63. Claude Lévi-Strauss, *op. cit.*, p. 1586.
64. Jean Garneret, *Barbizier,* 1955, p. 356, cité par Arnold Van Gennep, *op. cit.*, p. 2999.
65. Jean-Louis Hue, *Dernières Nouvelles du Père Noël,* Paris, Grasset, 1987, p. 74-78.
66. Colette Méchin, *op. cit.*
67. Colette Méchin, *op. cit.,* p. 30.
68. *Id.*, p. 14.
69. Colette Méchin, *op. cit.,* p. 97.
70. *Id.*
71. Colette Méchin, *op. cit.,* p. 87-89.
72. Arnaud d'Apremont, *op. cit.,* p. 56-59.
73. Colette Méchin, « Ils étaient trois petits enfants » in *La Grande Oreille,* n° 8, revue de littérature orale, Paris, Silène, hiver 2000-2001, p. 14-17.

74. Colette MÉCHIN, *op.cit.*, p. 85.
75. Notamment Arnaud d'APREMONT, *op. cit.*, p. 34.
76. Gérard LESER, *op. cit.*, p. 38 à 54.
77. Henri DONTENVILLE, *La France mythologique*, Paris, Tchou, 1966.
78. Charles JONES, *Saint Nicholas of Myra, Bari, Manhattan*, Chicago University, 1976.
79. Washington IRVING, *The Complete Works of Irving Washington*, Michael L. Black et N. B. Black ed., Boston, Twane Publishers, 1984, vol. VII, *A History of New York*.
80. J. M. GOLBY et A. W. PURDUE, *The Making of Modern Christmas*, Londres, 1984, Athens University of Georgia Press, 1986.
81. Jean-Louis HUE, *op. cit.*, p. 93.
82. Jean-Louis HUE, *op. cit.*, p. 97, et aussi James H. BARNETT, *The American Christmas. A Study in National Culture*, reprint 1984, Ayer Company Publishers Inc., Copyright 1954 by The Macmillan Company, New York, p. 28-29.
83. En décembre 1998, *Courrier international* lui a consacré un dossier conséquent.
84. Par exemple *Paper Dolls in Full Color* de Tom TIERNEY, Dover Publication Inc., New York, 1983. Publié au Canada et au Royaume-Uni, et distribué en France en version anglaise.
85. Jean-Louis HUE, *op. cit.*, 1987, p. 131.
86. Jean-Louis HUE, *op. cit.*, p. 133-134.
87. Jean-Louis HUE, *op. cit.*, p. 135-136.
88. George SAND, *Histoire de ma vie*, cité par Anne Martin-Fugier *in* Michelle PERROT, *Histoire de la vie privée* (ARIÈS Philippe et DUBY Georges, éd.), t. IV, *De la Révolution à la Grande Guerre*, Paris, Éd. du Seuil, 1987, p. 221.
89. Charles DICKENS, *op. cit.*
90. Kara Anna MARLING, *Merry Christmas, Celebrating America's Greatest Holiday*, Harvard University Press, Cambridge (Mass., USA), London (England), 2000, p. 10.
91. *Cf.* Kara Anna MARLING, *op. cit.*, chapitre « *Windows shopping* », p. 83-121.
92. Expression de Leigh SCHMIDT, cité par Mark CONNELLY, *Christmas, a Social History*, Londres-New York, Tauris Publishers, 1999.
93. Mark CONNELLY, *op. cit.*, p. 192-195.
94. *Ibid.*
95. Victor HUGO, *op. cit.*, p. 430.
96. Mark CONNELLY, *Christmas at the Movies*, Londres-New York, Tauris Publishers, 2001, p. 116.
97. *Le Miracle de la 34e rue*, réalisé par George Seaton en 1947 avec Natalie Wood dans le rôle de la petite Susan Walker.
98. Kara Anna MARLING, *op. cit.*, p. 330.
99. *Carrefour*, 19 décembre 1951.
100. *Le Parisien libéré*, 22 décembre 1951.
101. *Carrefour*, 19 décembre 1951.
102. *Le Parisien libéré*, 24 décembre 1953.
103. 2 200 FF par ménage en 1998.
104. *Cf.* Pascale KRÉMER, « Les Français sont les champions d'Europe des cadeaux de Noël », *Le Monde*, 24 décembre 1998. Ils offrent huit cadeaux en moyenne, soit trois de plus que les Allemands et un de plus que les Britanniques.
105. Ernest JONES, « La signification de Noël », in *Essais de psychanalyse appliquée*, t. II, *Psychanalyse, Folklore, Religion*, Paris, Payot, 1973, p. 193.
106. François-André ISAMBERT, *Le Sens du sacré, fête et religion populaire*, Paris, Éd. de Minuit, coll. « Le sens commun », 1982.
107. « Déguisés » en vieux français.

108. Cité par Claude Lévi-Strauss, *op. cit.*, 1952, p. 1587.
119. Cité par Maurice Vloberg, *Les Noëls de France*, Grenoble, Arthaud, 1934, p. 165.
110. In *L'Illustration*, janvier 1844.
111. Francis Church, *The New York Sun*, 1897.
112. Claude Lévi-Strauss, *op. cit.,* p. 1589.
113. Cité par Gérard Leser, *op. cit*, p. 79.
114. Arnaud d'Apremont, *op. cit.*, p. 108.
115. Gérard Leser, *op. cit.,* p. 66-89.
116. Gérard Leser, *op. cit.,* p. 91
117. Arnaud d'Apremont, *op. cit.,* p. 104.
118. Cité par Gérard Leser, *op. cit.,* p. 84.
119. Kara Anna Marling, *op. cit*, chap. 5, «*O Tannenbaum*».
120. Gérard Leser, *op. cit.,* p. 77.
121. *Ibid.*
122. Gérard Leser, *op. cit.,* p. 77.
123. *Cf.* Kara Anna Marling, *op. cit.,* p. 54-57.
124. *Id.,* p. 102-105.
125. Gérard Leser, *op. cit.,* p. 77.
126. Cité par Kara Anna Marling, *op. cit.,* p. 178.
127. Kara Anna Marling, *op. cit.,* p. 78-79.
128. Michael Harrison, *The Story of Christmas*, Londres, Odhams Press Ltd, 1951.
129. Mark Connelly, *Christmas, a Social History,* Londres-New York, Tauris Publishers, 1999, p. 101-102.
130. Mark Connelly, *op. cit.,* chap. 4.
131. Kara Anna Marling, *op. cit.,* p. 279.
132. Brian Morean, Lise Skov, *Cinderella Christmas : Kitsch, Consumerism, and Youth in Japan, in* Daniel Miller (éd.), *Unwrapping Christmas,* Londres-New York, Tauris Publishers, 1999, p 105.
133. *Id.,* p. 105.
134. Kara Anna Marling, *op. cit.,* p. 278.
135. Brian Morean, Lise Skov, *op. cit.,* p. 106.
136. Daniel Miller (ed.), *op. cit.*
137. Barbara Bodenhorn, *Christmas Present, Christmas Public, in* Daniel Miller (éd.), *op. cit.*, chap. 9.
138. Daniel Miller (éd.), *op. cit.*, chap. 1, p. 24.
139. *Ibid.,* chap. 6, p. 137.
140. Procession des bergers qui offraient un agneau au prêtre.
141. «Solstice» vient de *sol*, le soleil, et *stare*, s'arrêter.

CRÉDITS PHOTOGRAPHIQUES

Christian Adnin : 19. AKG : 56, 138 (coll. part.). Archives départementales du Haut-Rhin : 83. Bettman/ Corbis : 48. Bibliothèque nationale de France : 16. The Bridgeman Art Library : 44, 46 haut, 137, 158. Coll. de l'auteur : 43, 73, 74, 161. D.R. : 33, 100. Mary Evans Picture Library : 18, 29, 45, 47, 52, 57, 104, 105, 108, 119, 141. Gamma/ E. Chrétien : 168 ; Gamma/ M. Sofronski : 103 ; Gamma/ 7 883 US Navy : 171 ; Gamma/ Van der Boucke Bert/ Photo news : 36-37. Getty images : 162 ; Getty images/Hulton archive : 53, 54, 120, 139, 154-155 ; Getty images/ Stone : 165 ; Getty images/Stone/ T. Bean : 167. Kharbine-Tapabor : 21, 27, 42, 46 bas, 65, 69, 77, 78, 84, 85, 86, 88, 90, 98, 99, 111, 112, 140 ; Kharbine-Tapabor/ Coll. Grob : 110 ; Kharbine-Tapabor/ Coll. Jonas : 49, 109, 113. The Kobal collection/ The 20th Century Fox : 129. Coll. Christophe L. : 133. Magnum/ H. Gruyaert : 118, 173, 176 ; Magnum/ E. Hartmann : 35 ; Magnum/ C. de Keyser : 172 ; Magnum/ P. Malow : 117 ; Magnum/ I. Morath : 130 ; Magnum/ M. Parr : 11, 38-39 ; Magnum/ C. Steele-Perkins : 144, 174-175 ; Magnum/ L. Towell : 177. Métis/ Editing Server/ X. Lambours : 59, 61, 135 ; Métis/ Editing Server/ M. Semeniako : 23. Coll. of the New York Historical Society : 93. Rapho/ J. M. Armani : 125 ; Rapho/ F. le Diascorn : 8-9, 63 ; Rapho/ H. Donnezan : 124 ; Rapho/ Silberstein : 127. Rijksmuseum Amsterdam : 89. RMN : 15, 152. Courtesy of The Norman Rockwell Museum at Stockbridge : 115, 142, 147. Roger-Viollet : 149 ; Boyer-Viollet : 94 ; Roger-Viollet/ Harlingue : 123, 159, 181. The Salvation Army International Heritage Center, Londres: 160. Selva/ Leemage : 41. SFP/ L. Gimgel : 122. Timepix/ Eisenstaedt : 184-185 ; Timepix/ M. Holmes : 106-107. Vu/ C. Garcia Rodero : 13, 24, 25. © Adagp, Paris, 2002 : 112.

DIRECTION ÉDITORIALE : CLAUDE HÉNARD
SUIVI ÉDITORIAL : NATHALIE BEAUX RICHARD
DIRECTION ARTISTIQUE : VALÉRIE GAUTIER
CONCEPTION ET RÉALISATION : BÉNÉDICTE ROSCOT
RECHERCHE ICONOGRAPHIQUE : KHADIGA AGLAN
SUIVI ICONOGRAPHIQUE : KARINE BENZAQUIN-LAIDAIN
SUIVI DE FABRICATION : MANUELLE FAYE

Photogravure : Labogravure à Bordeaux

Achevé d'imprimer en octobre 2002
sur les presses de Kapp Lahure Jombart à Evreux
Dépôt légal : octobre 2002. N° 53866 (1649)